I0427291

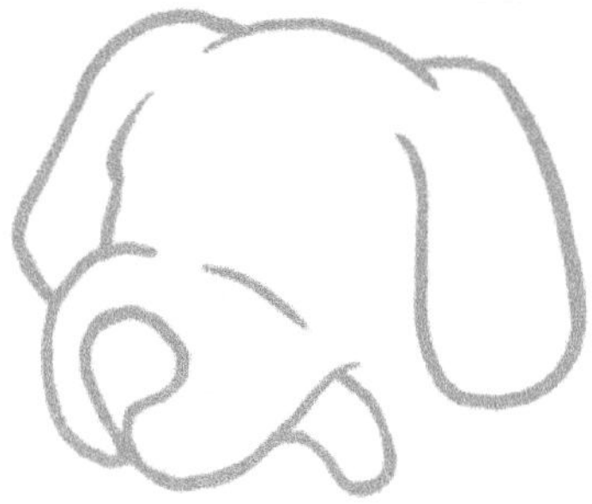

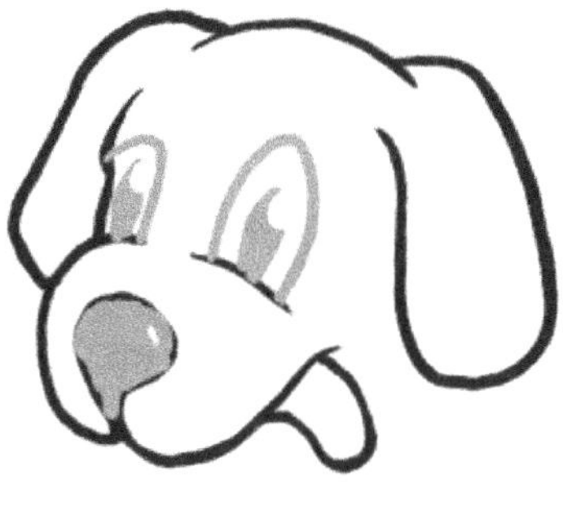

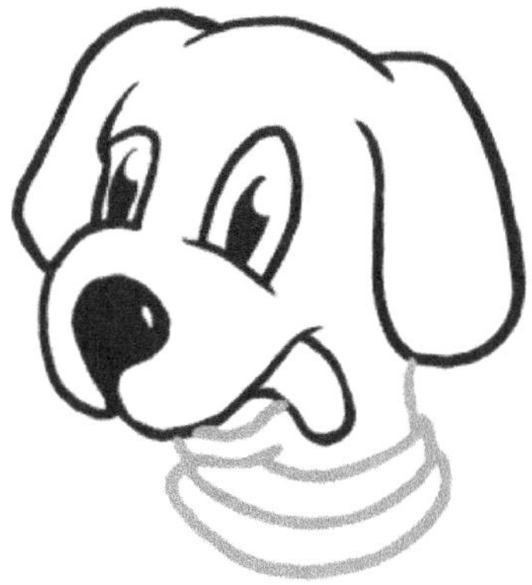

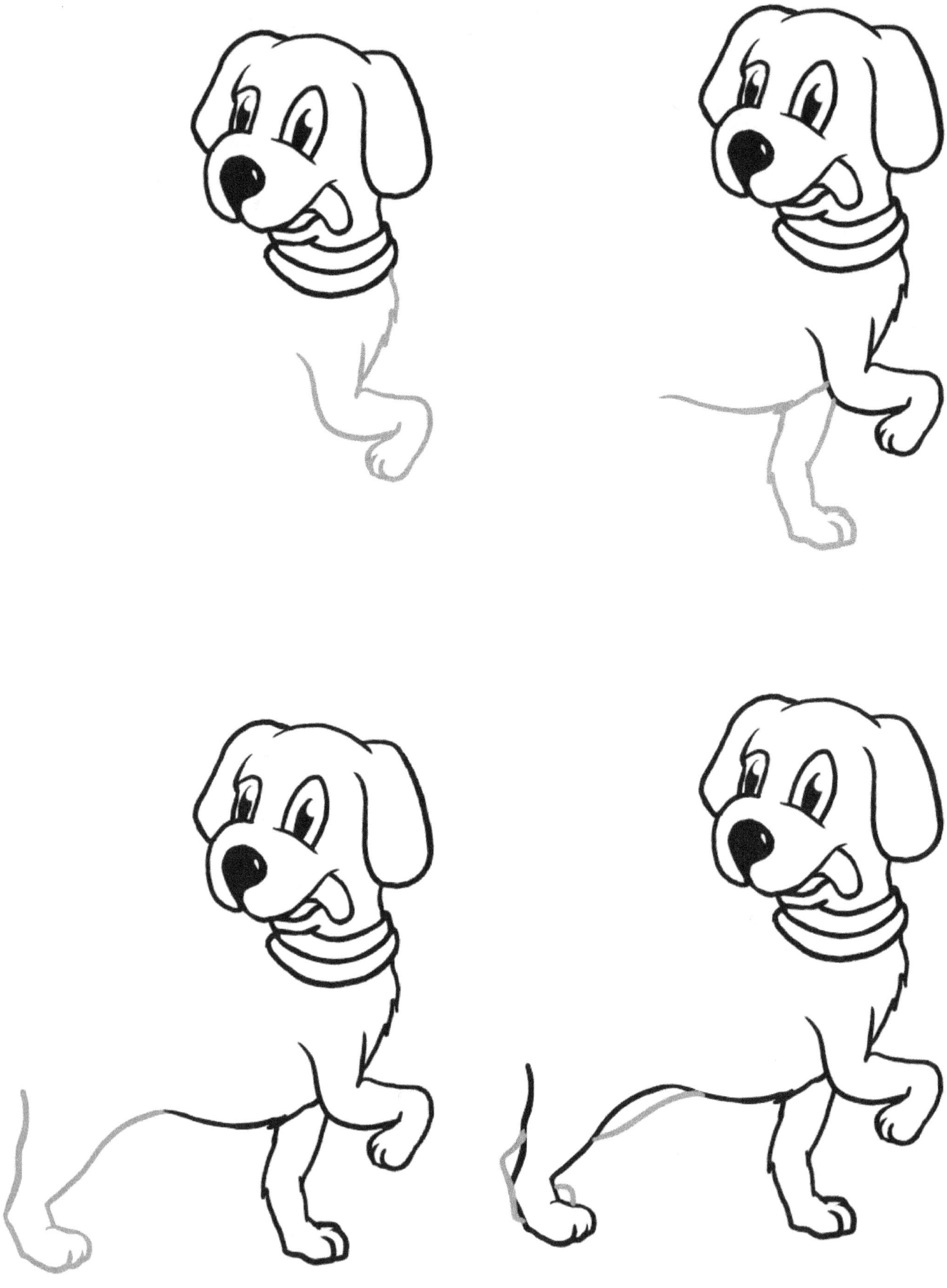

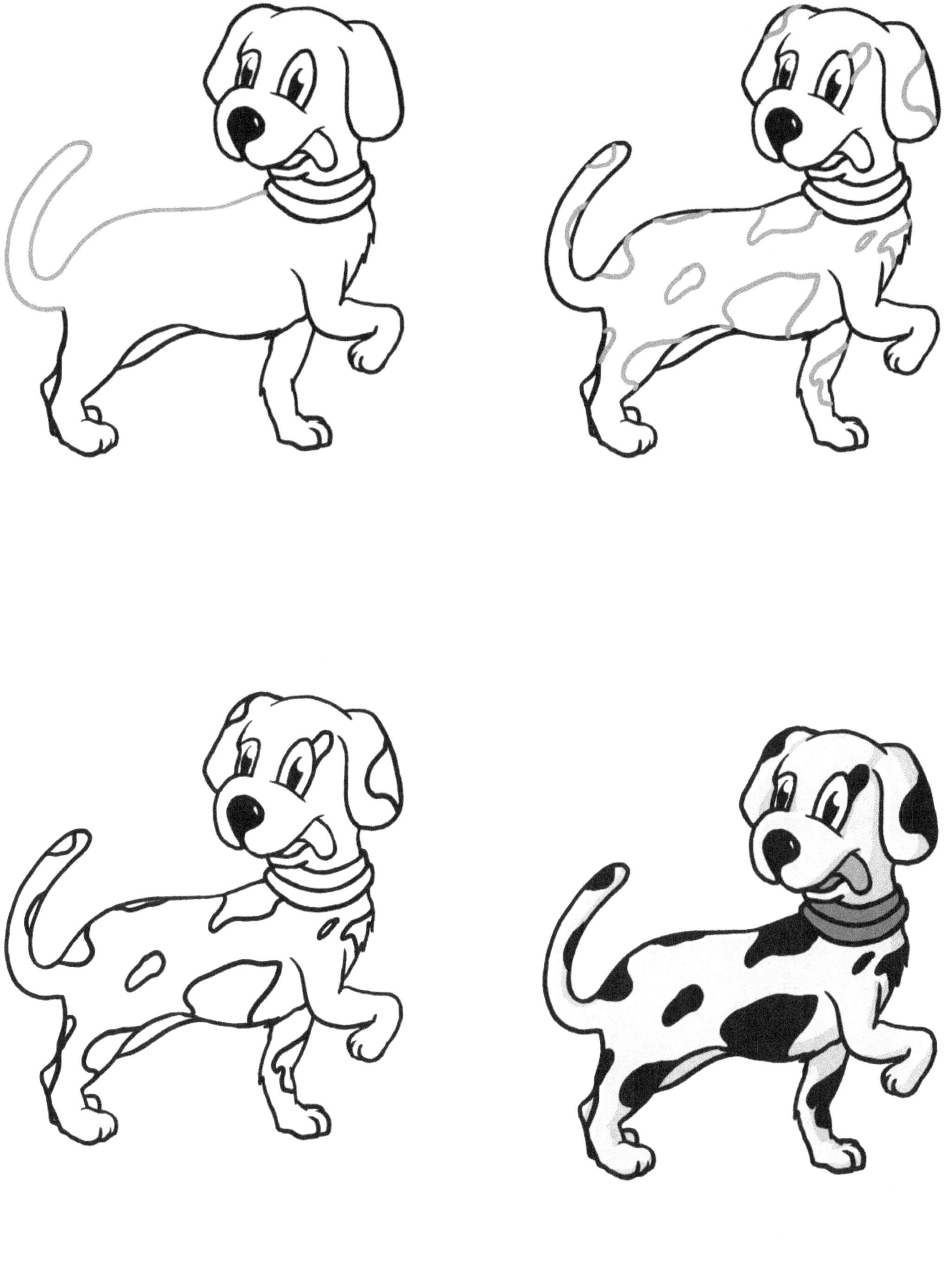

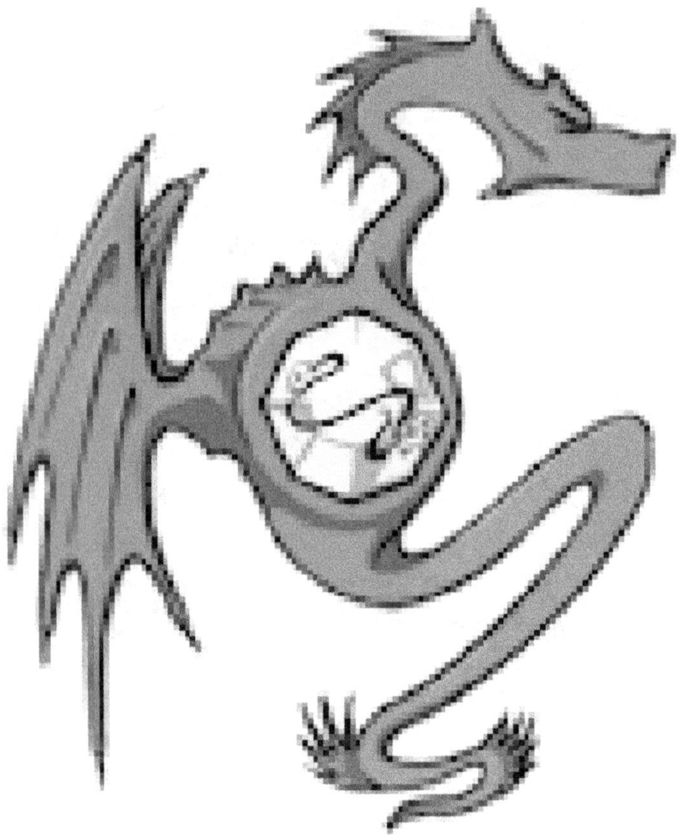
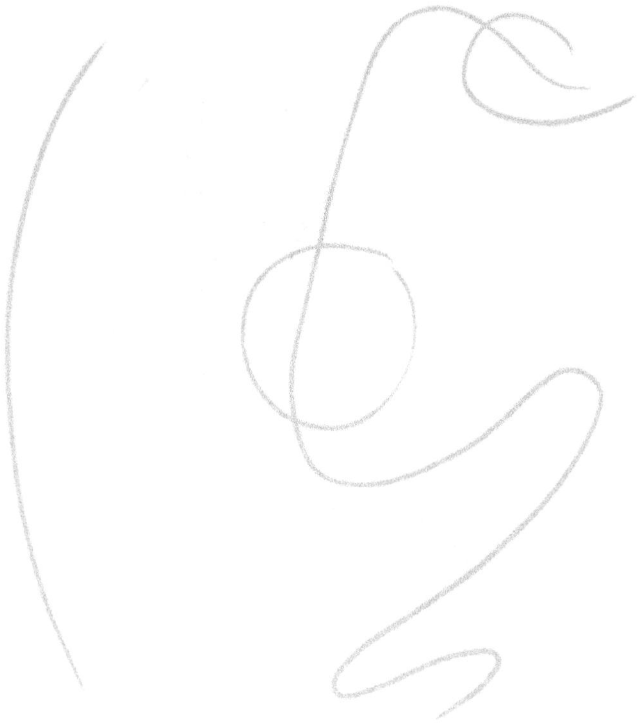
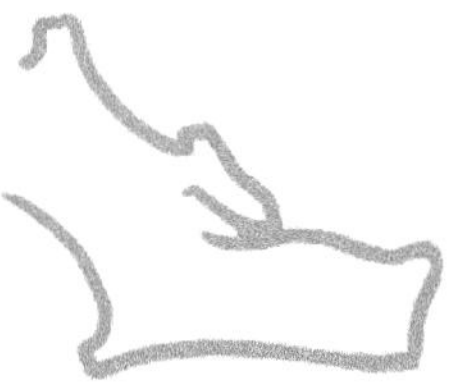
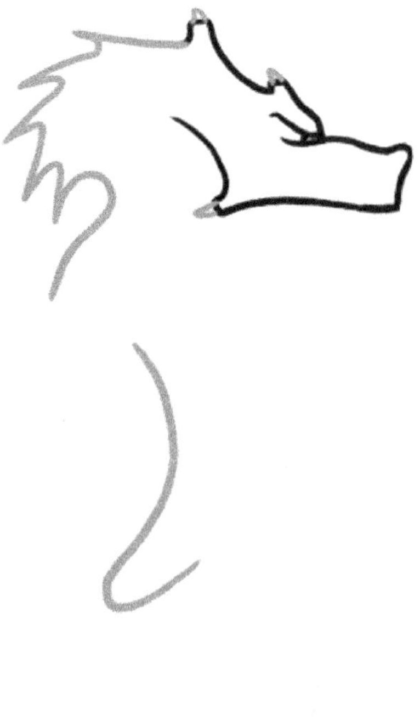

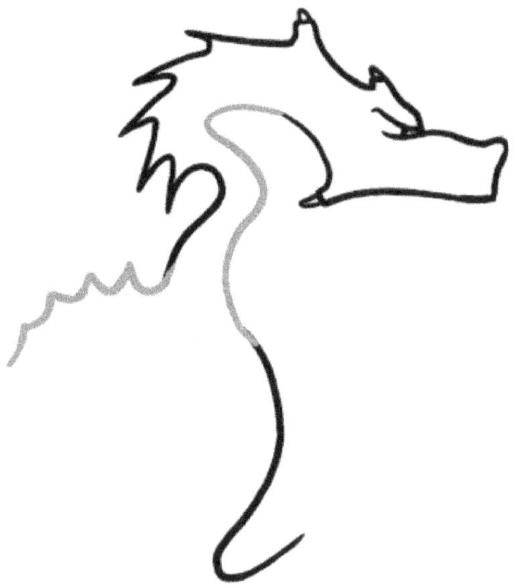

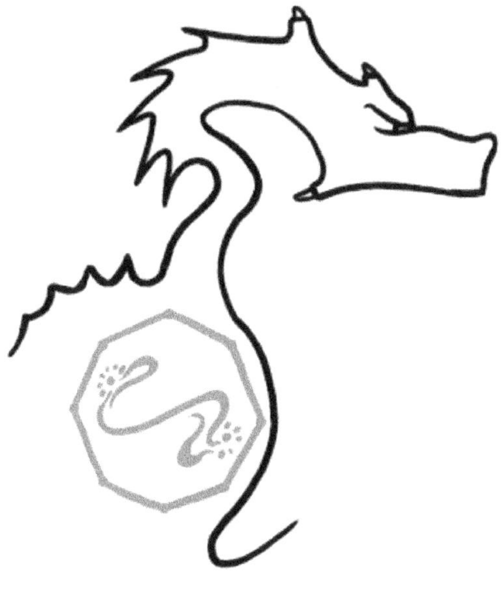

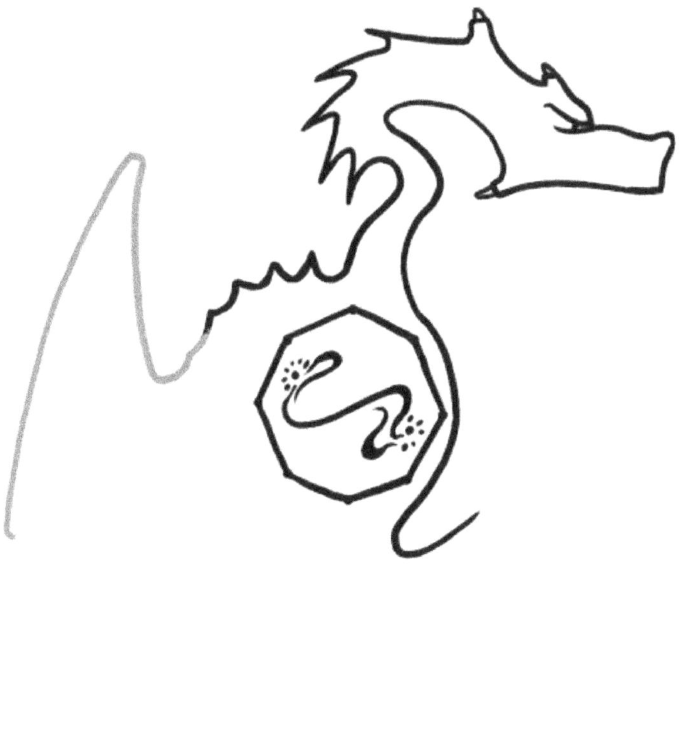

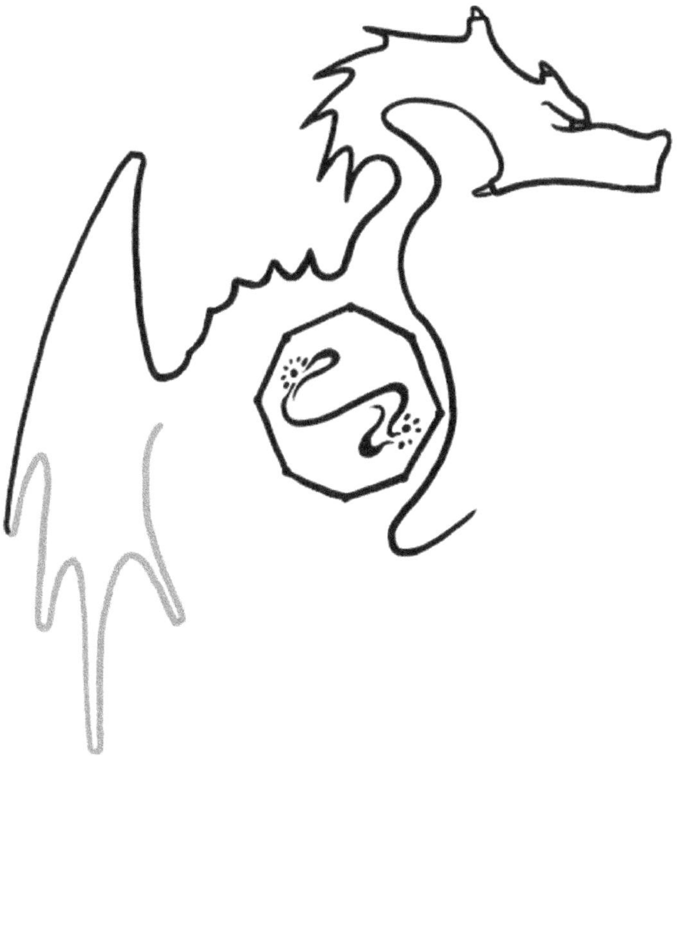

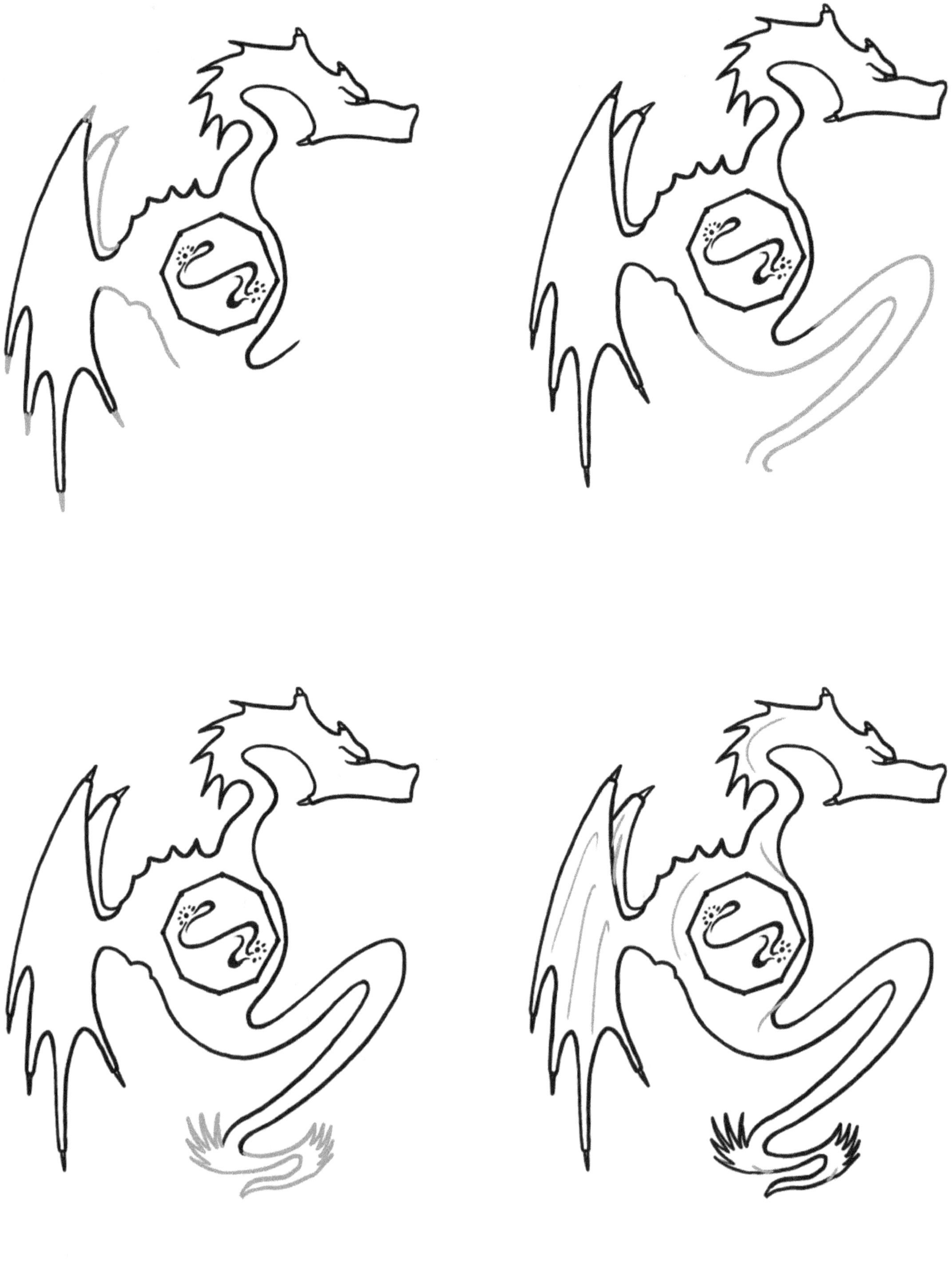

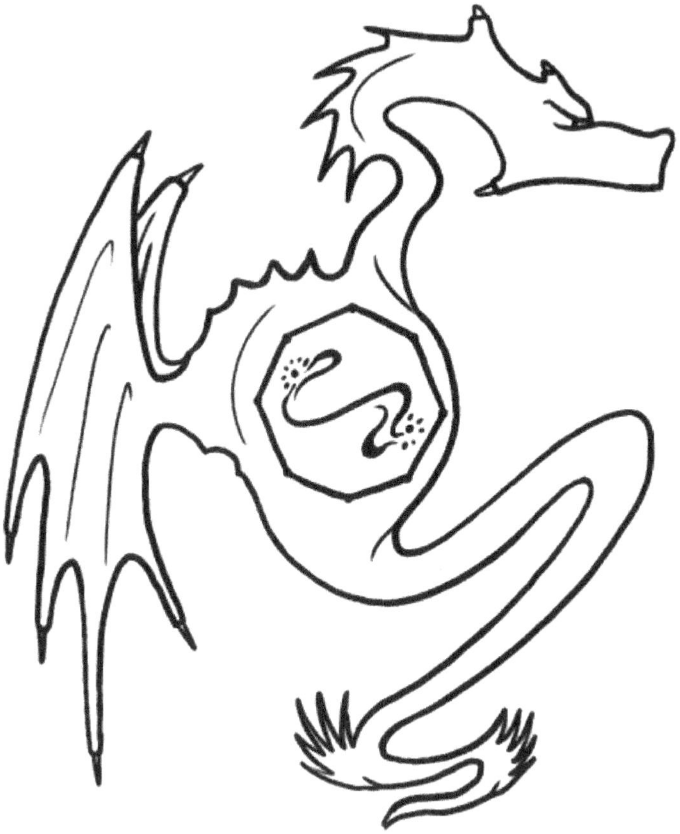
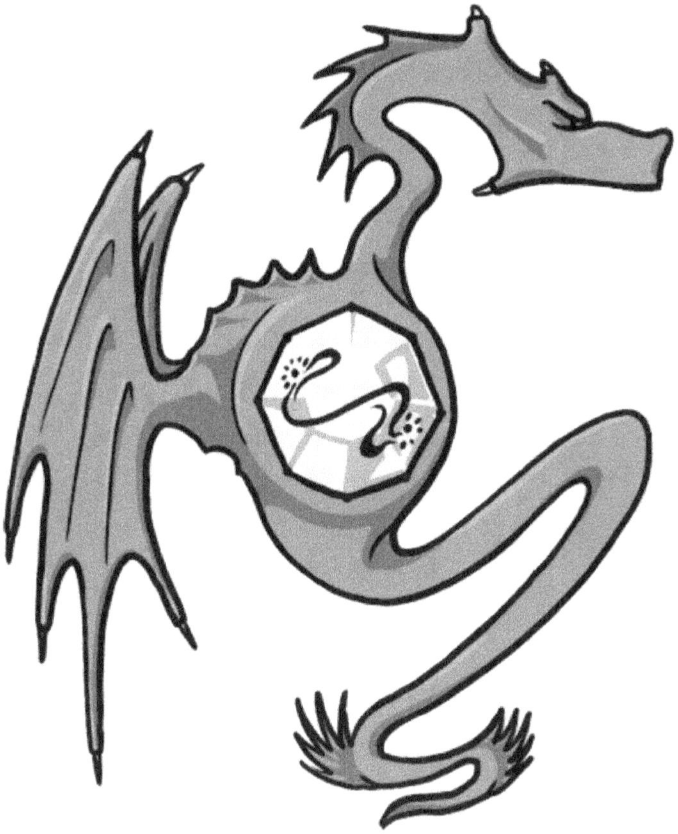

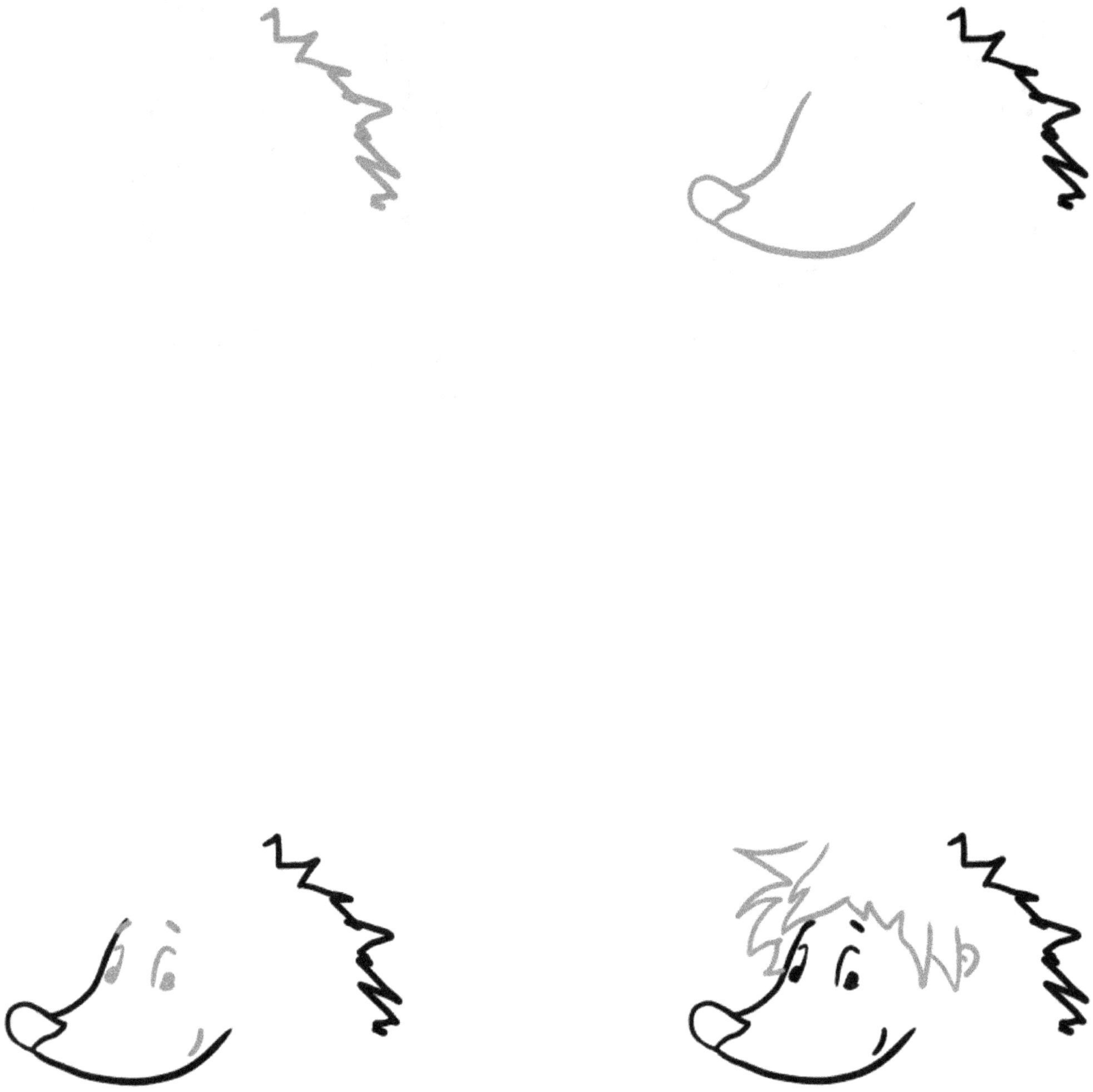

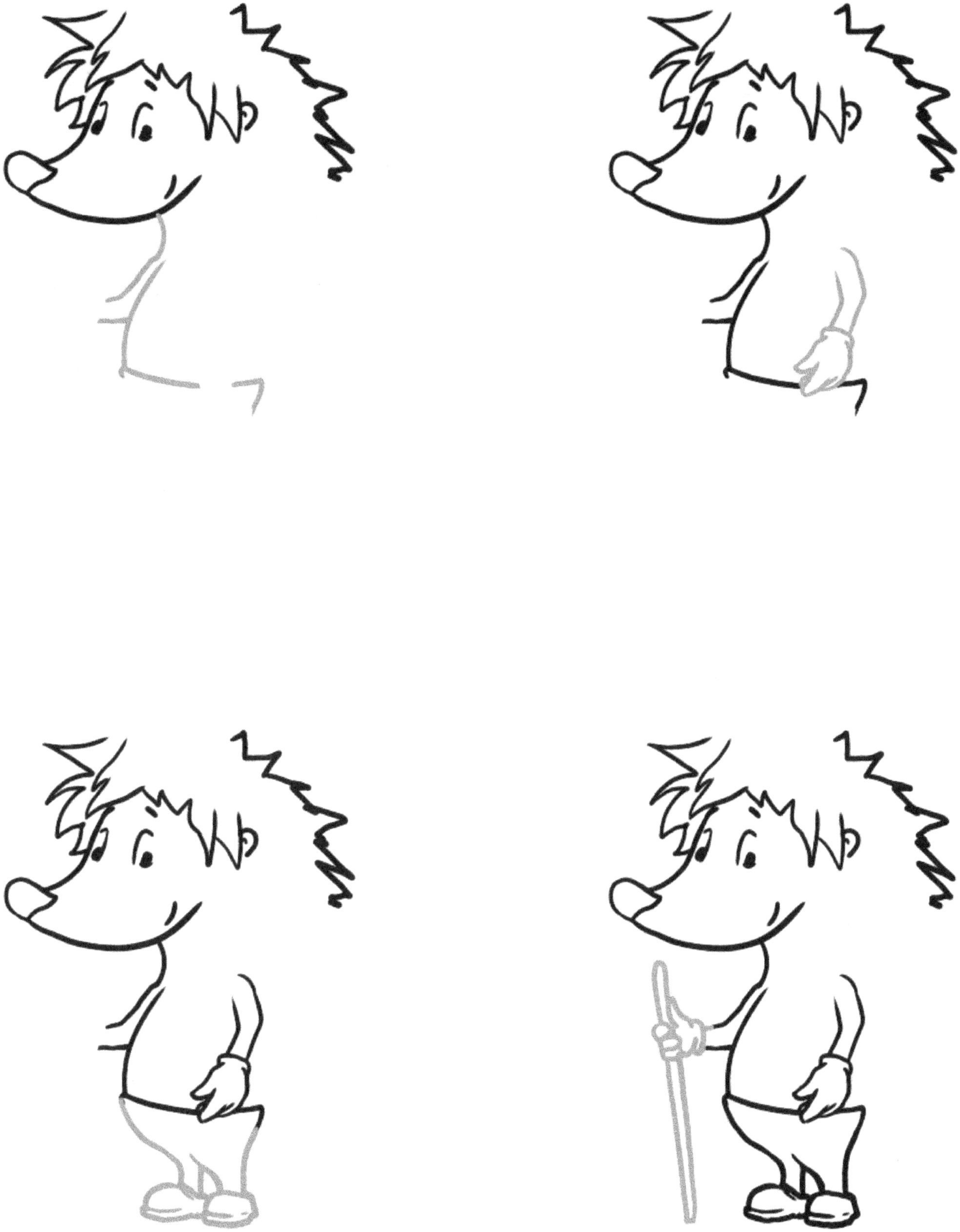

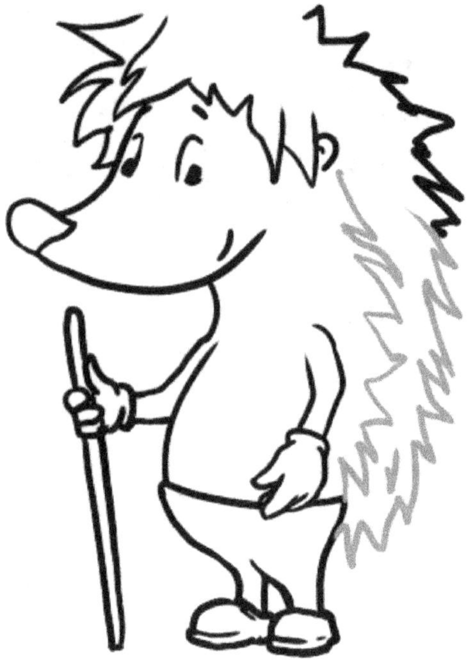

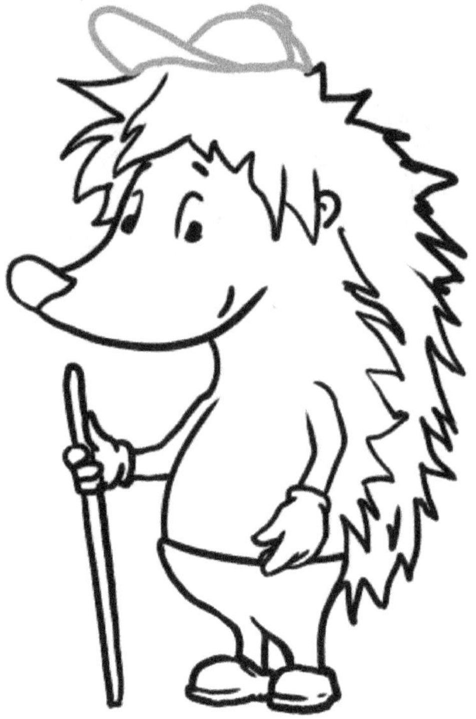

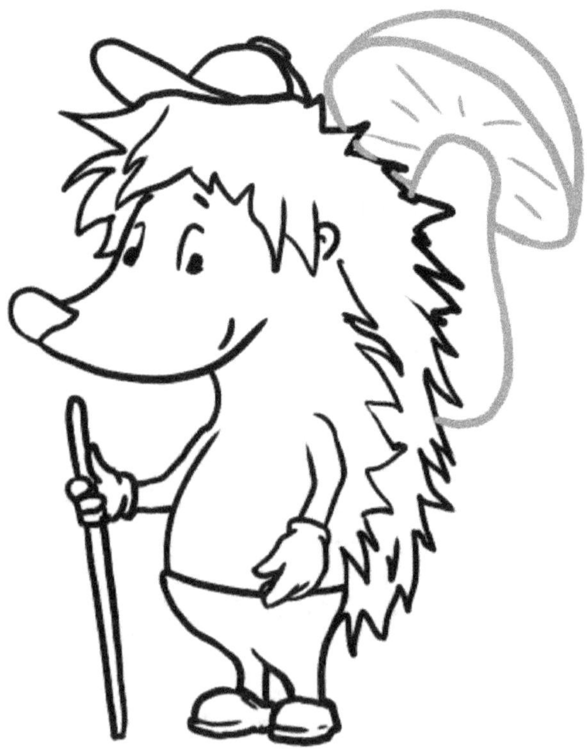

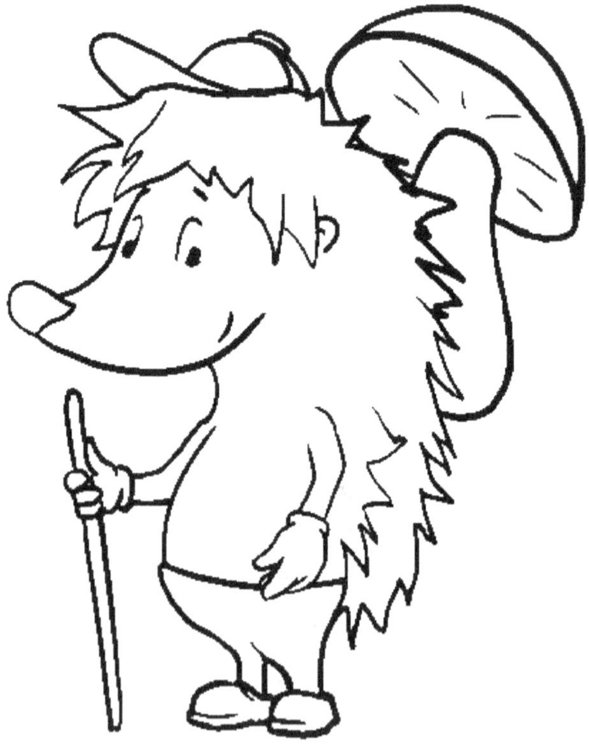

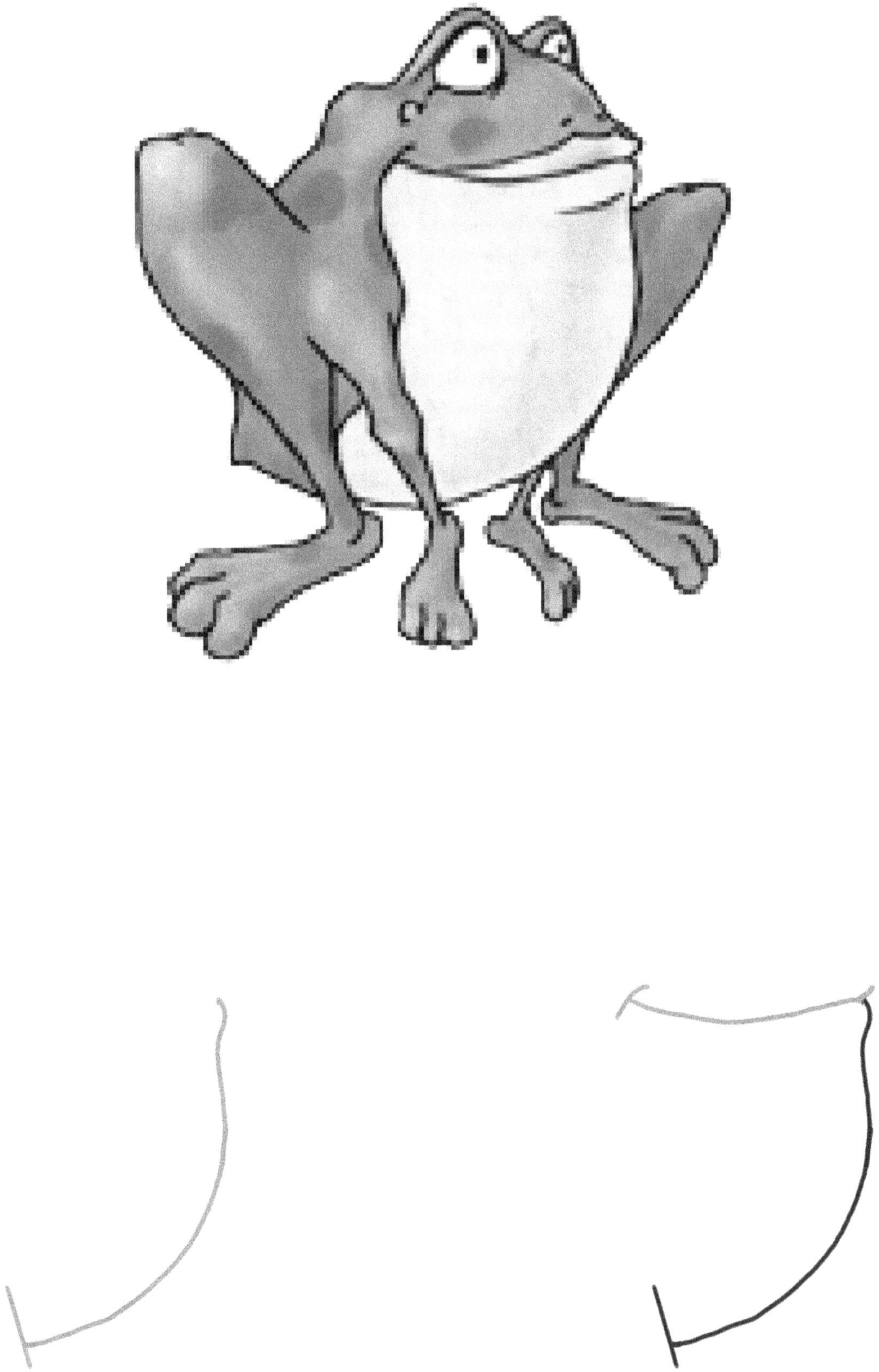

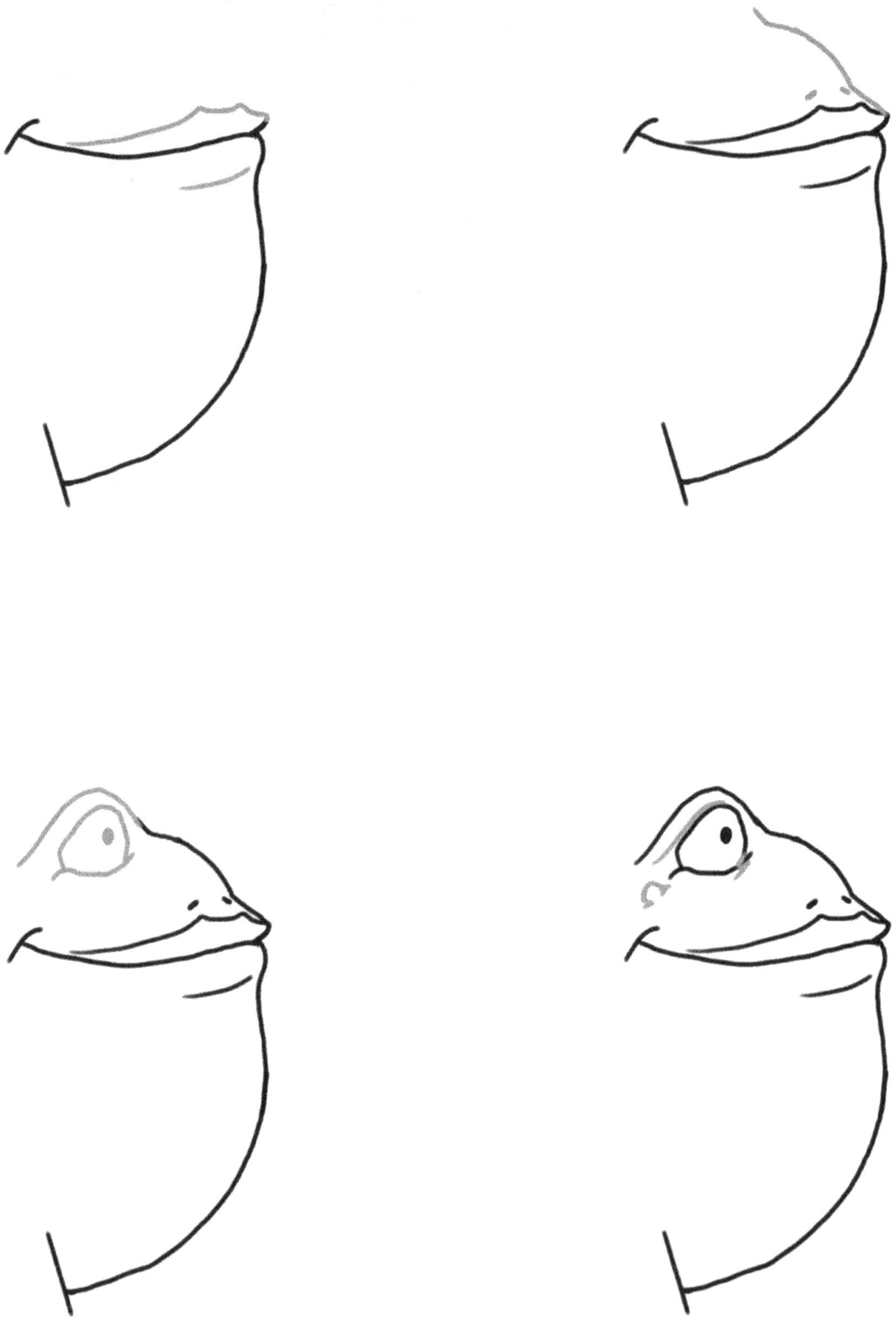

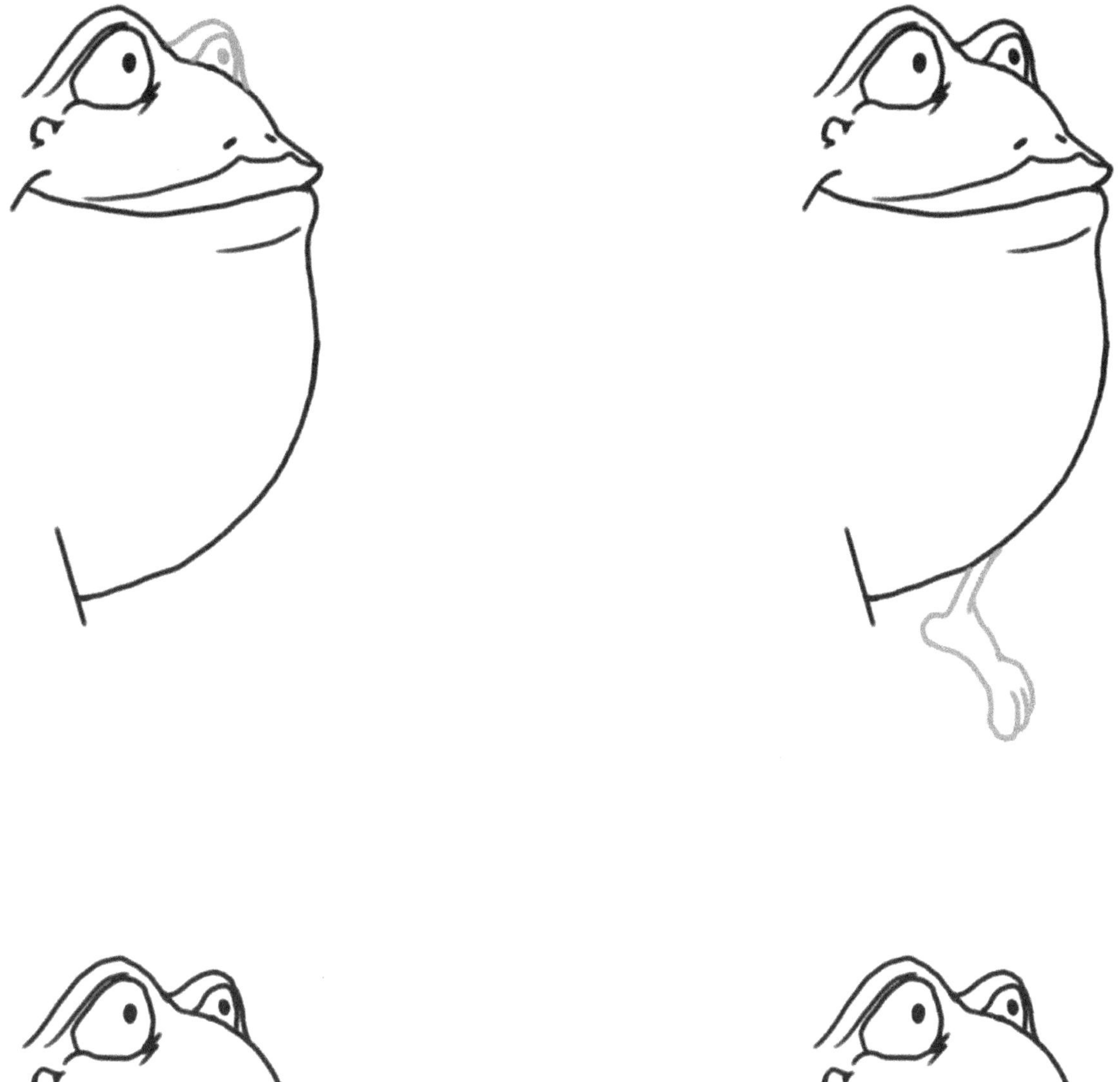

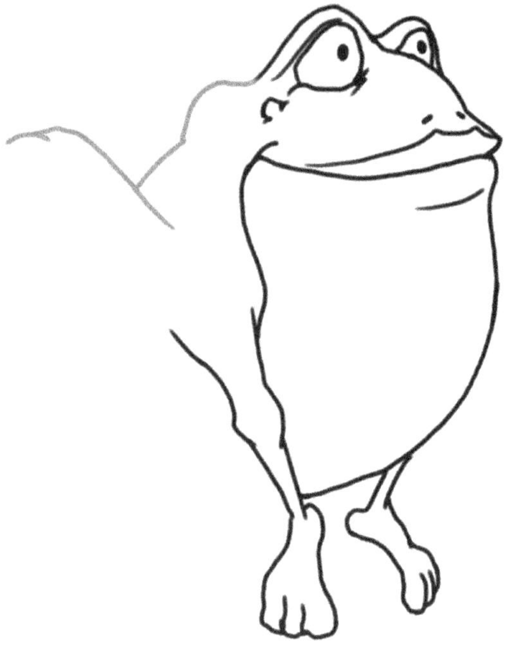

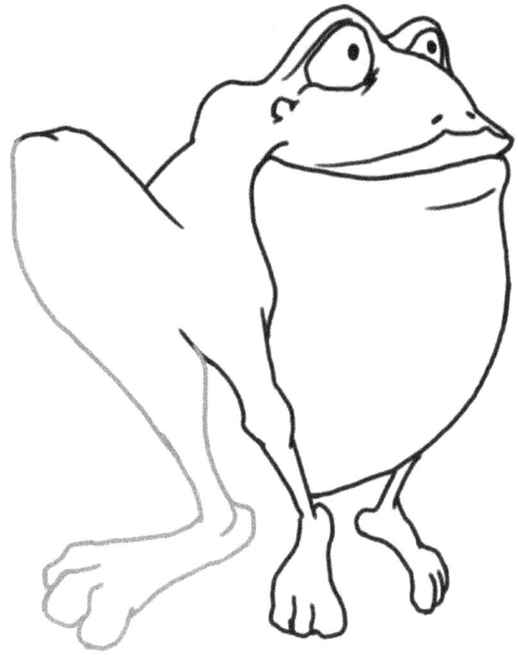

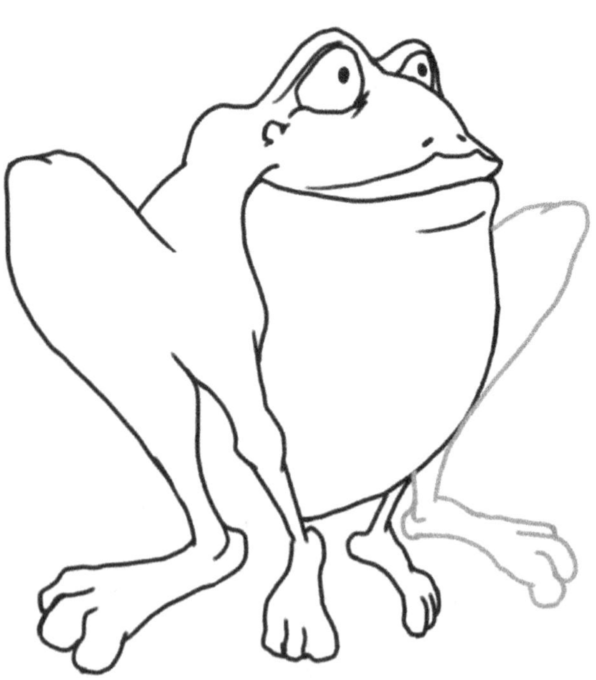

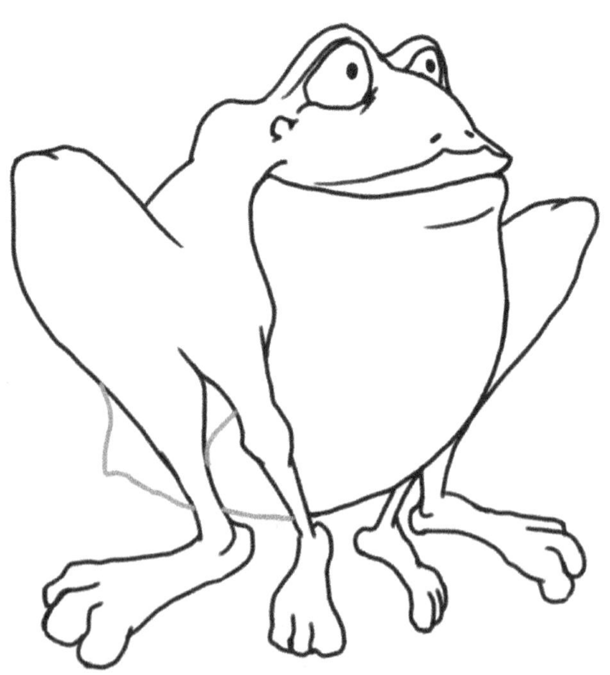

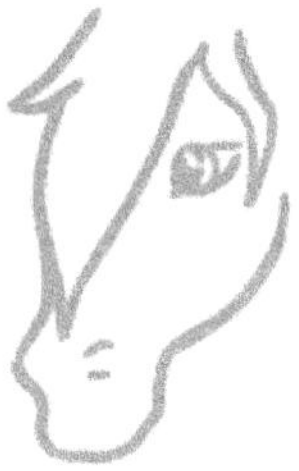

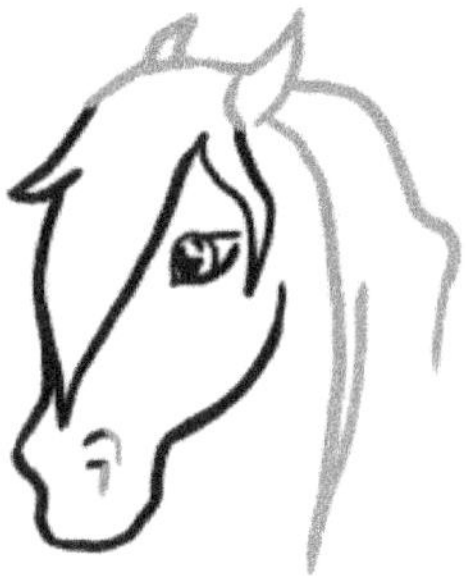

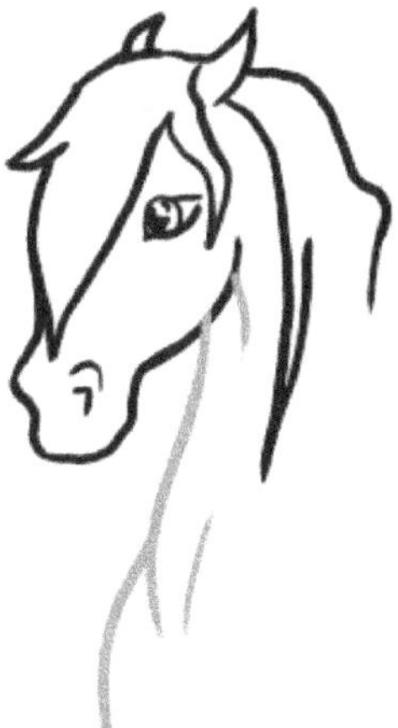

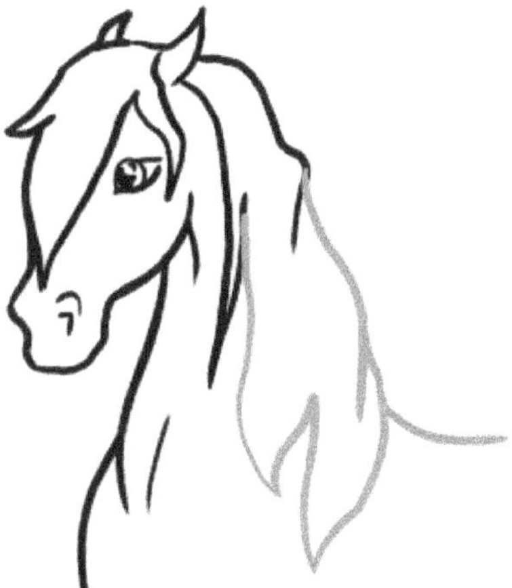

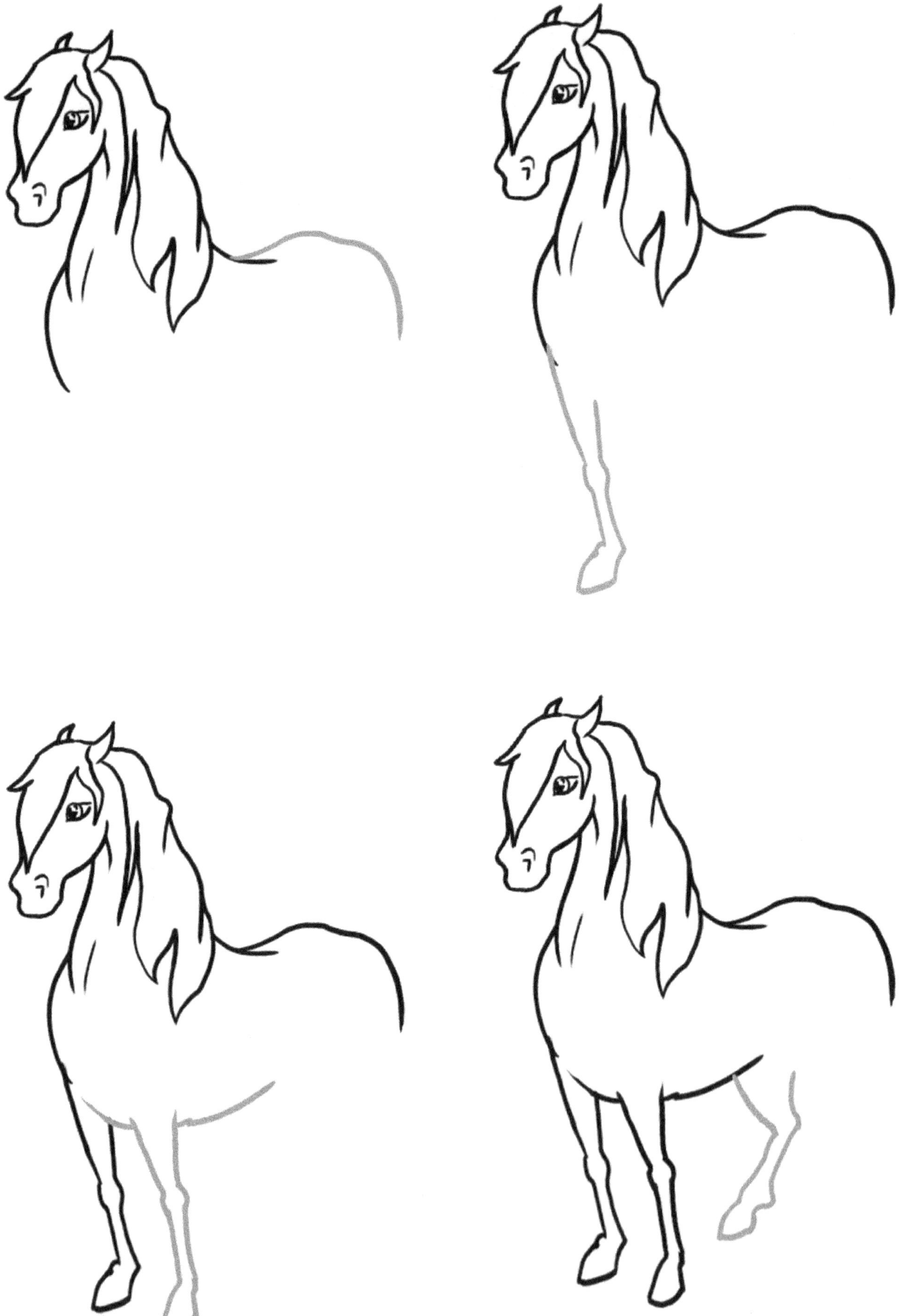

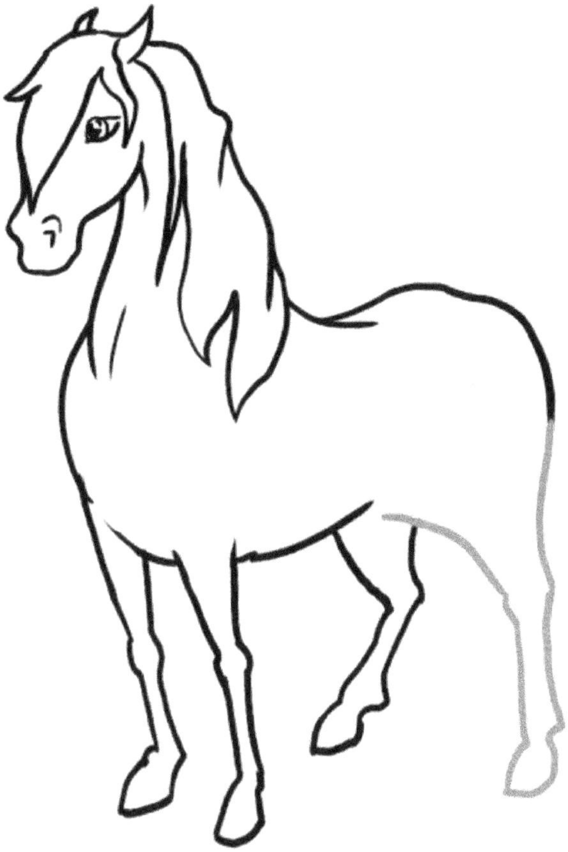
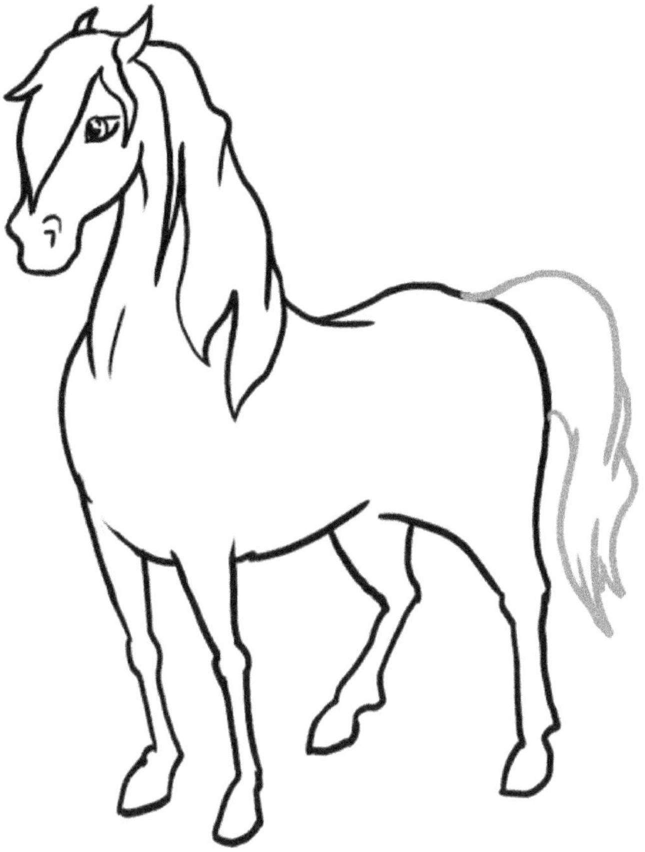
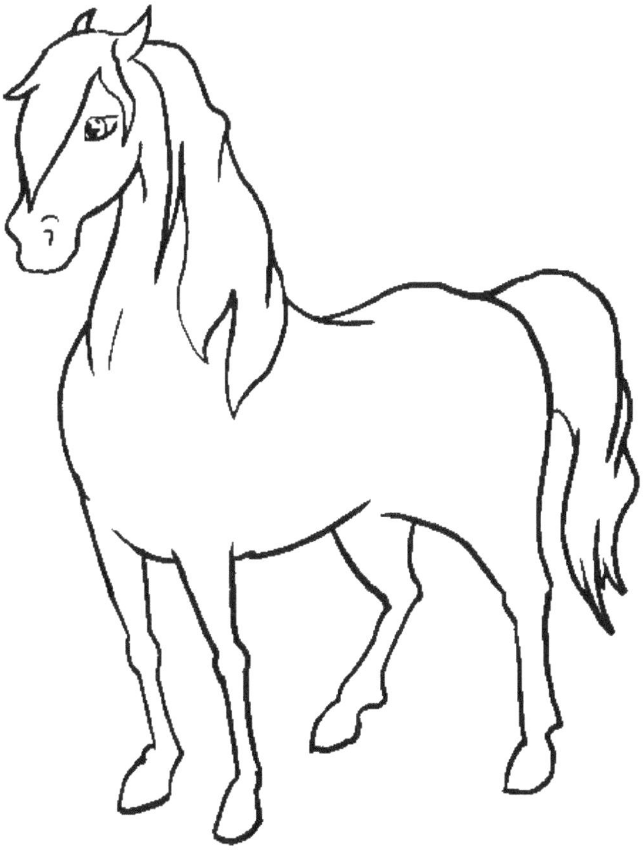
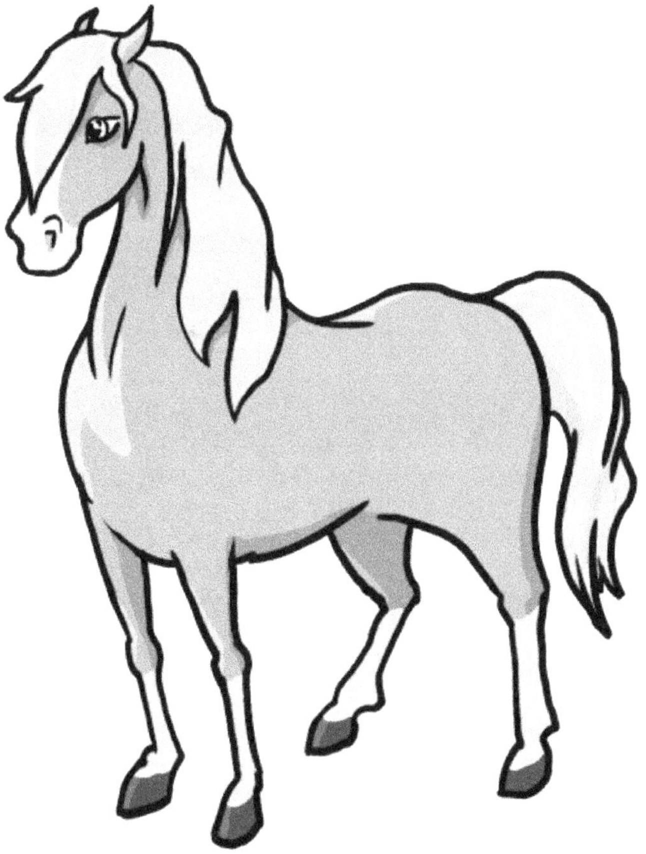

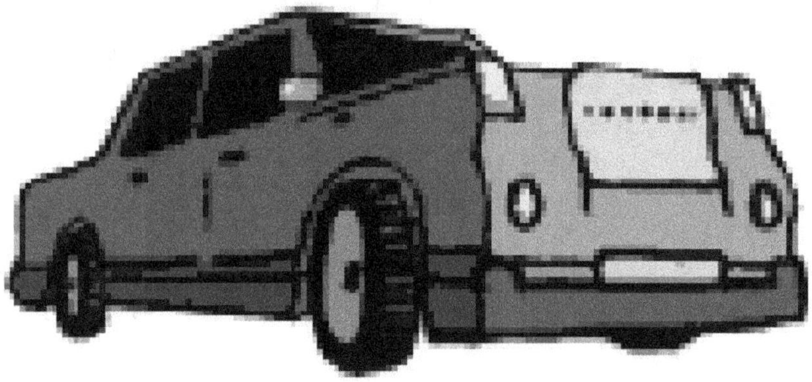

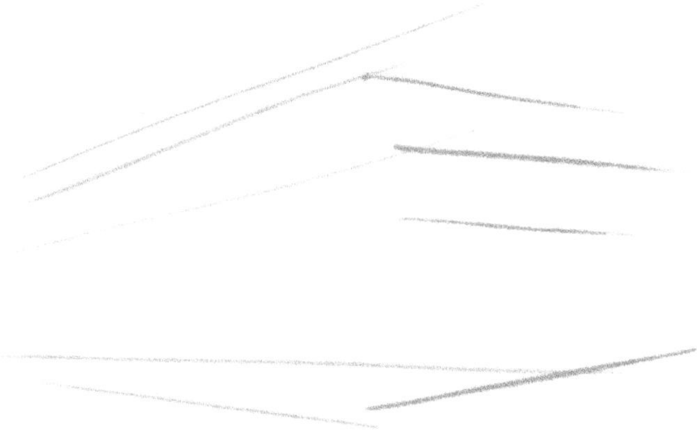
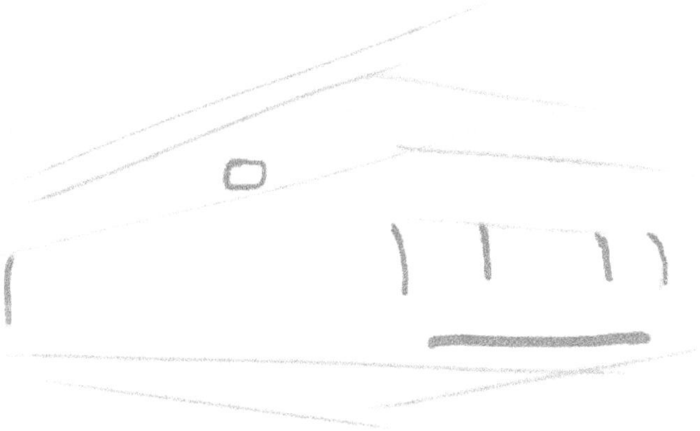
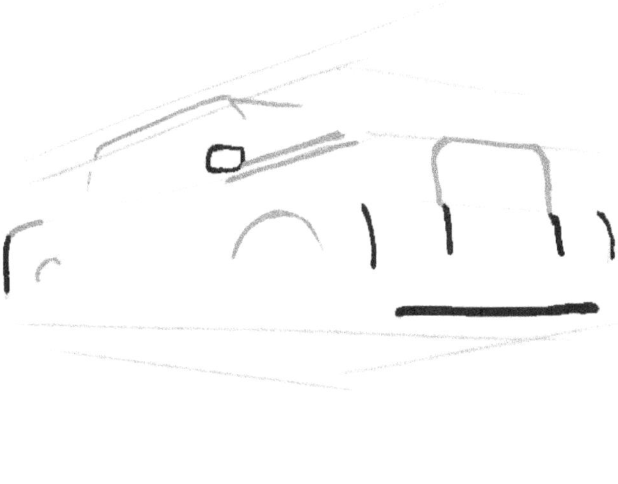
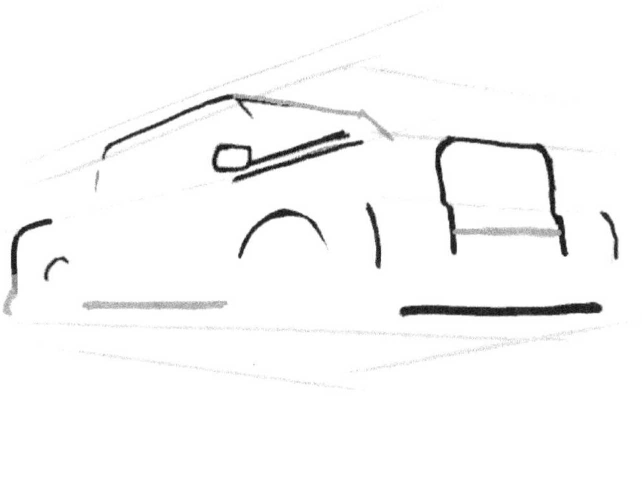

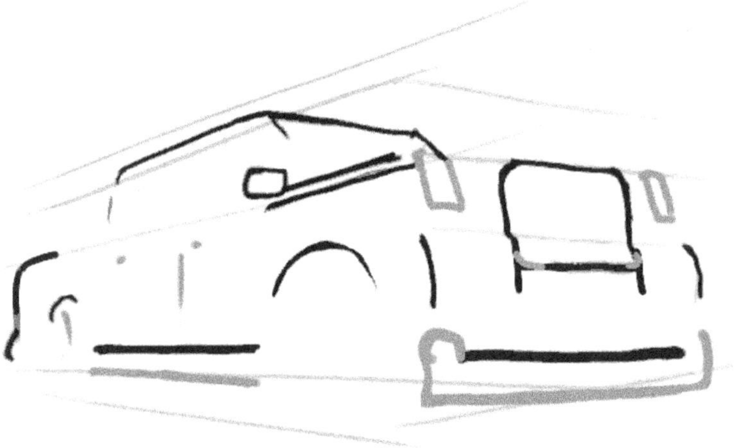

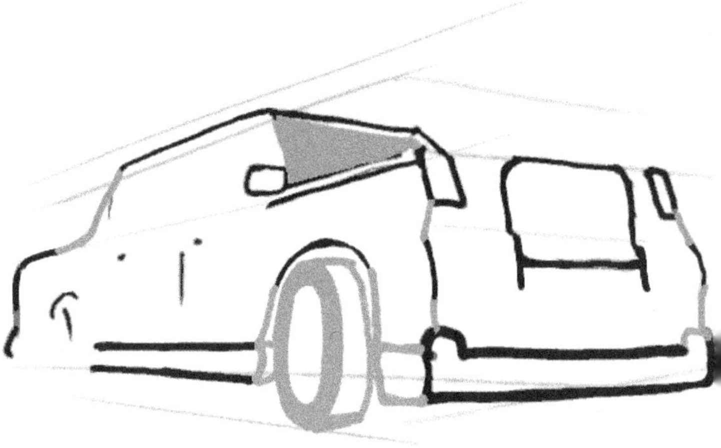

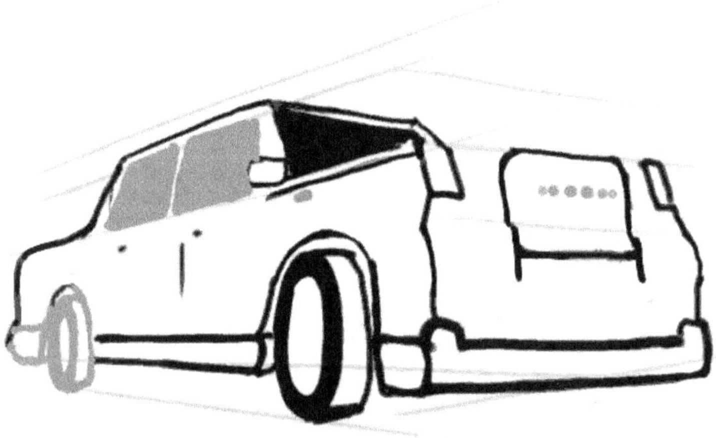

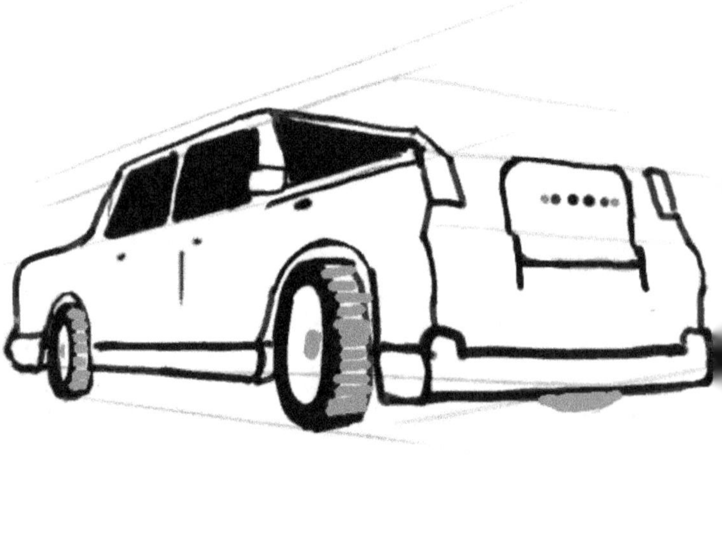

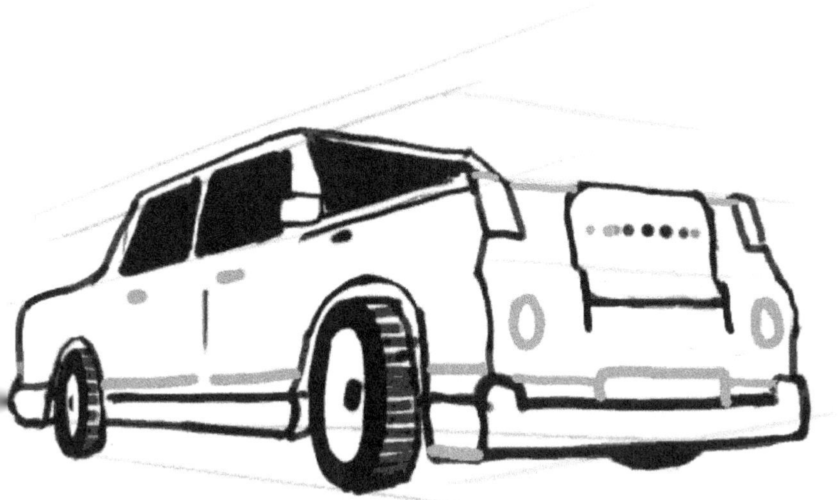

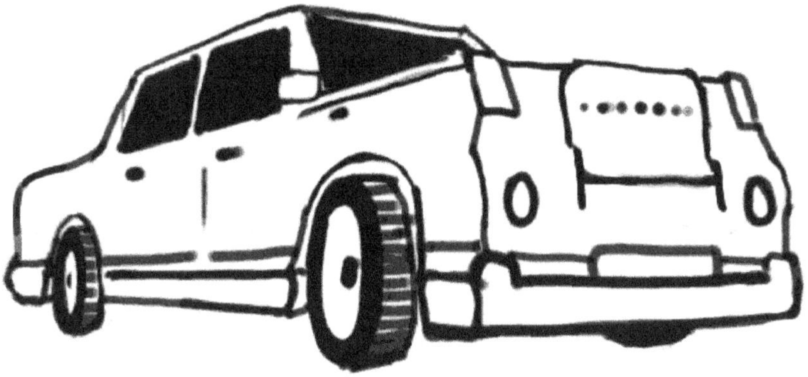

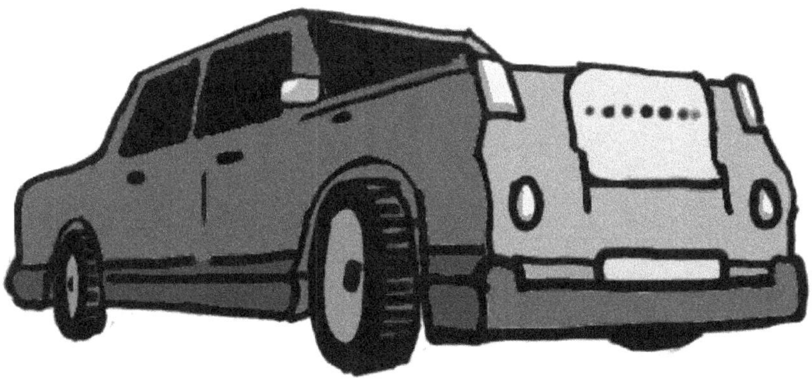

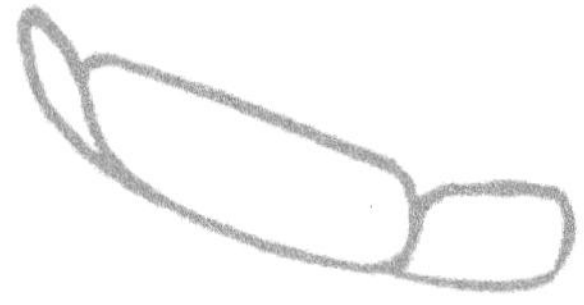

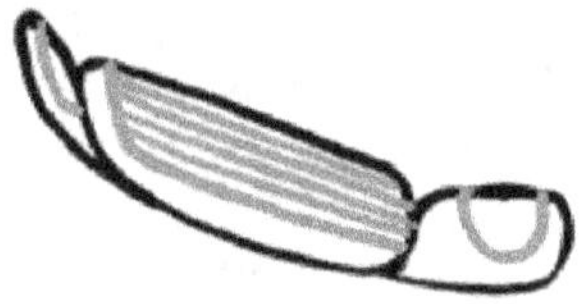

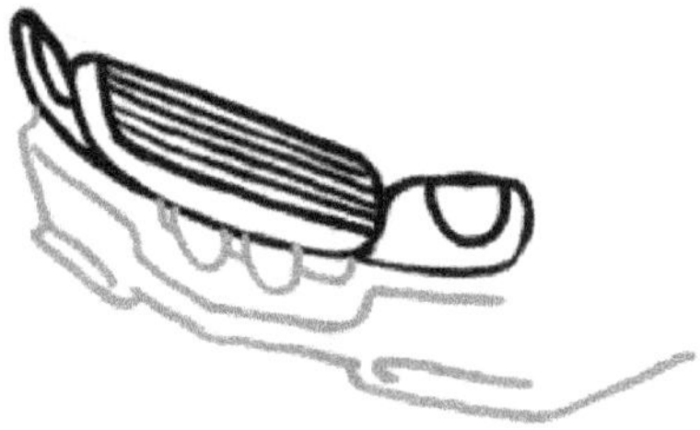

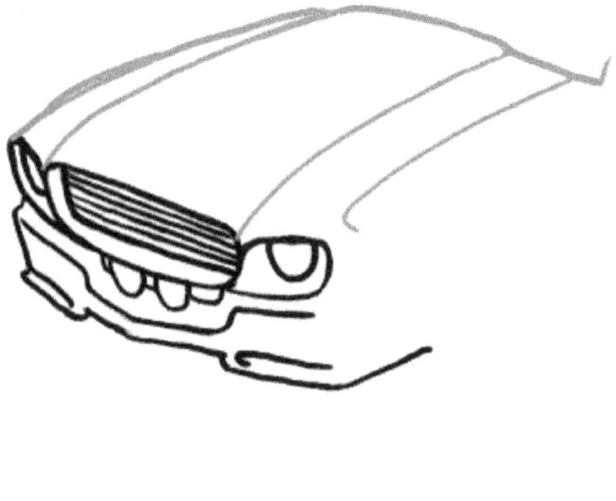

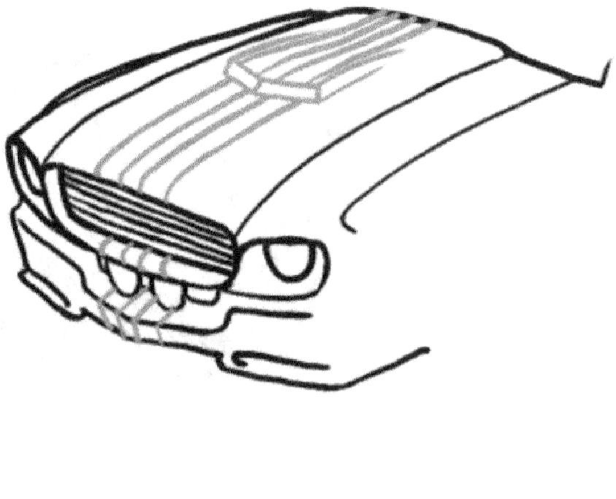

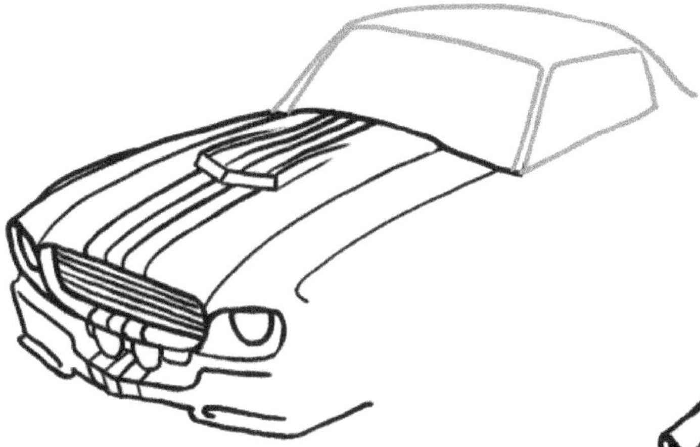

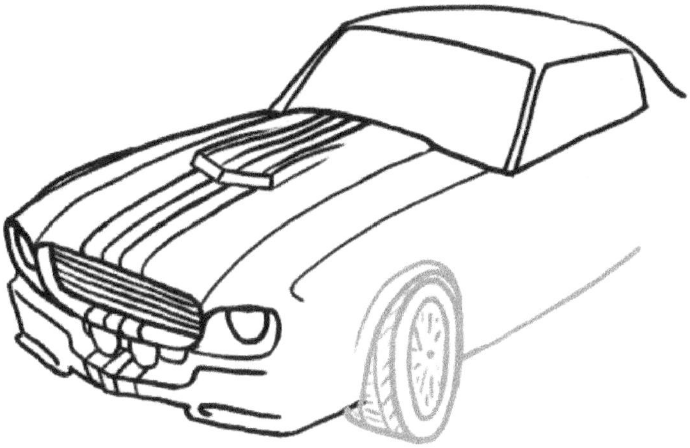

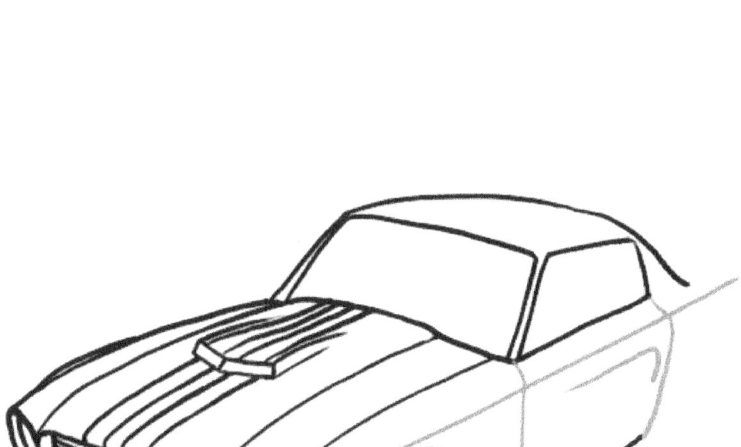

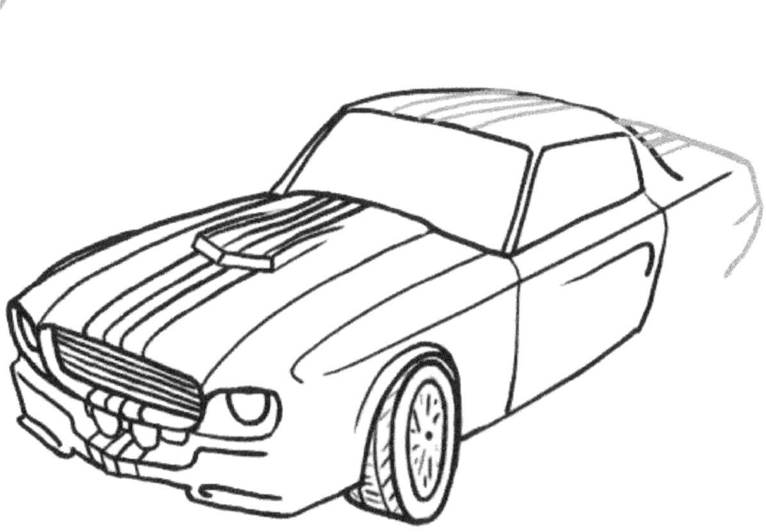

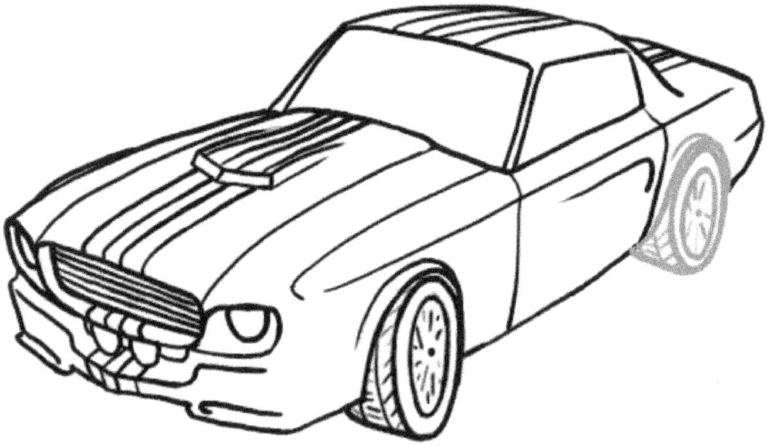

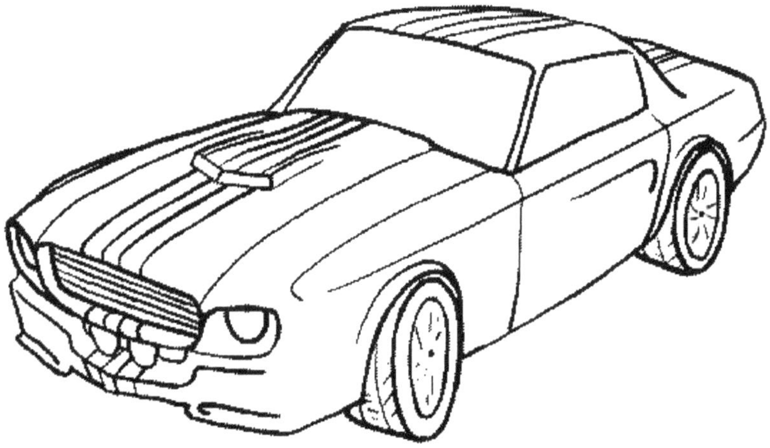

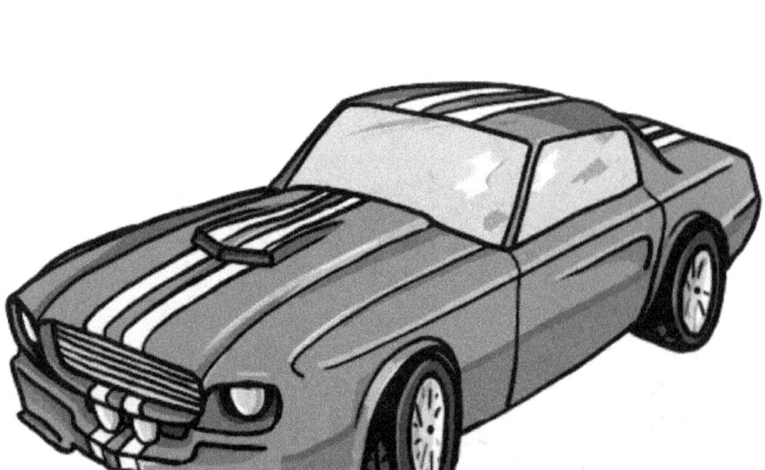

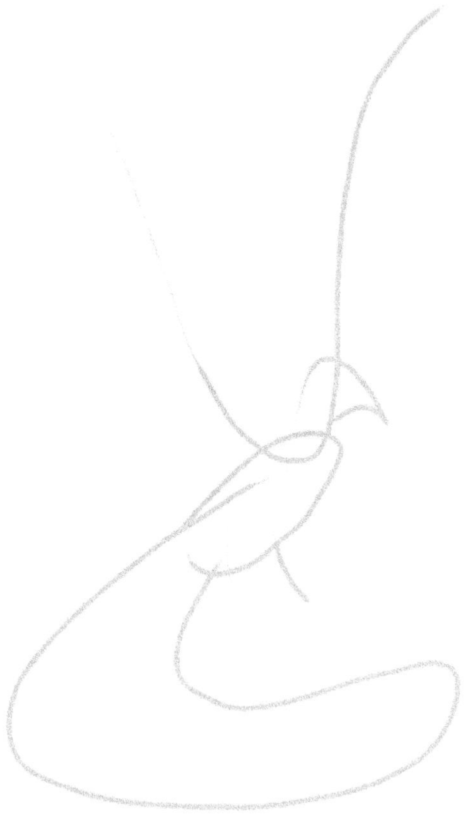

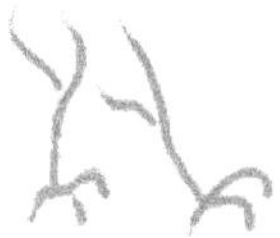

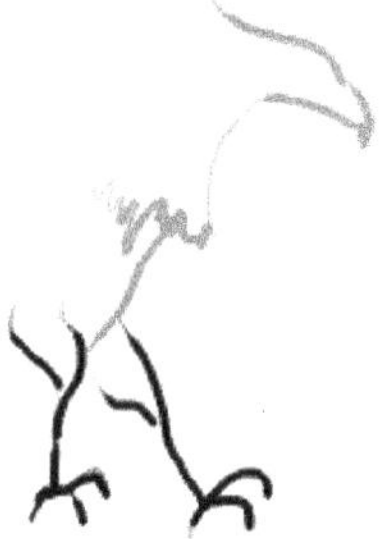

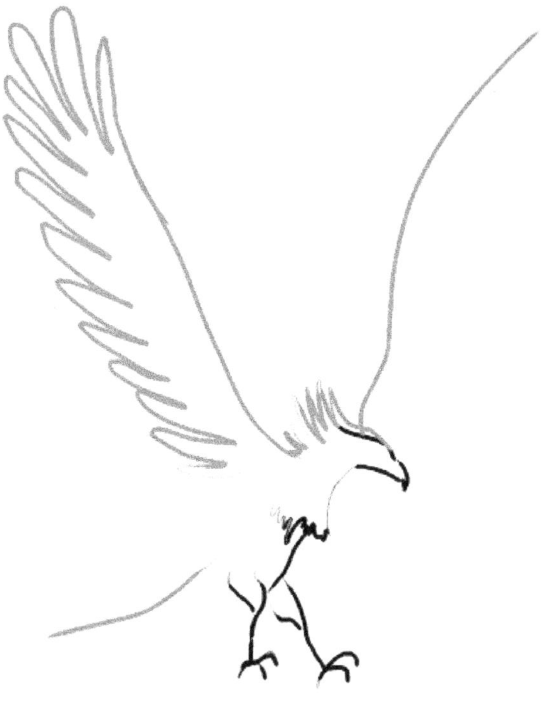

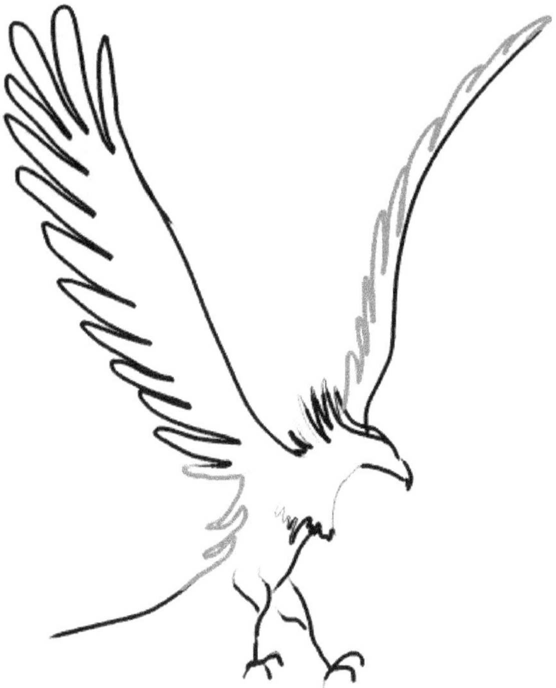

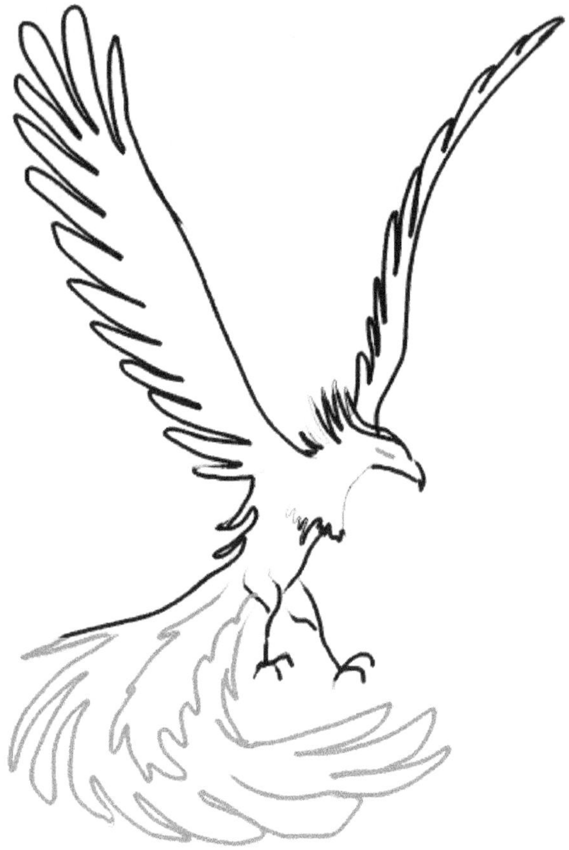

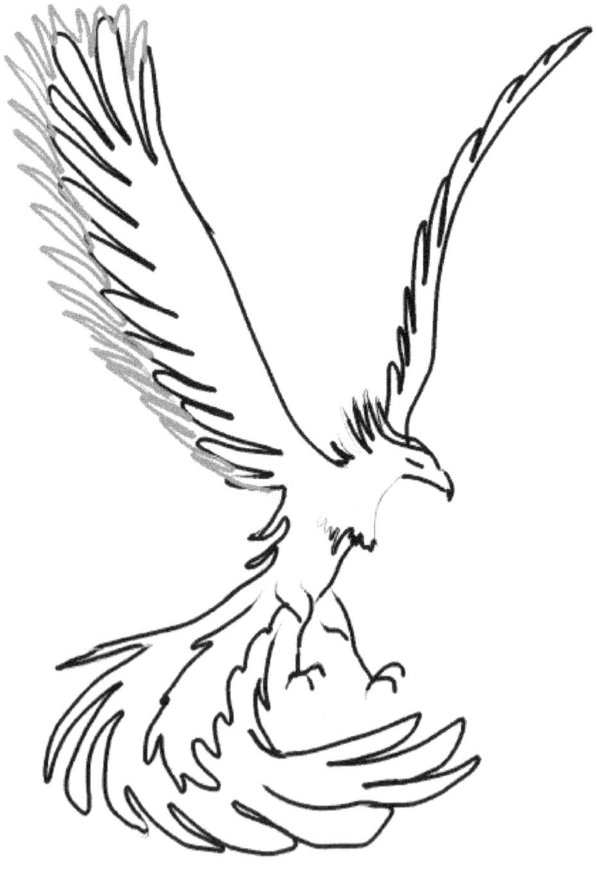

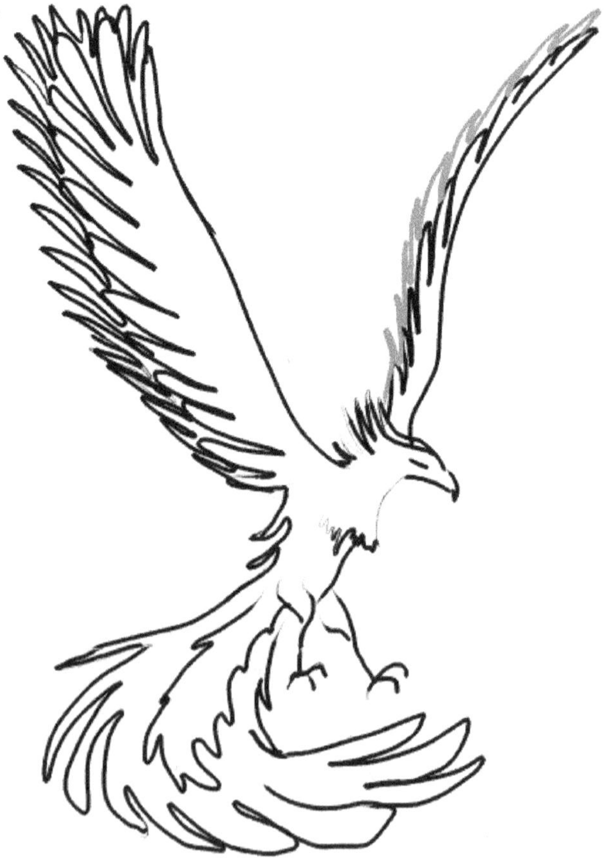

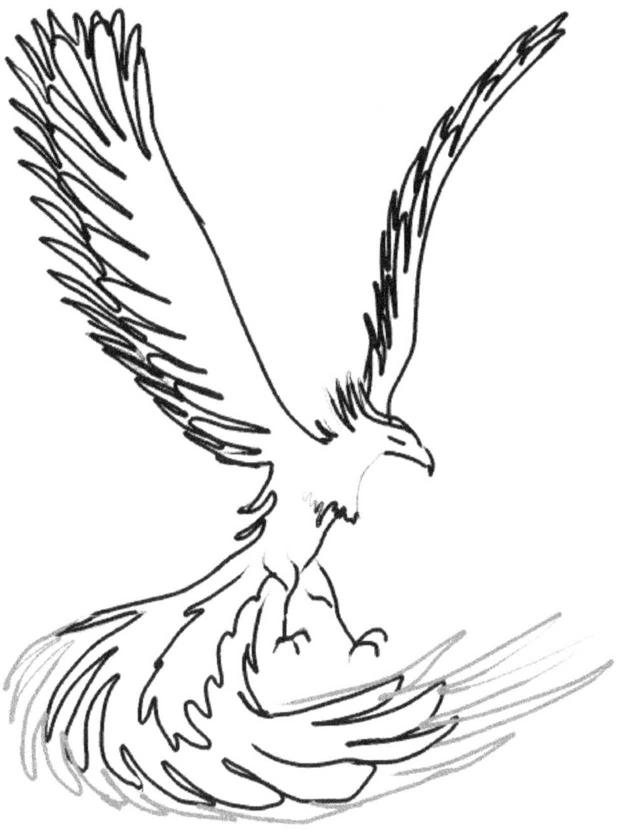
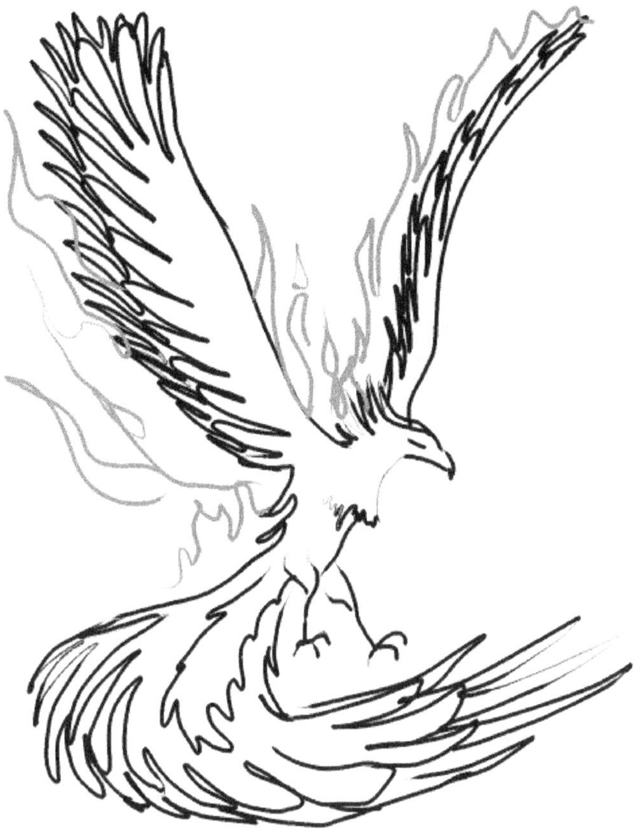
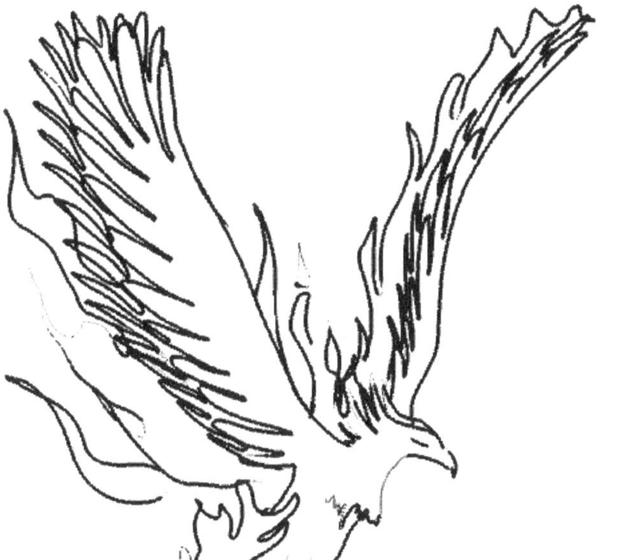

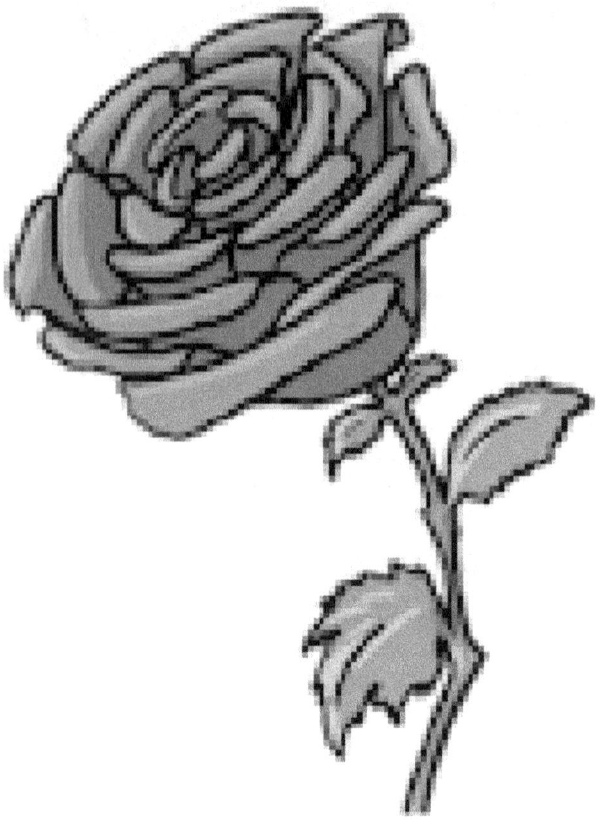
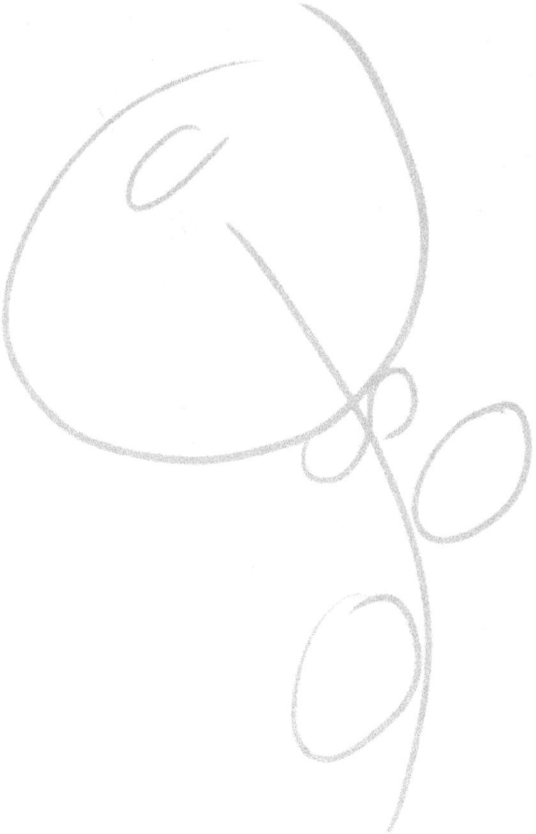
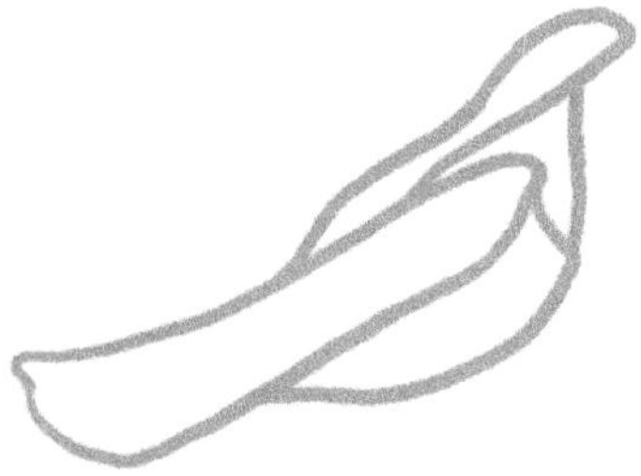
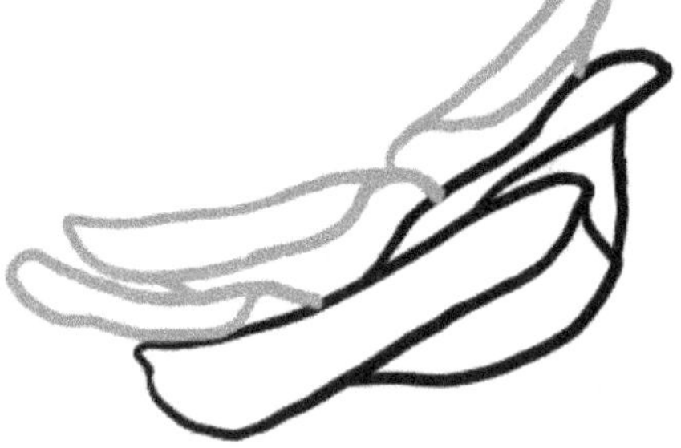

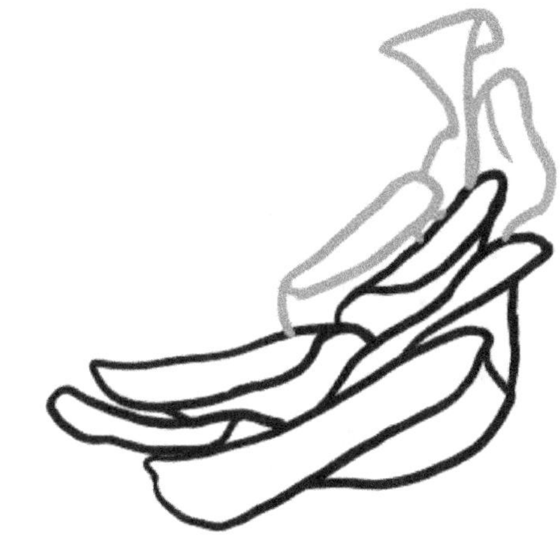
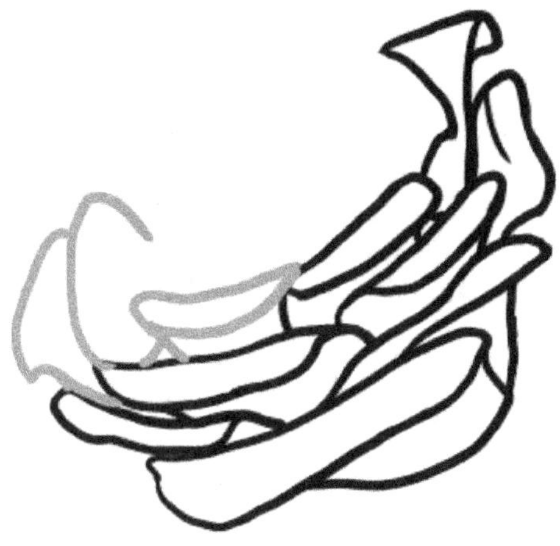
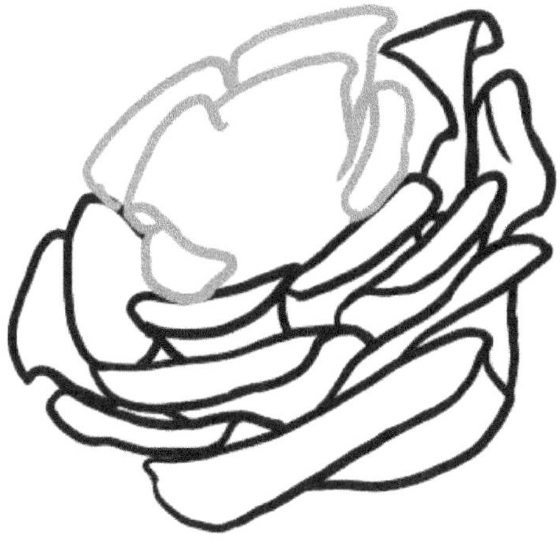
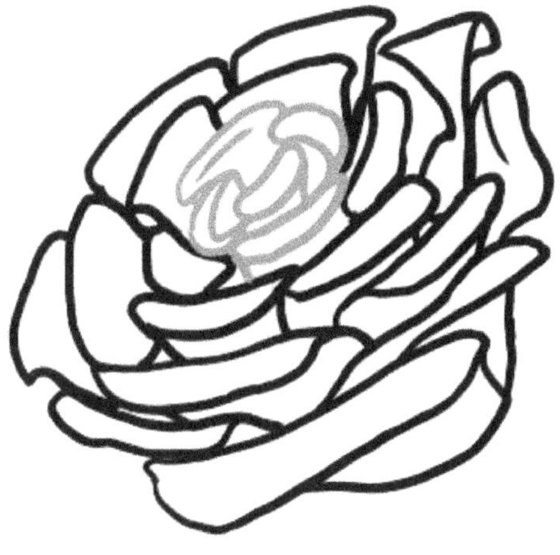

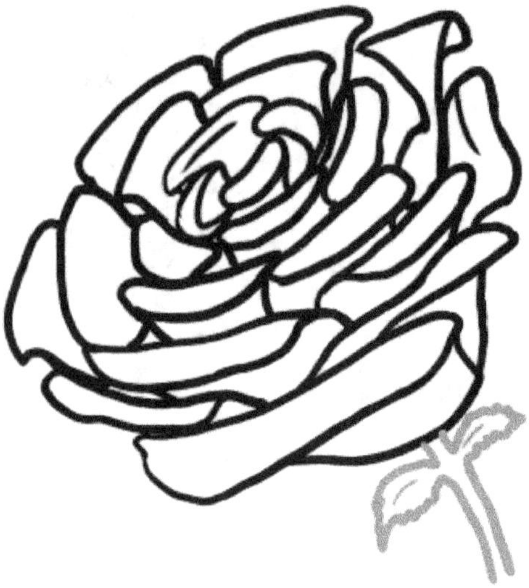

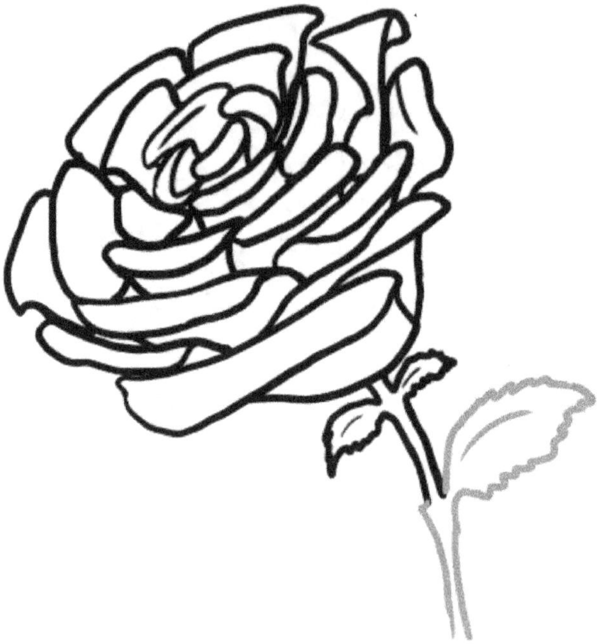

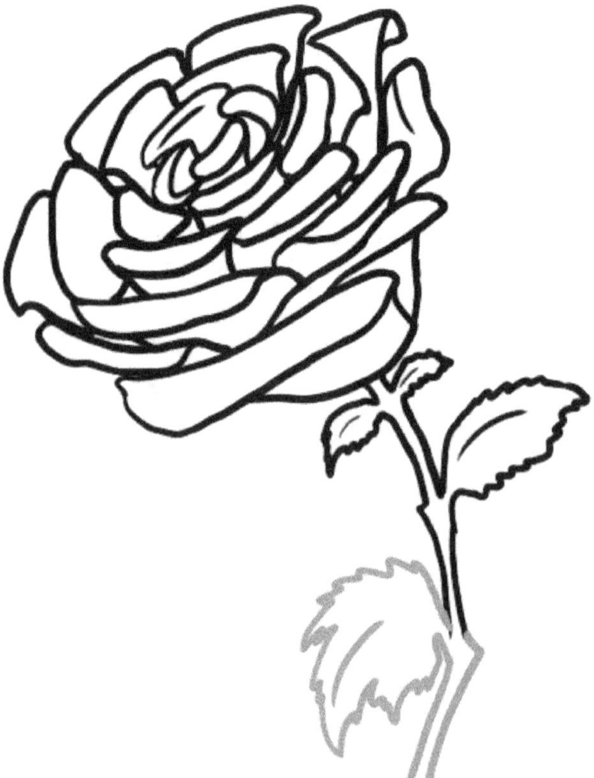

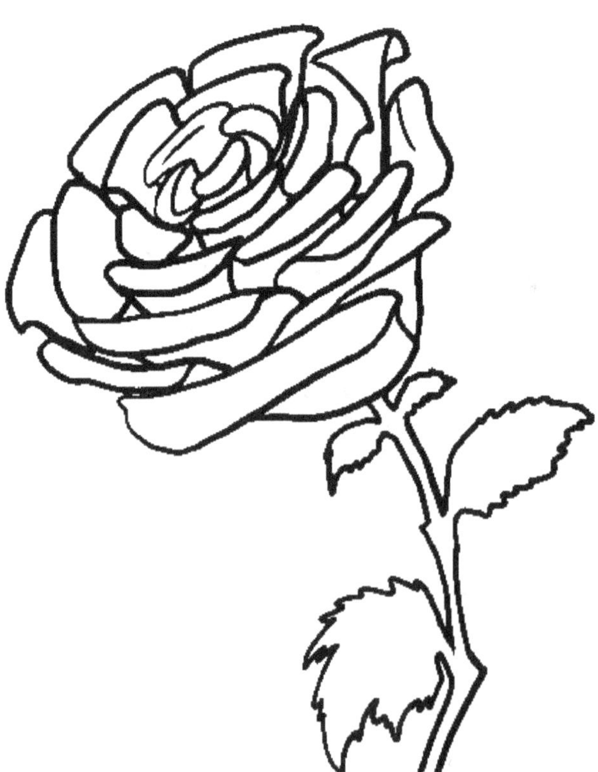

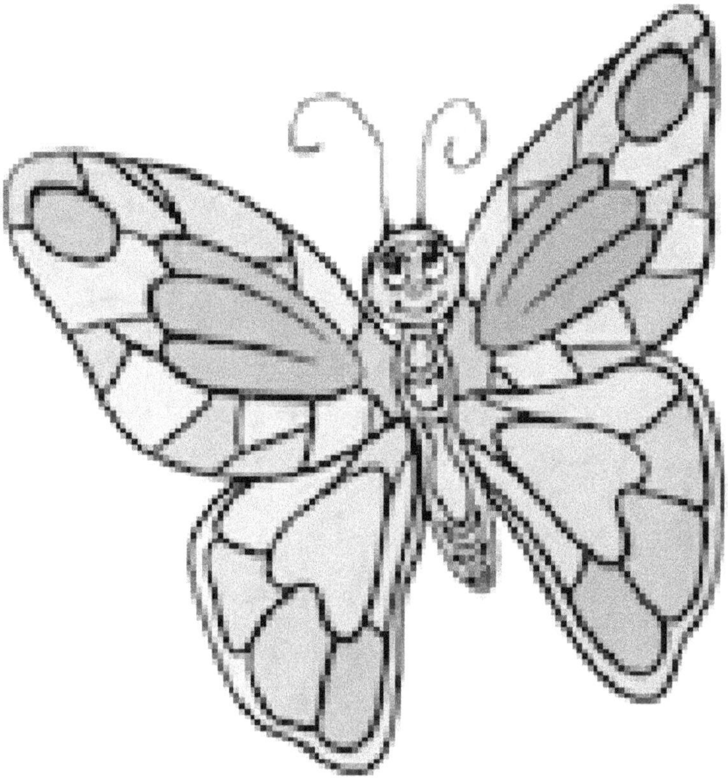

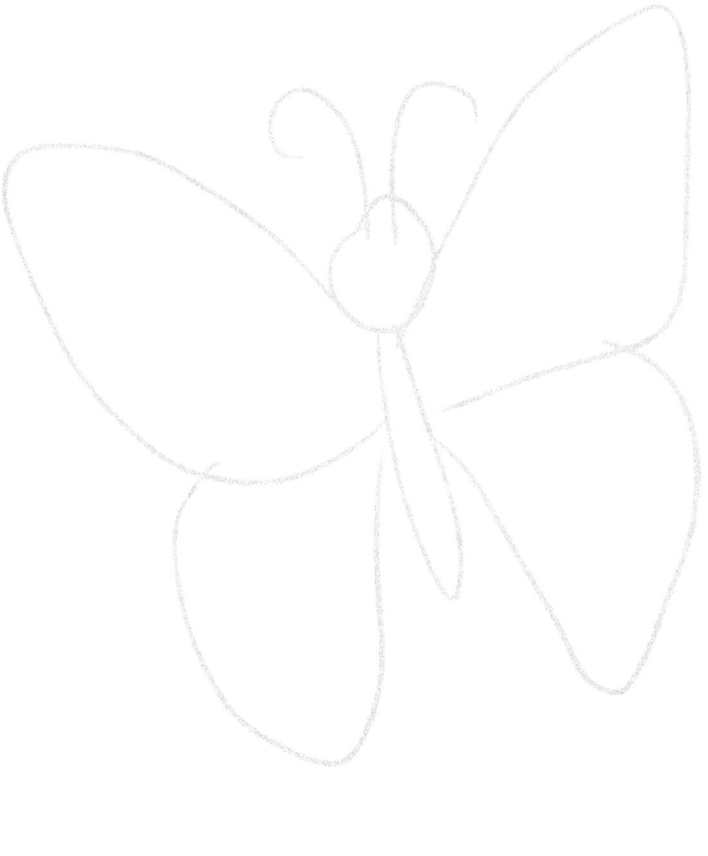

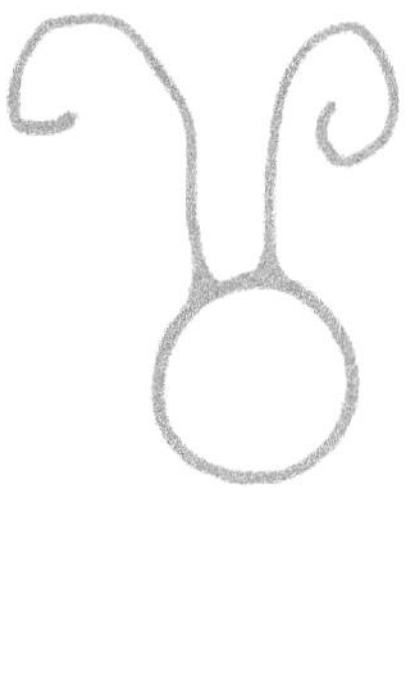

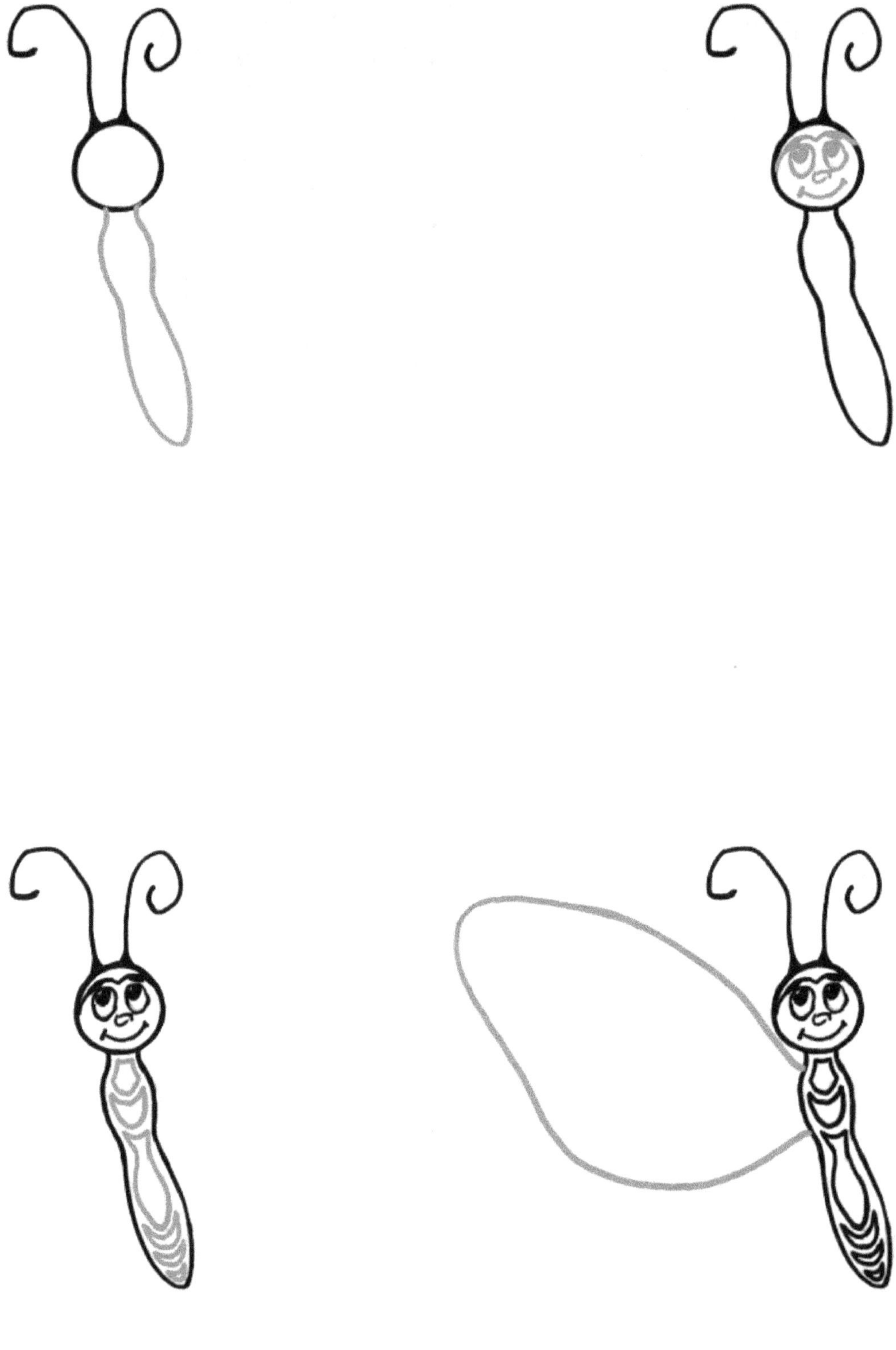

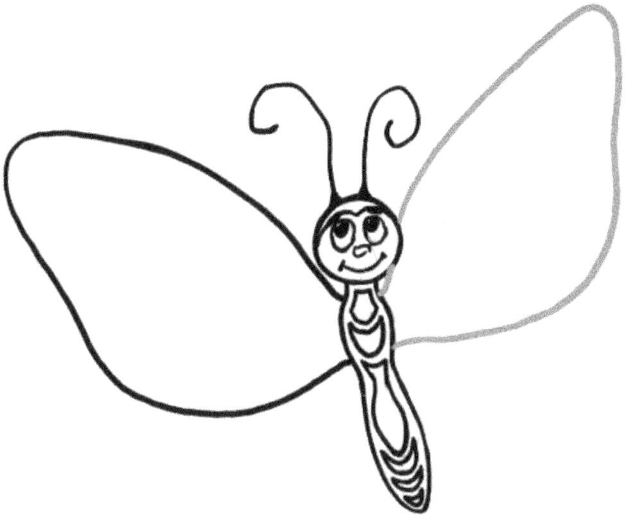
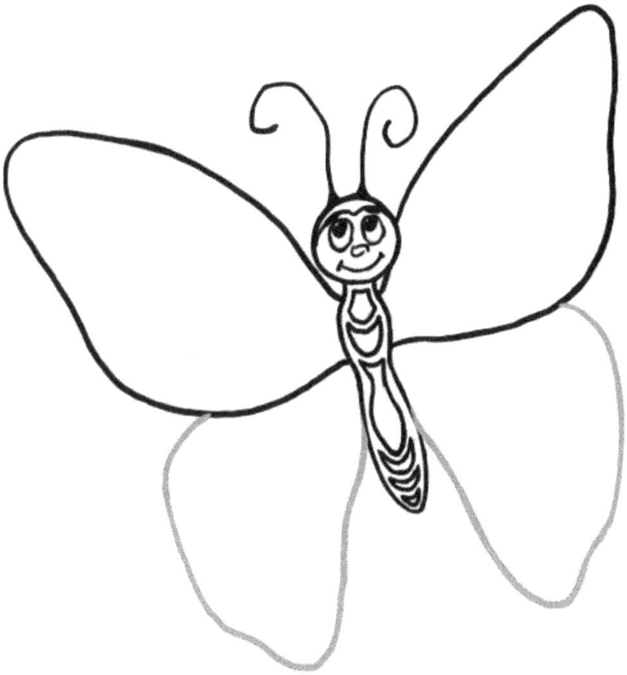
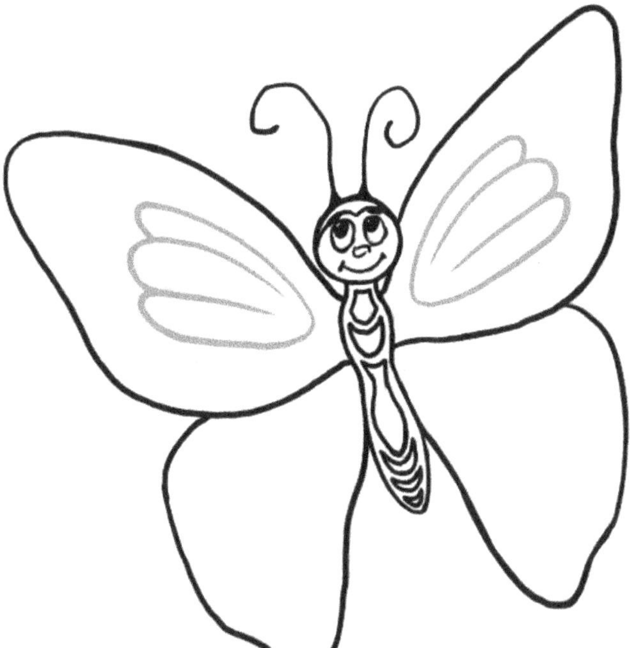
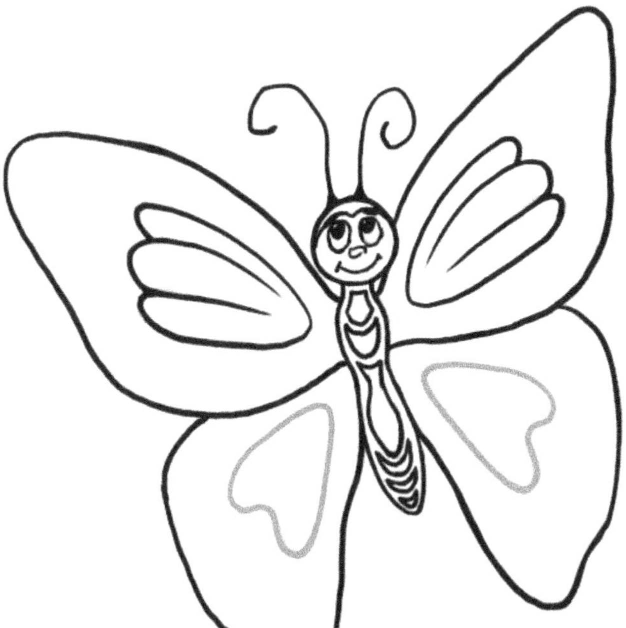

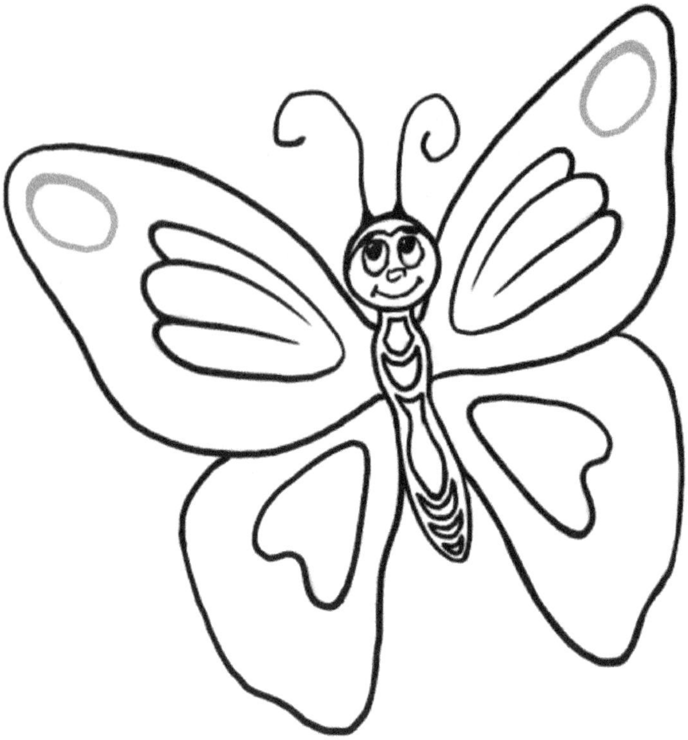
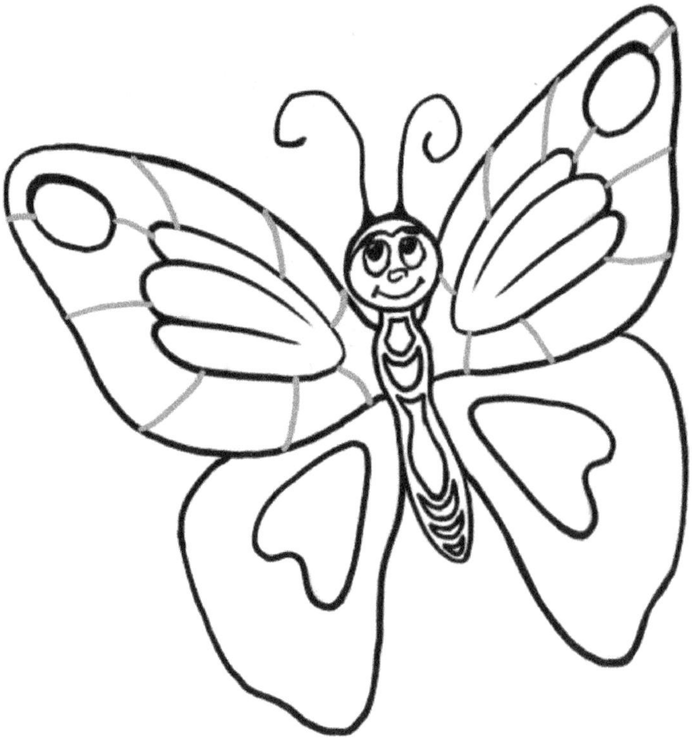
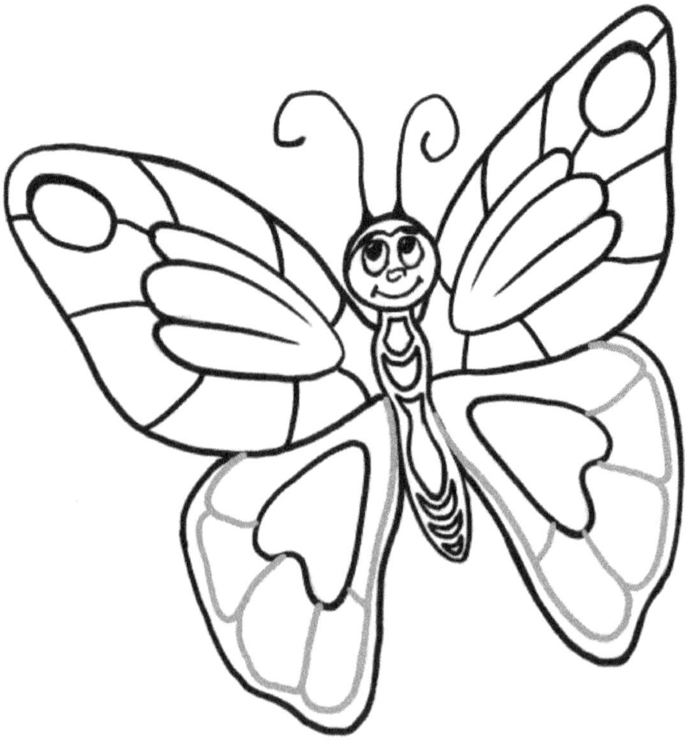
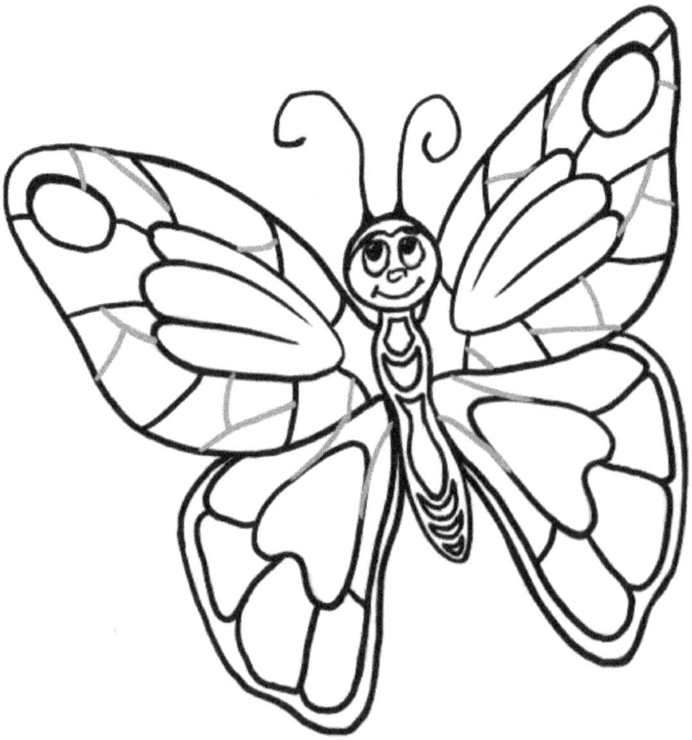

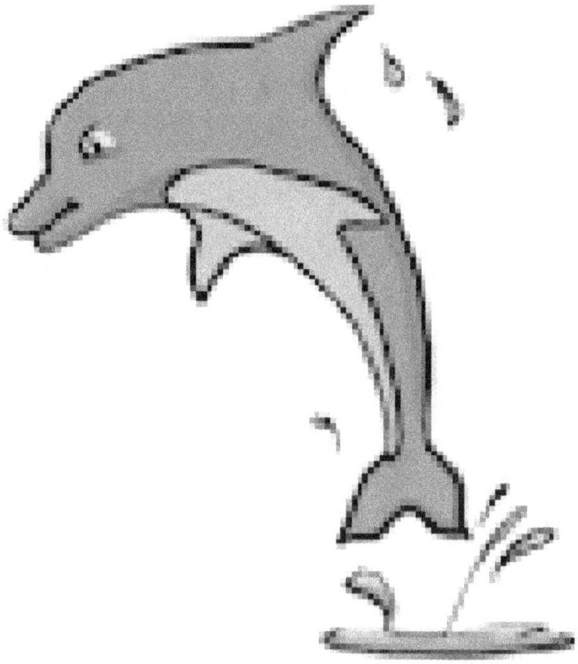

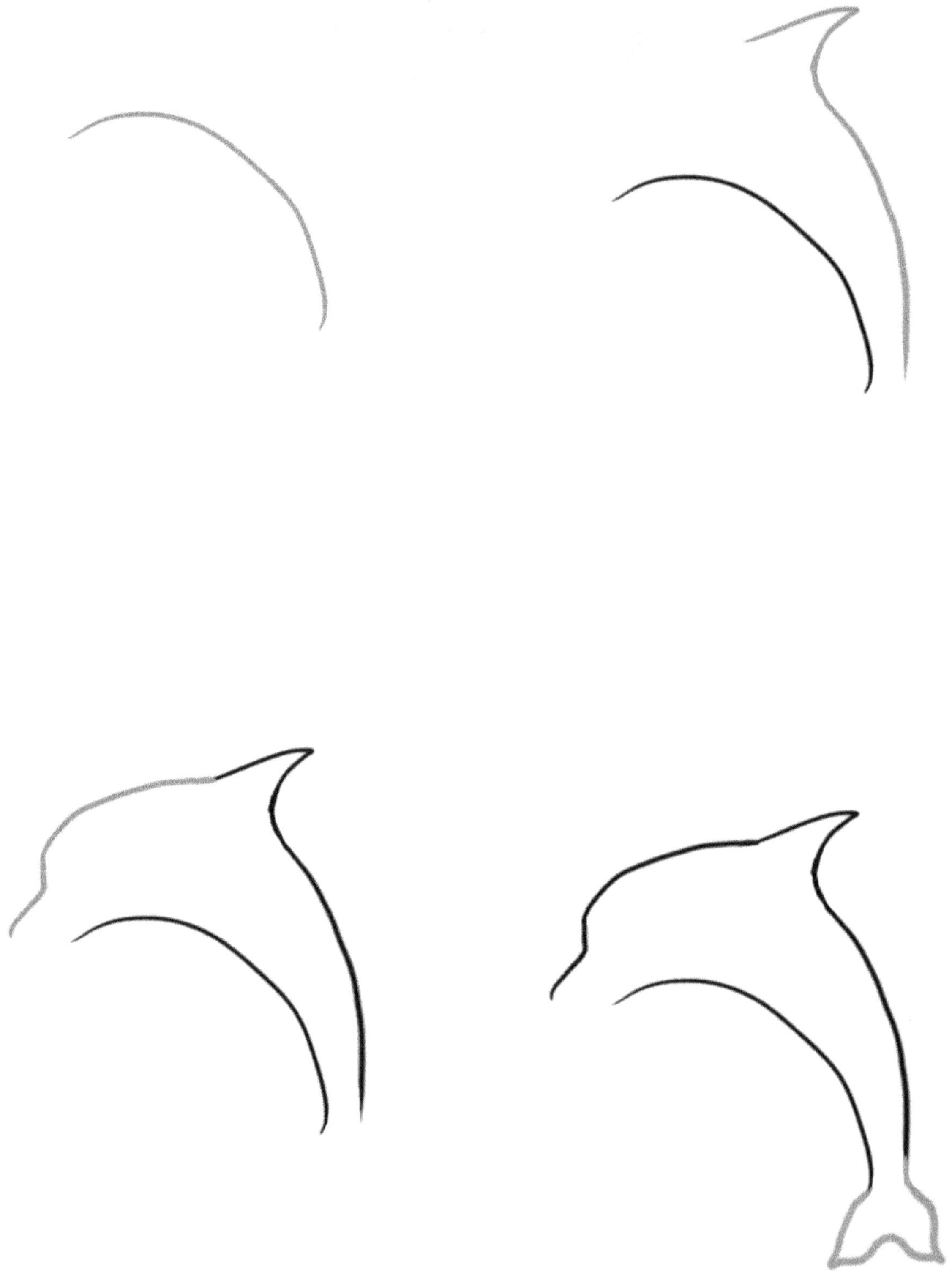

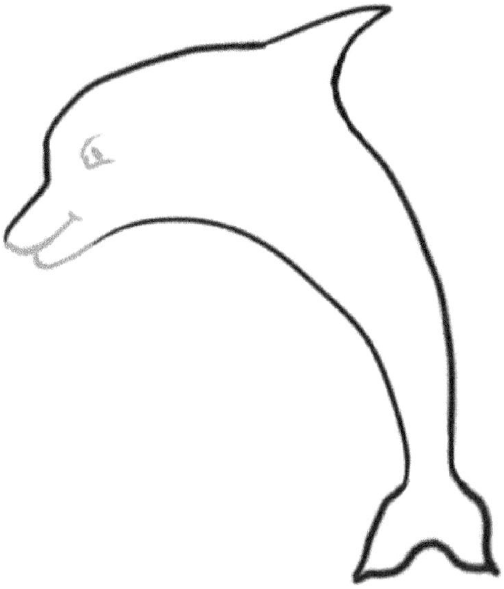

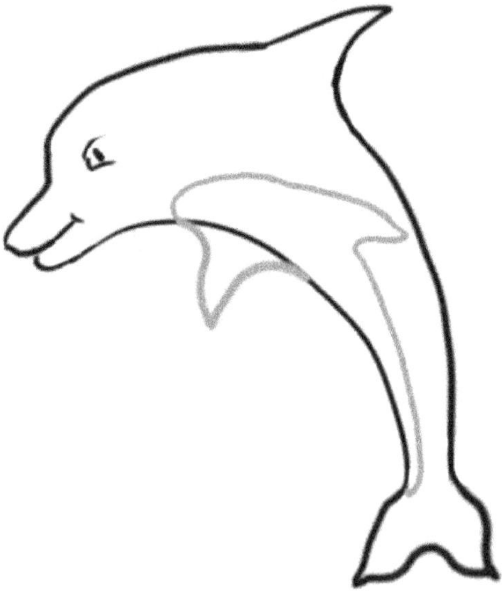

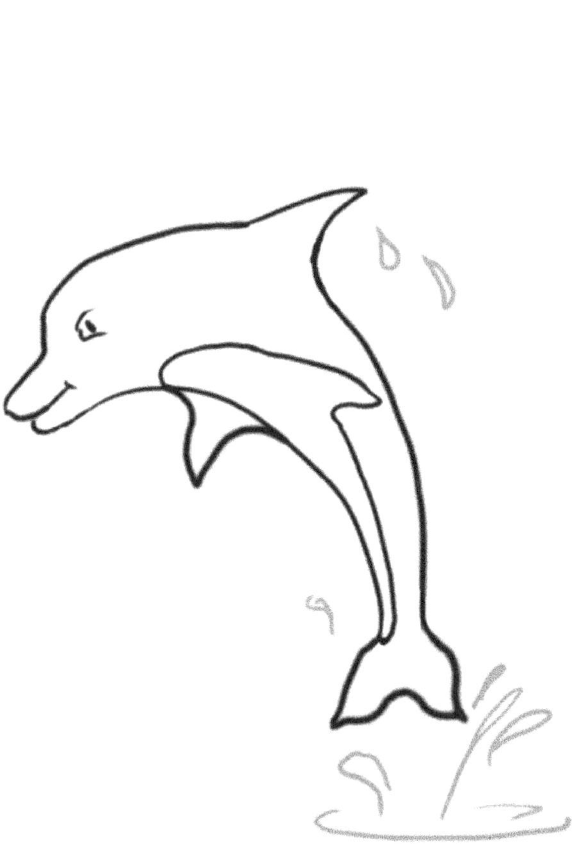

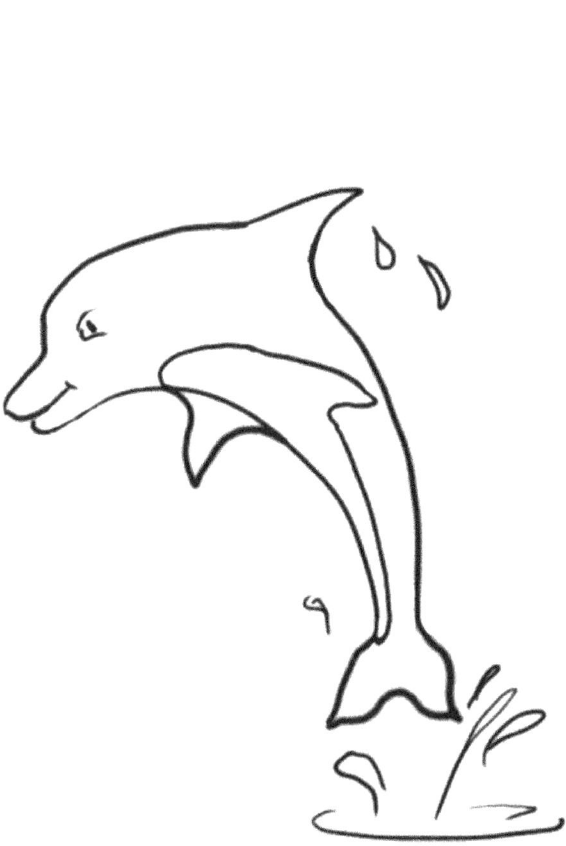

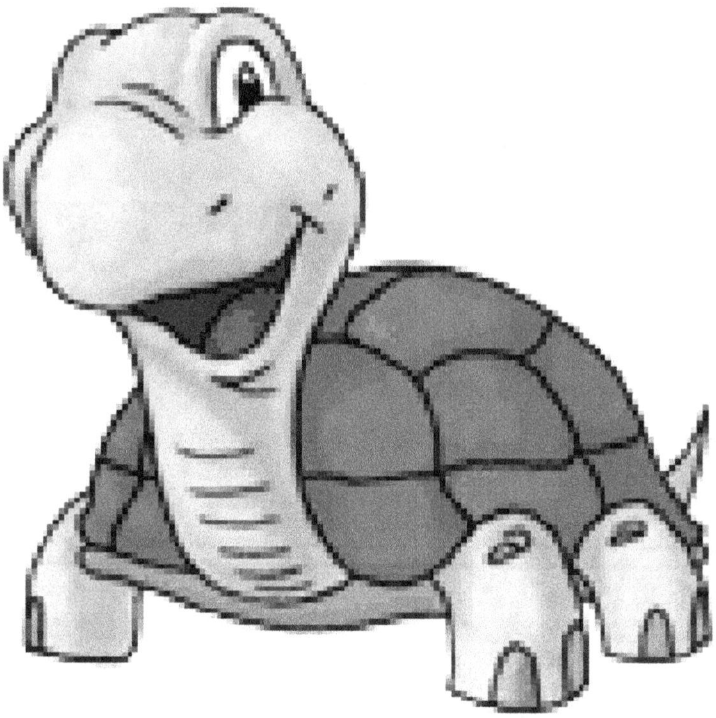

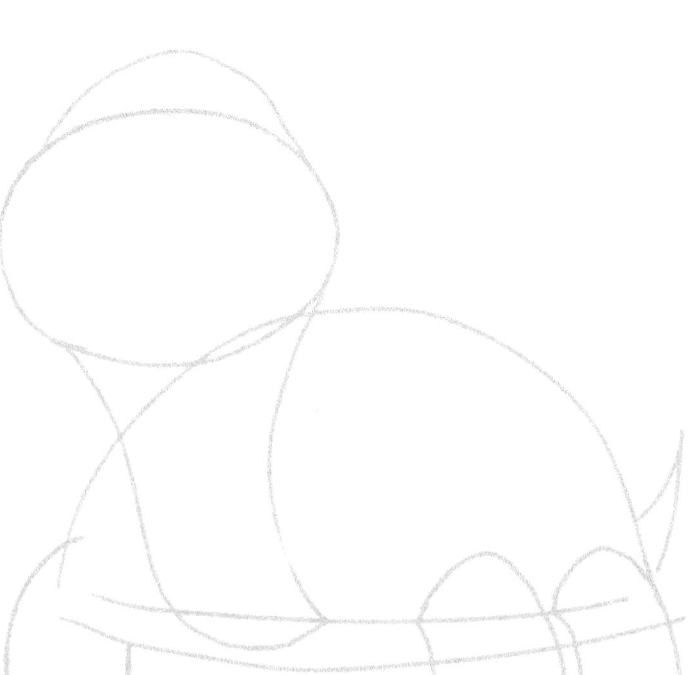

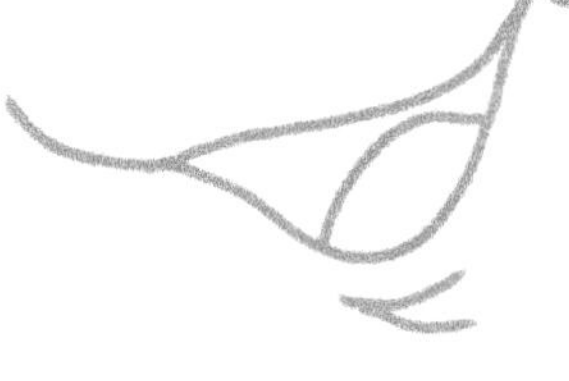

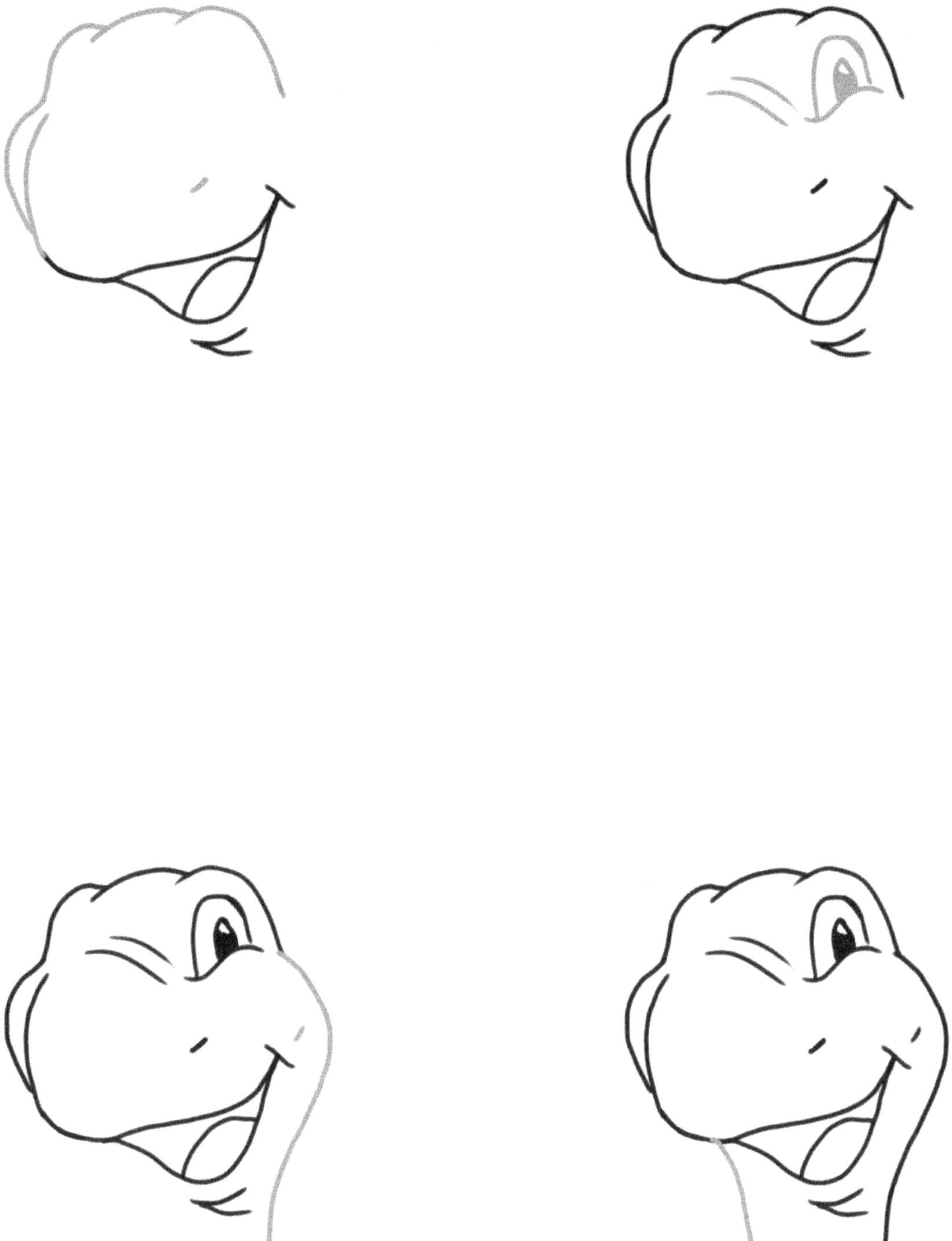

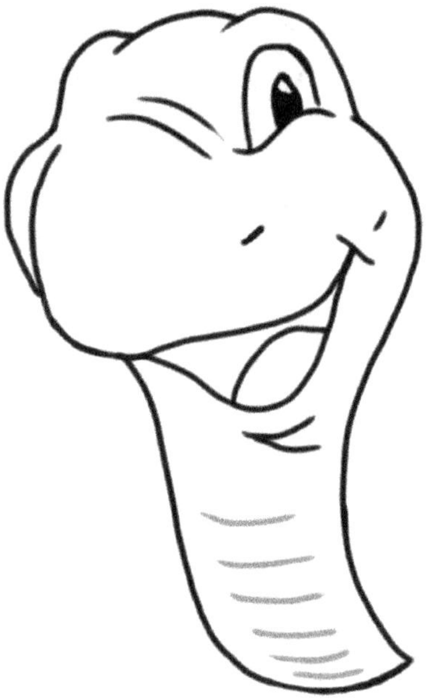

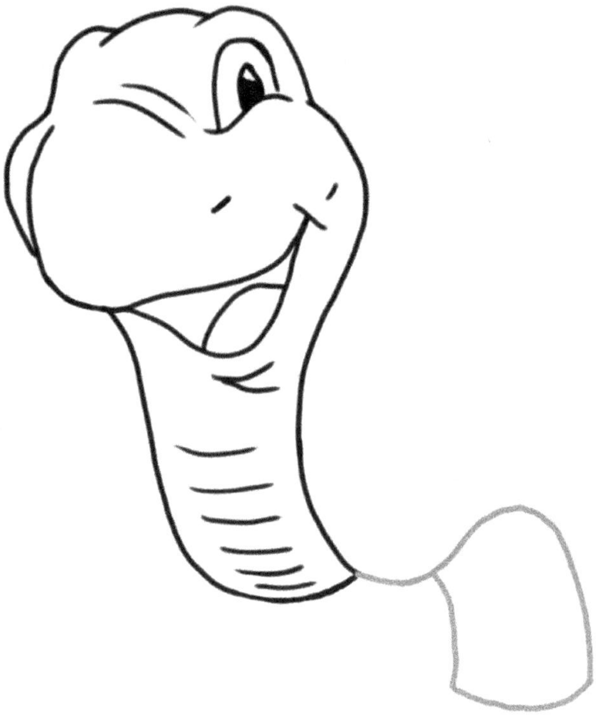

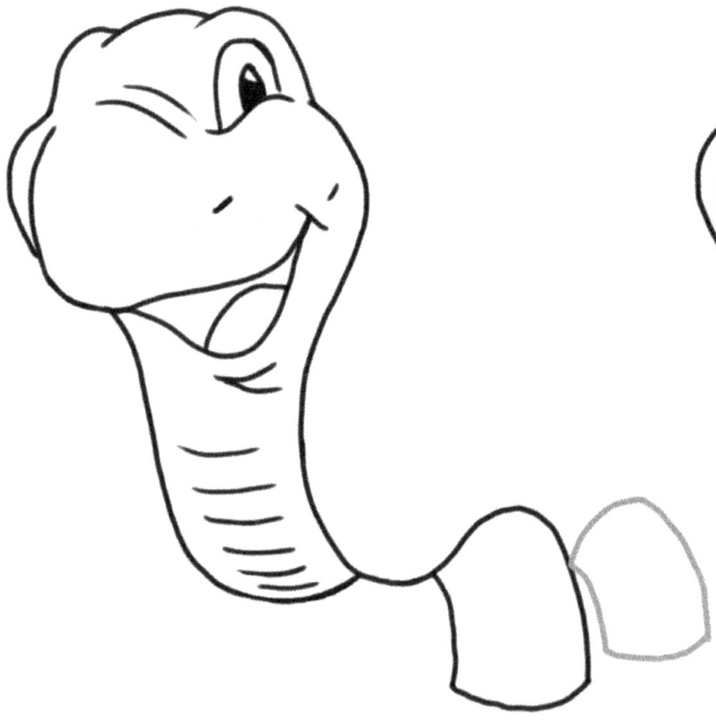

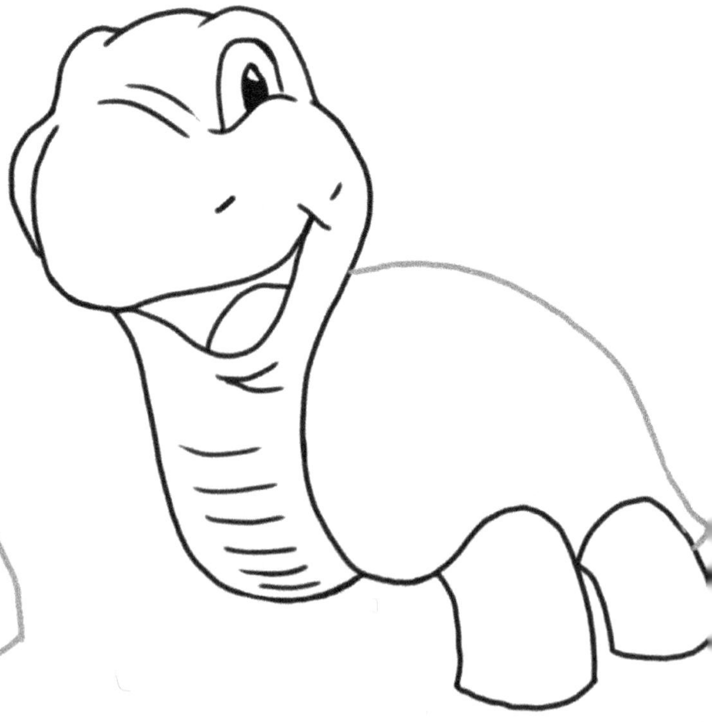

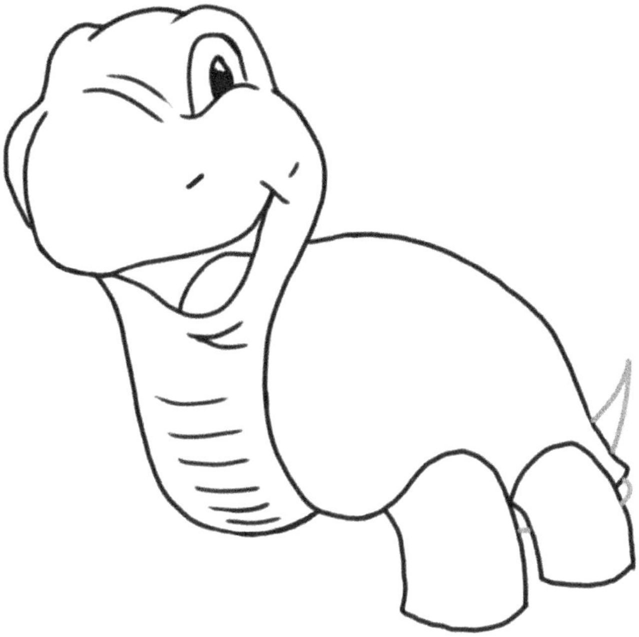
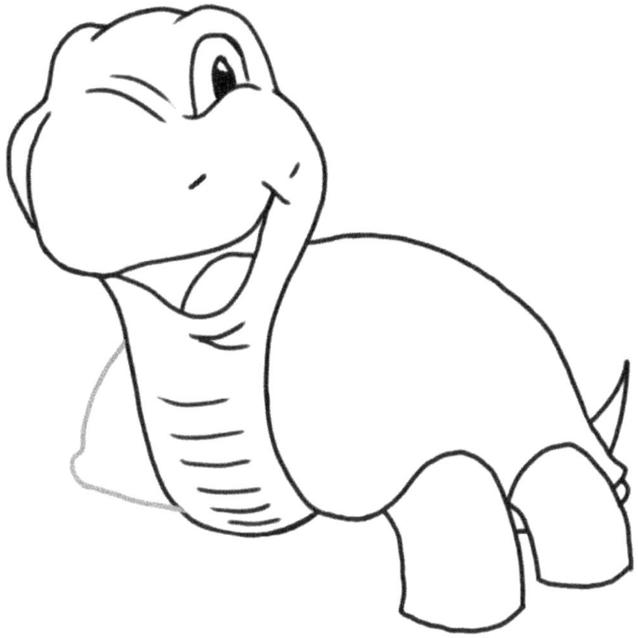
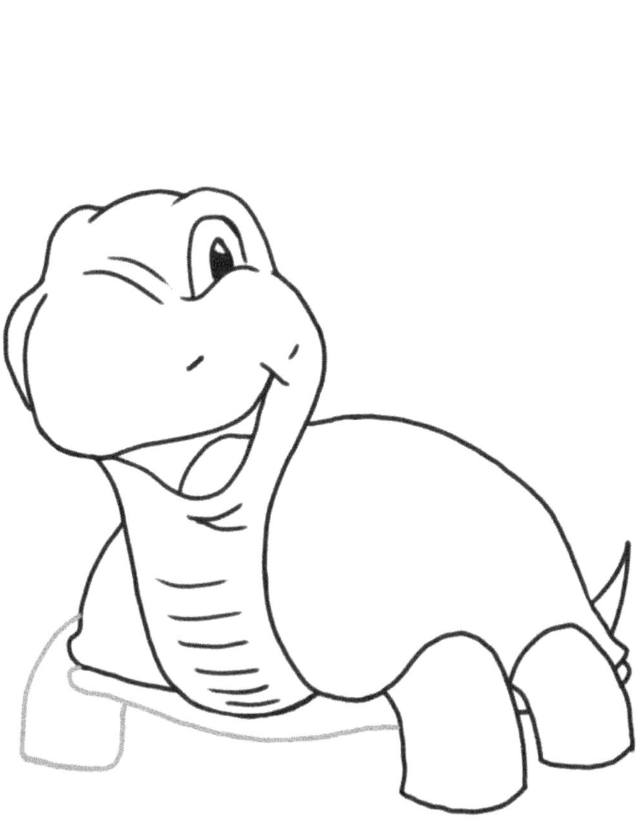
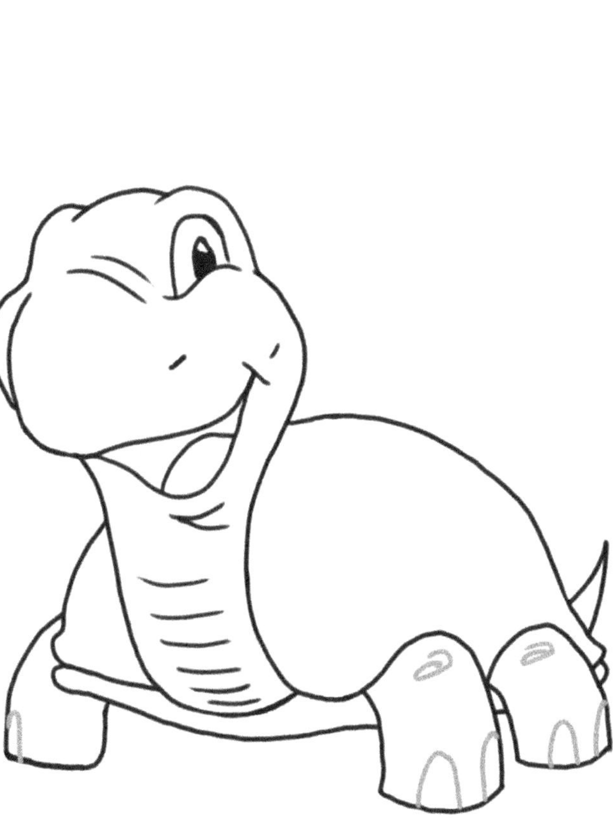

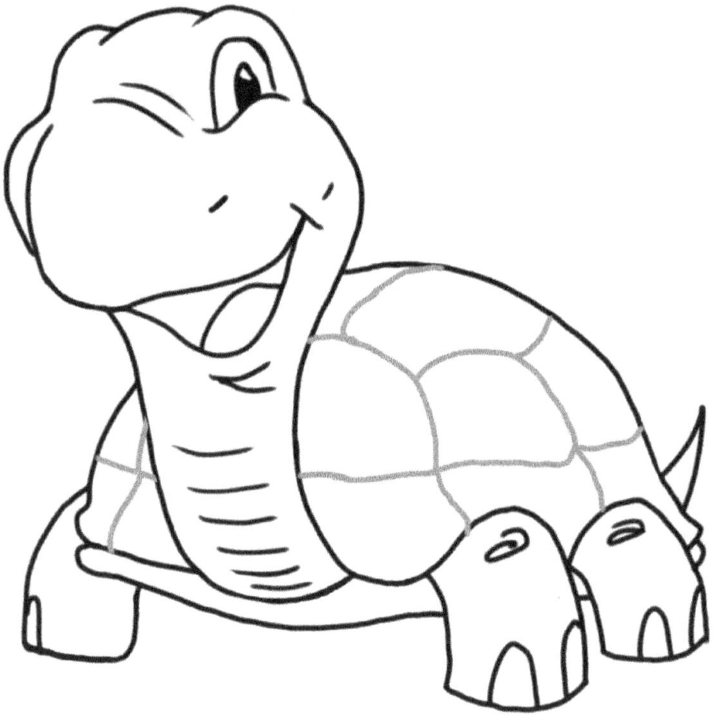

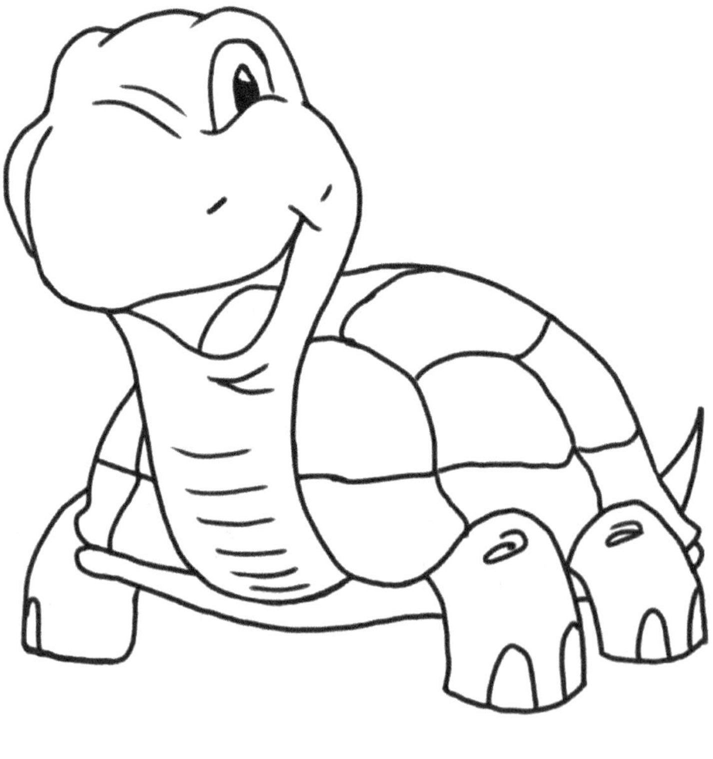

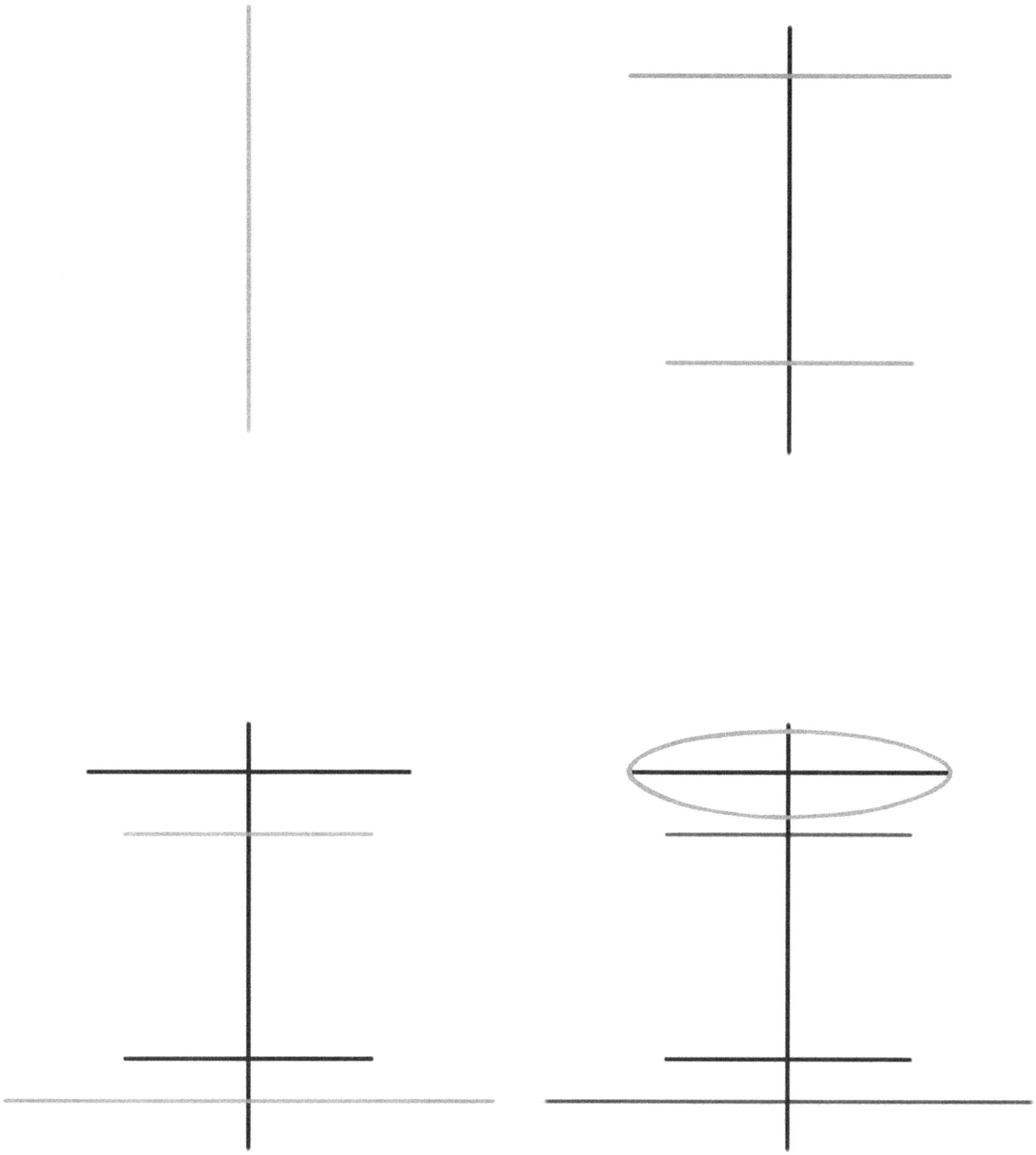

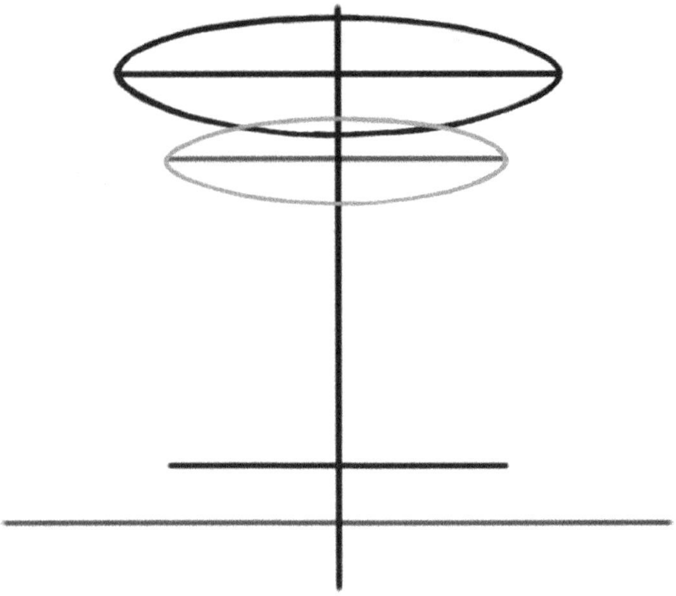
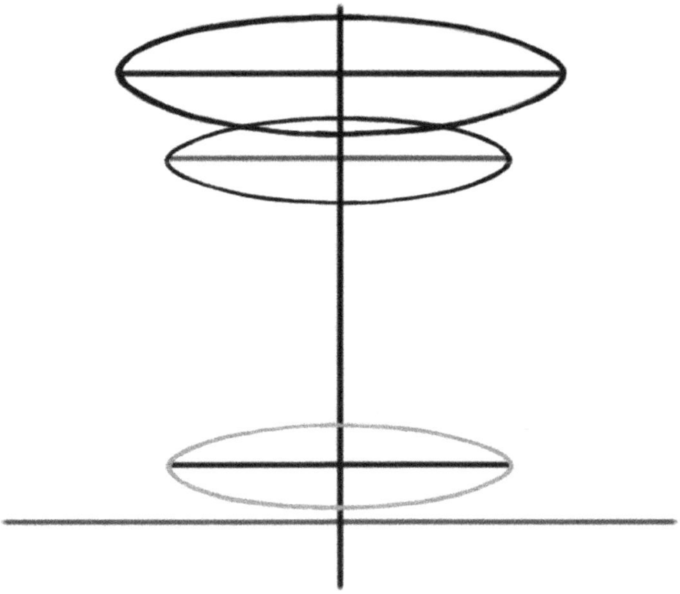
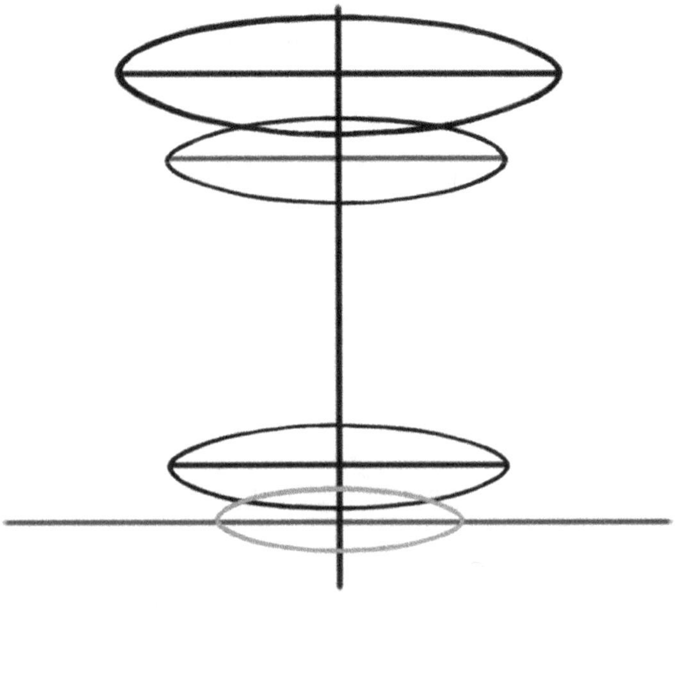
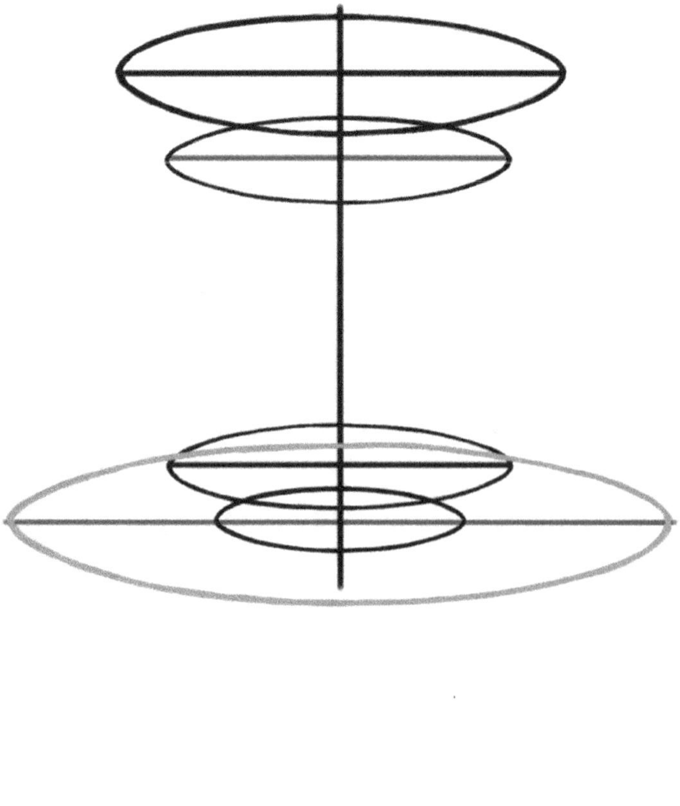

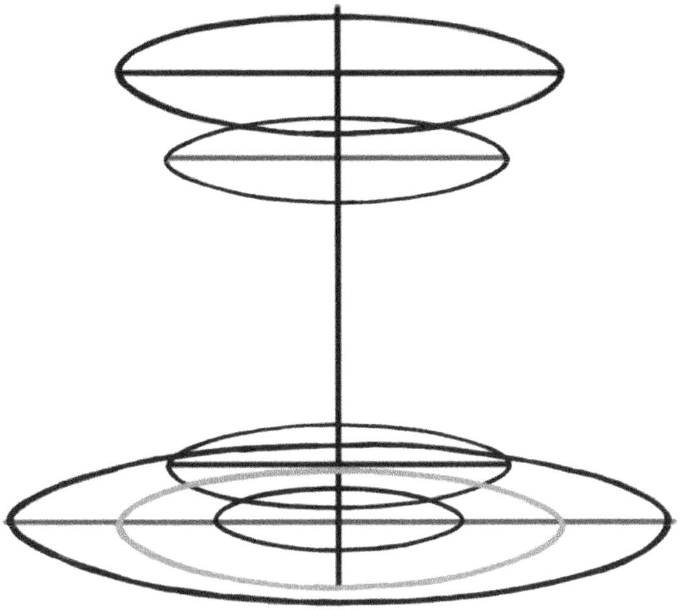

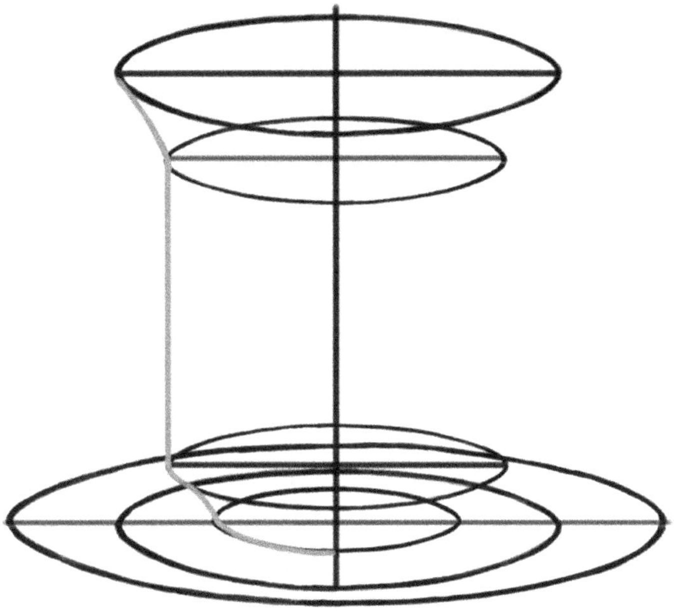

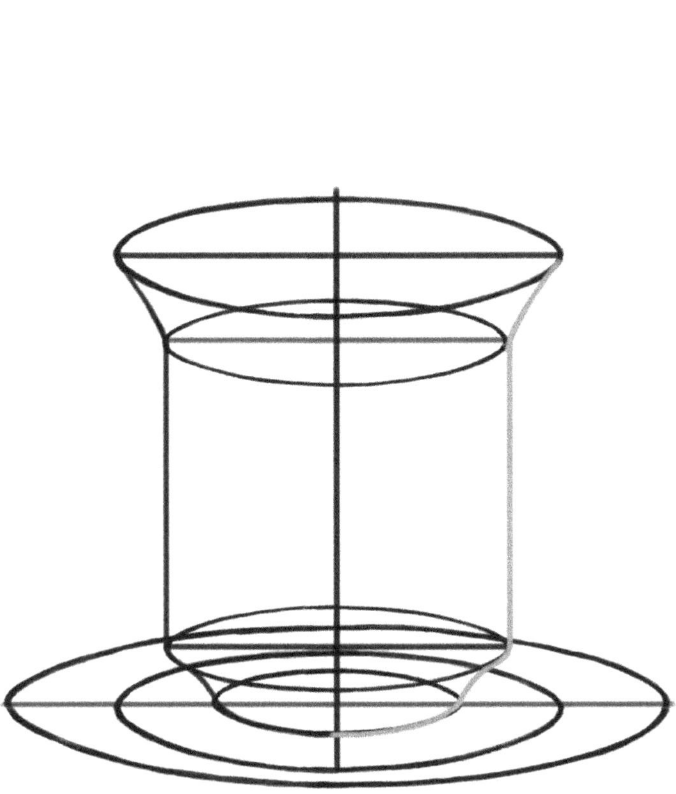

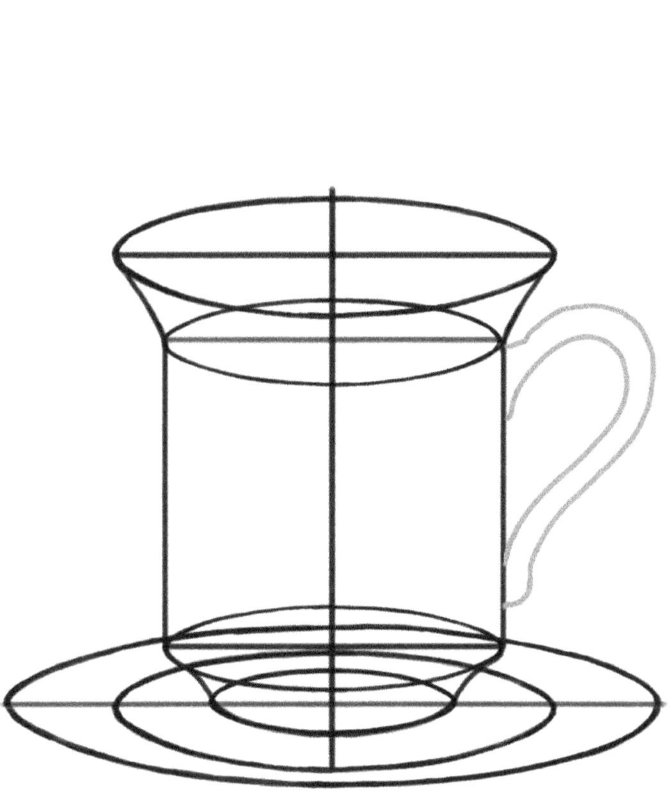

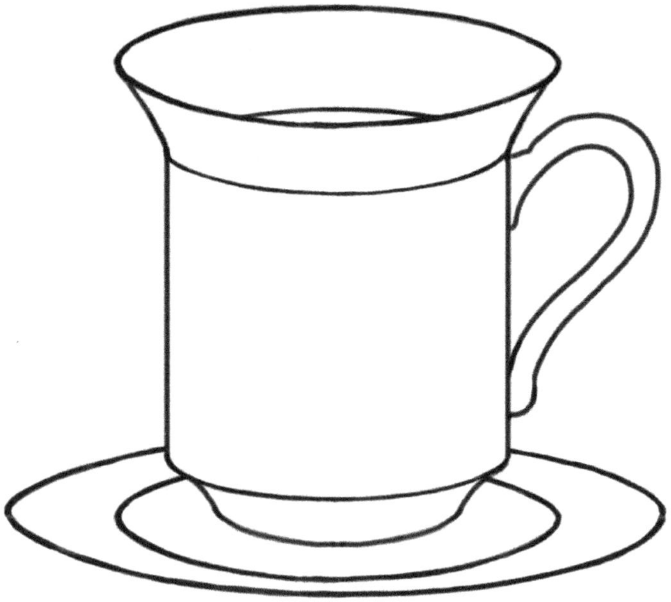
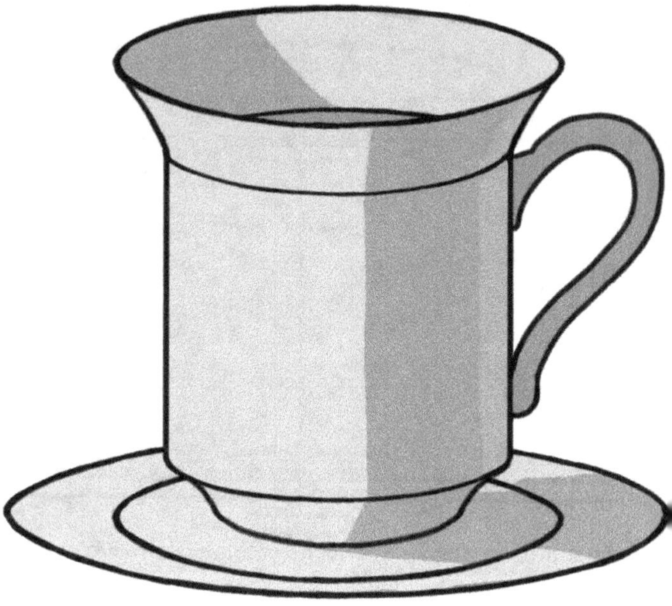
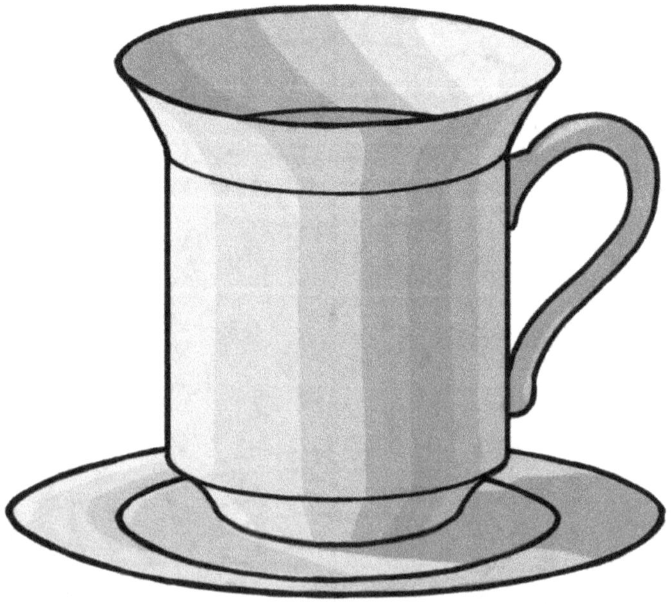

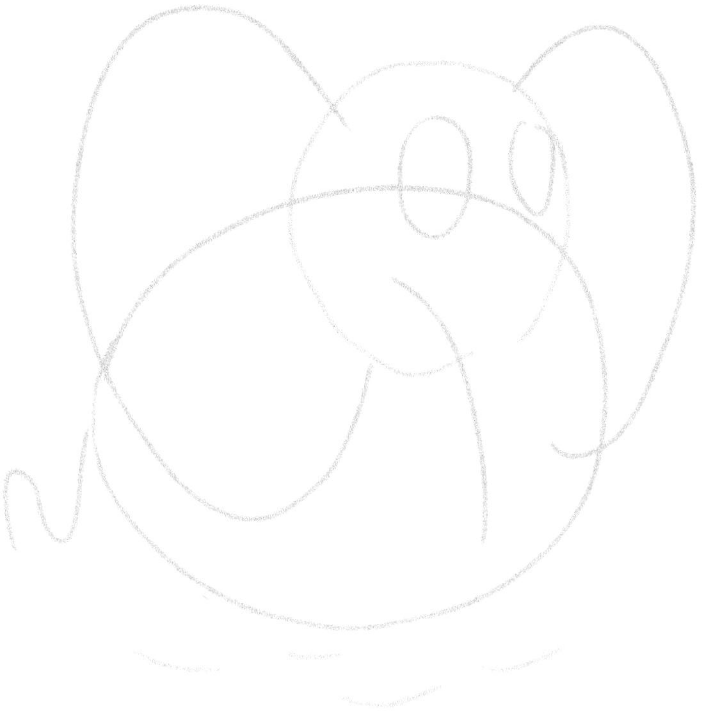

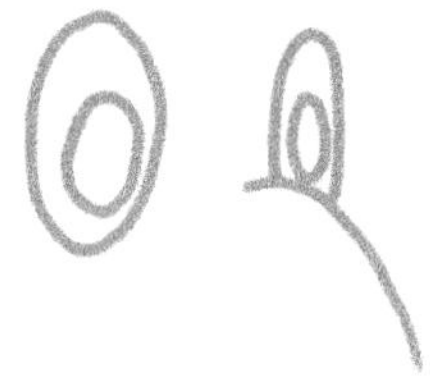

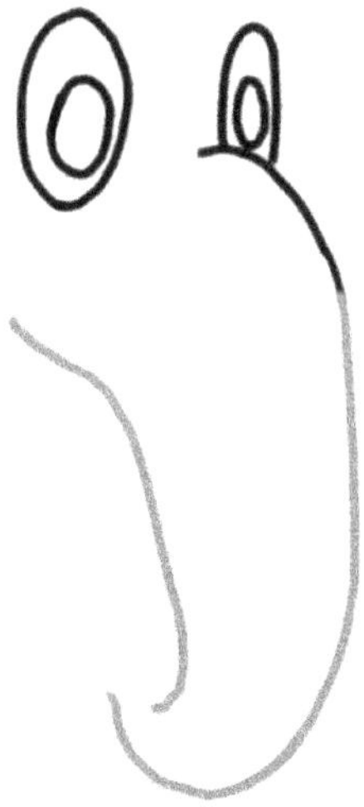

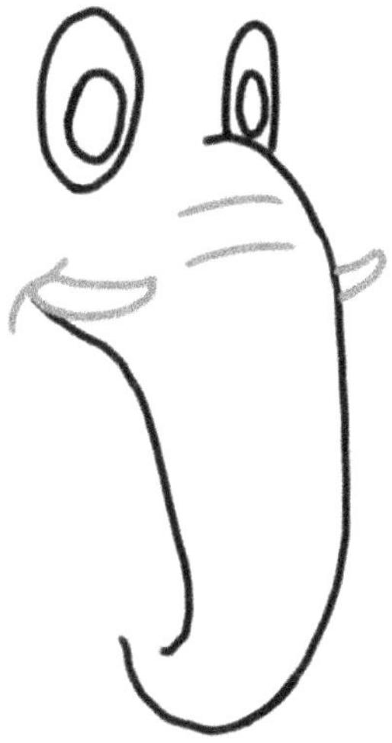

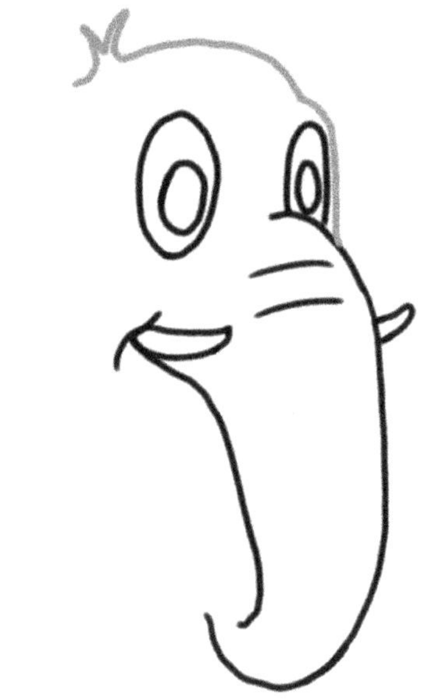
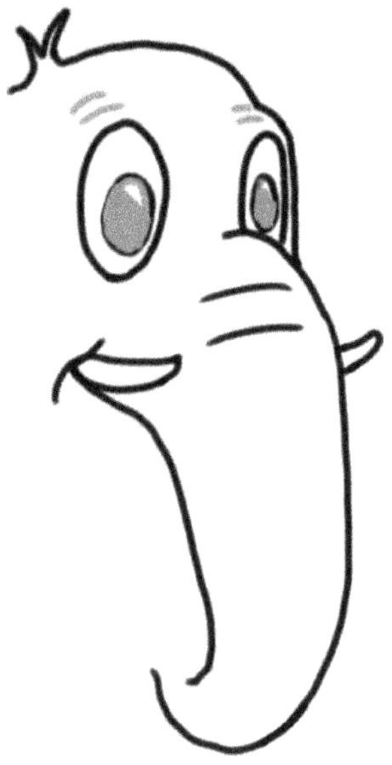
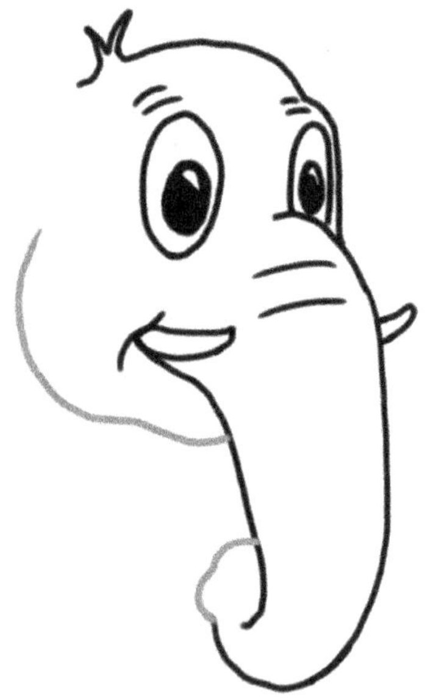
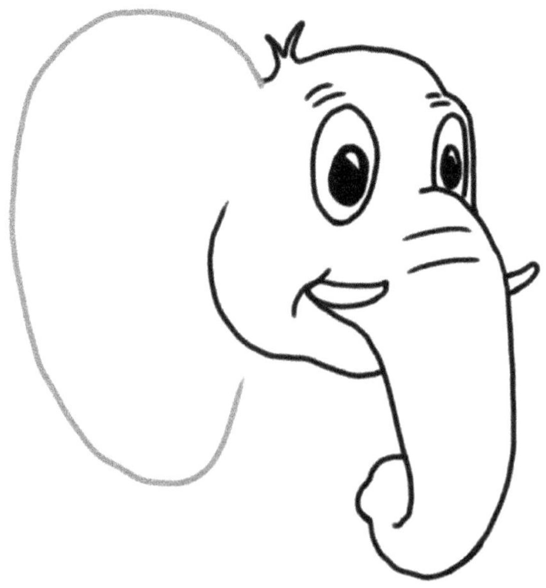

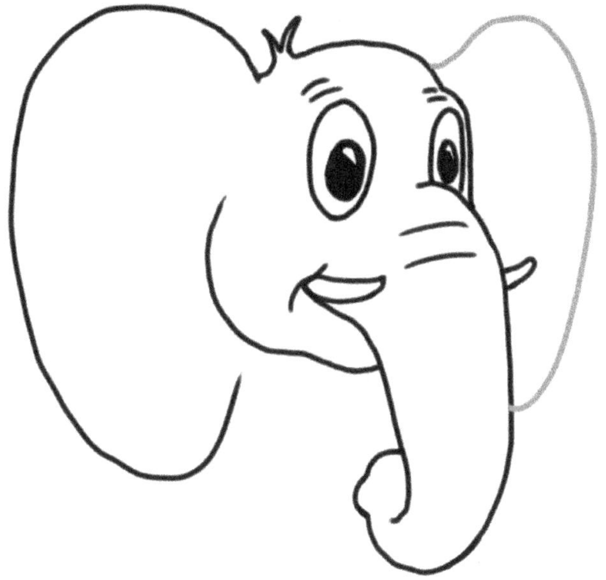

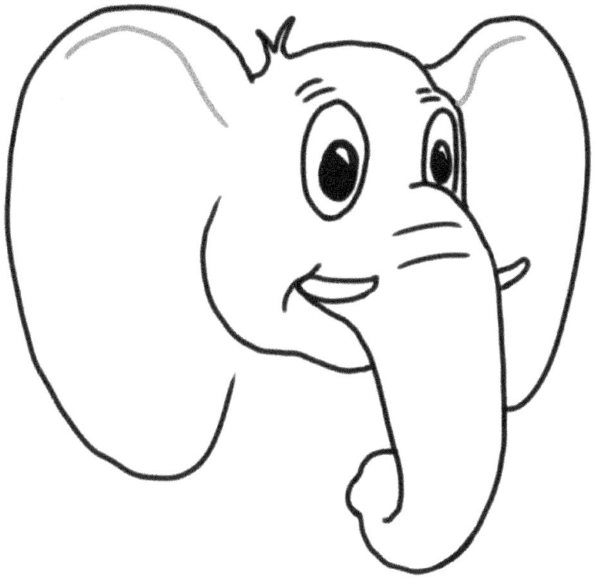

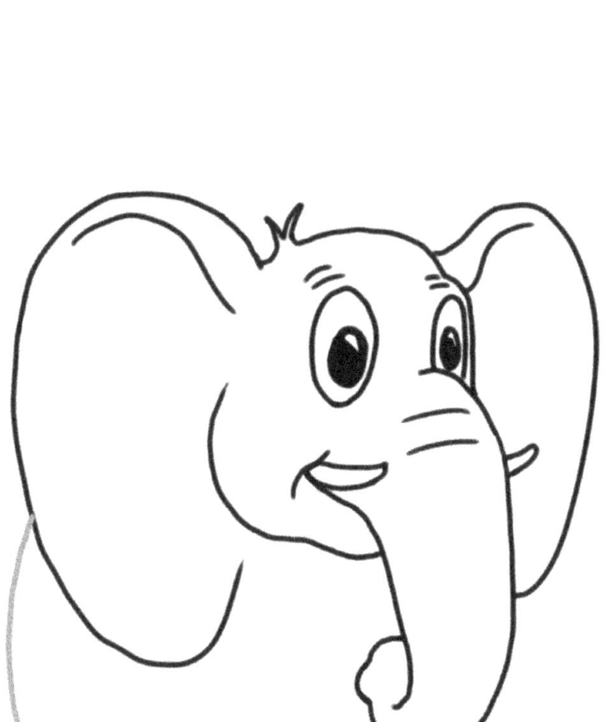

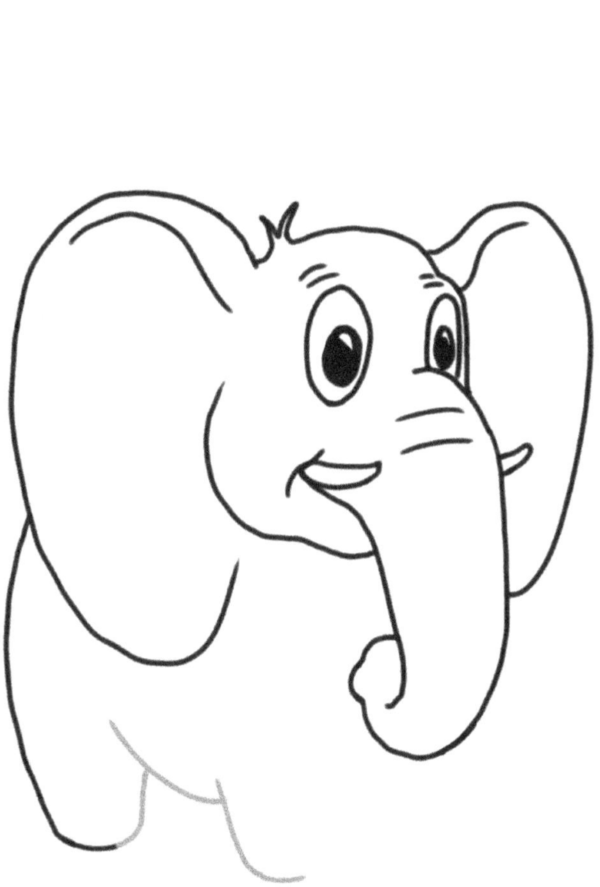

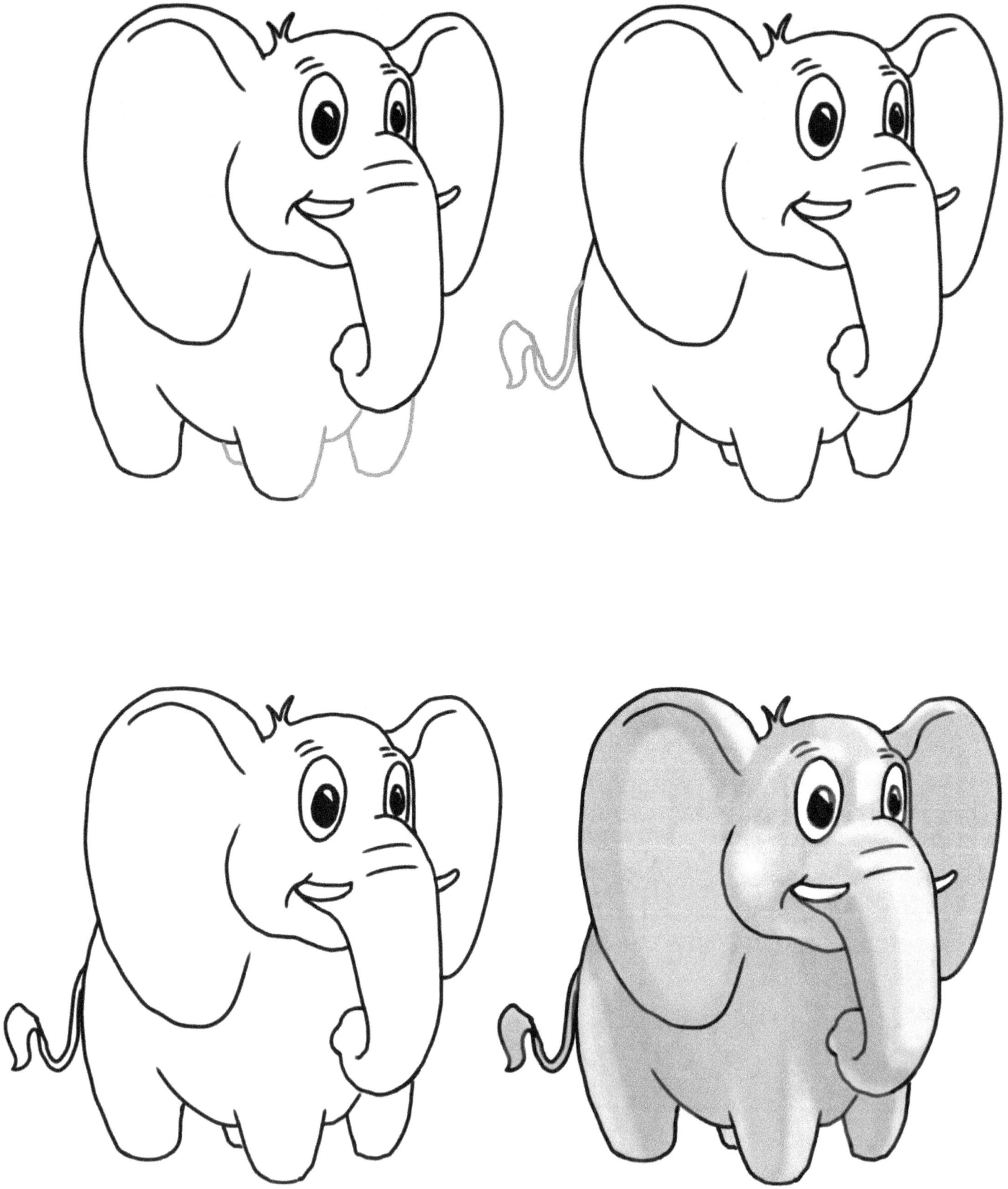

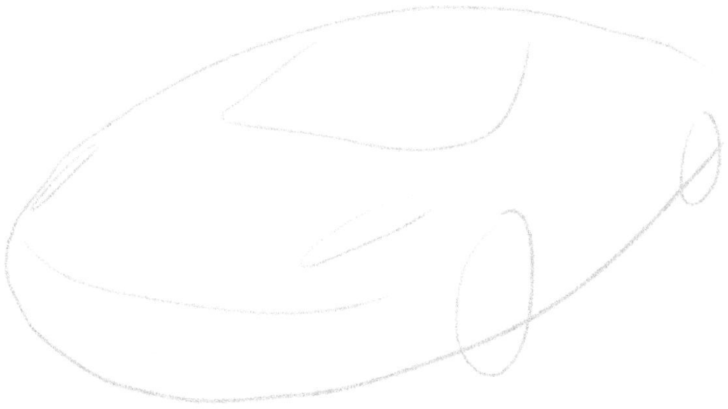

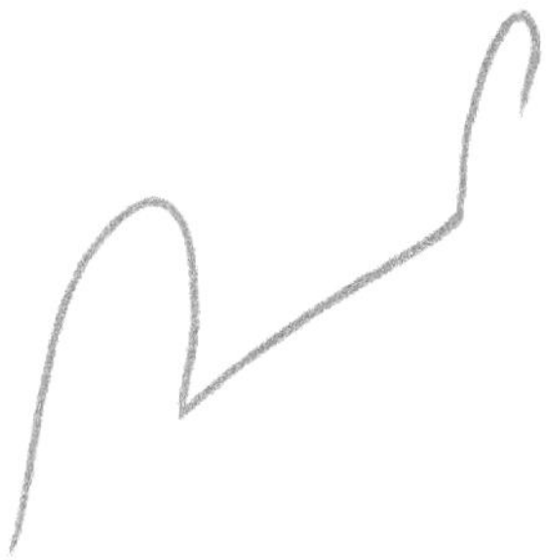

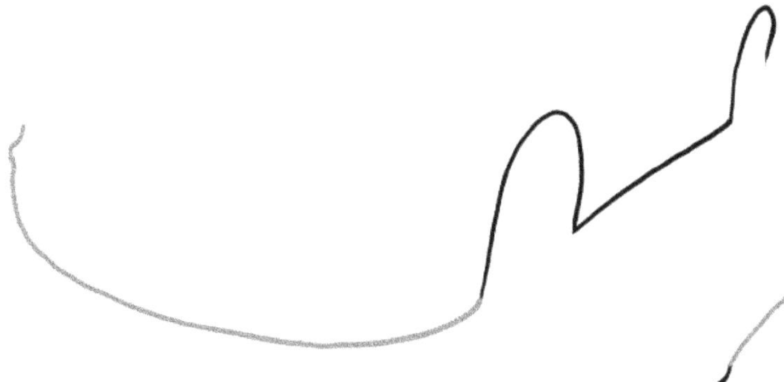

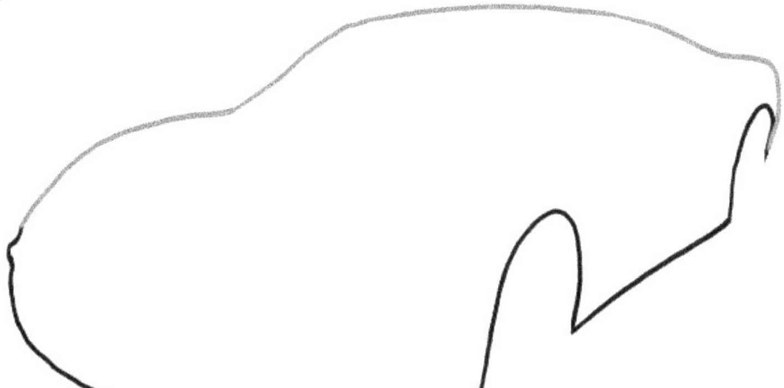

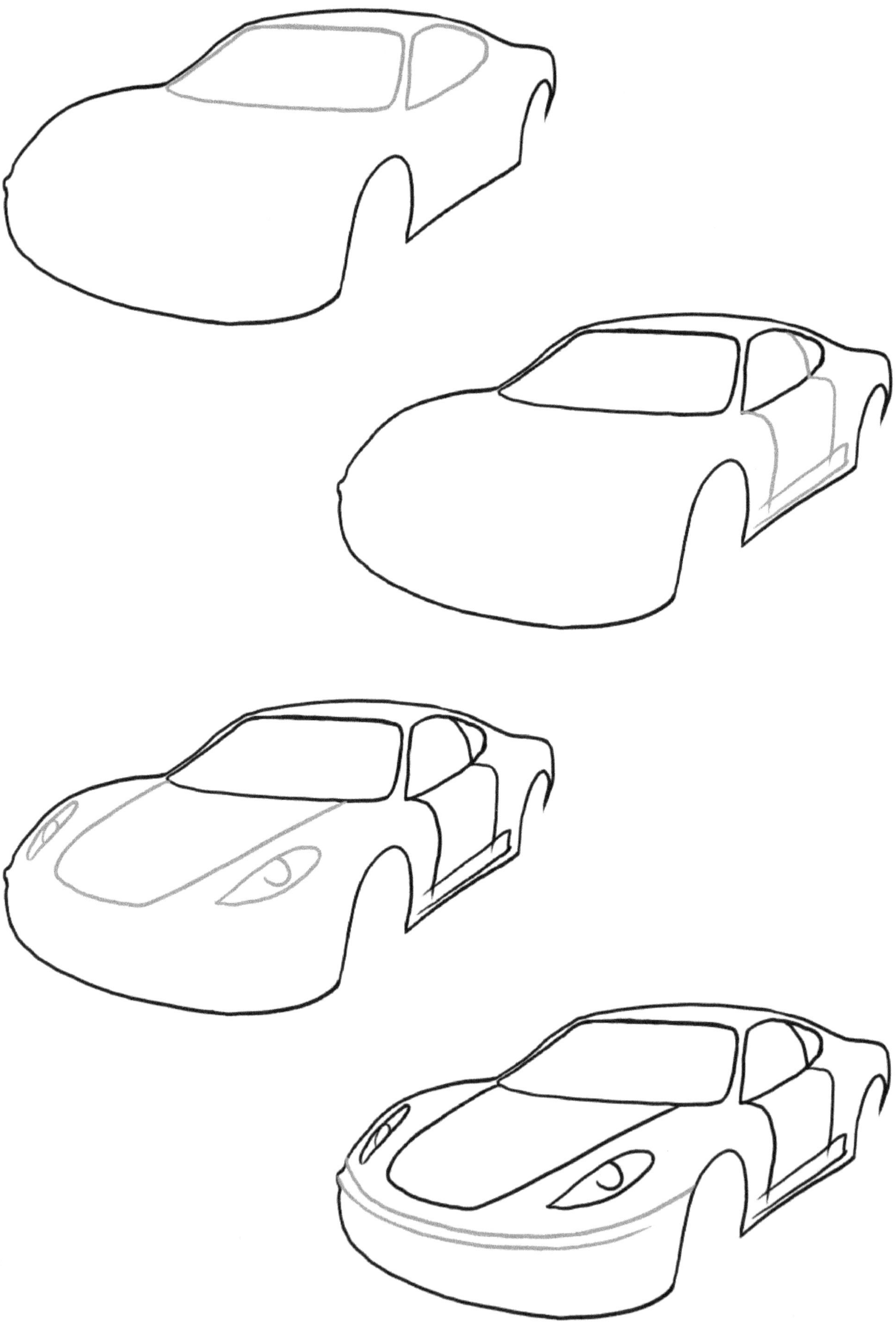

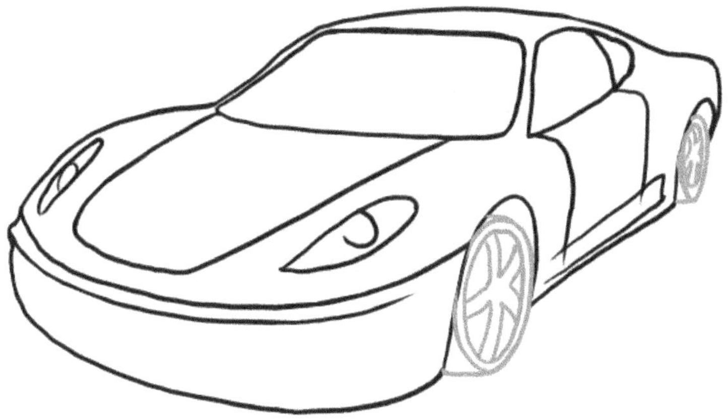

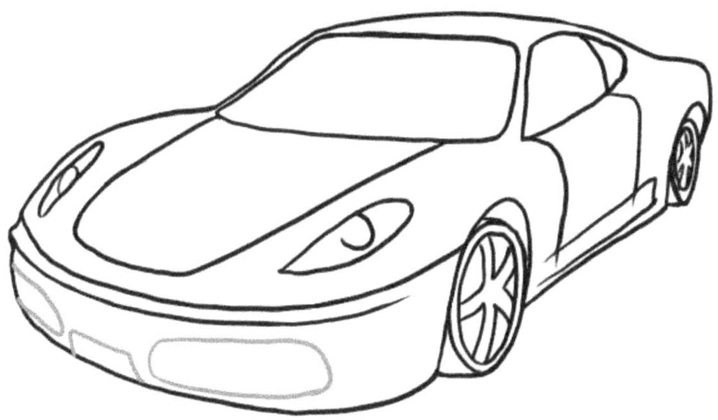

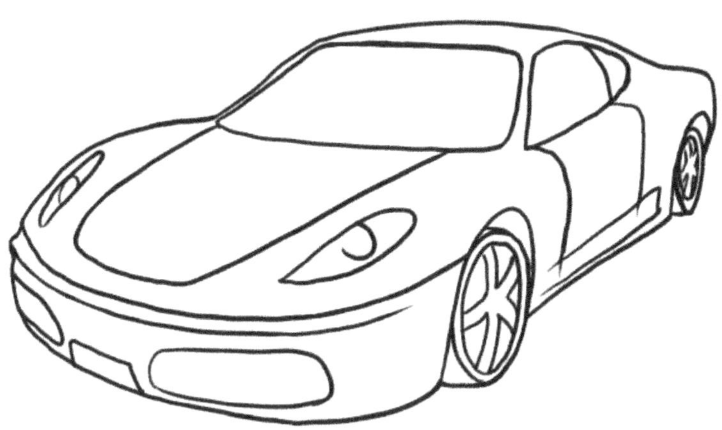

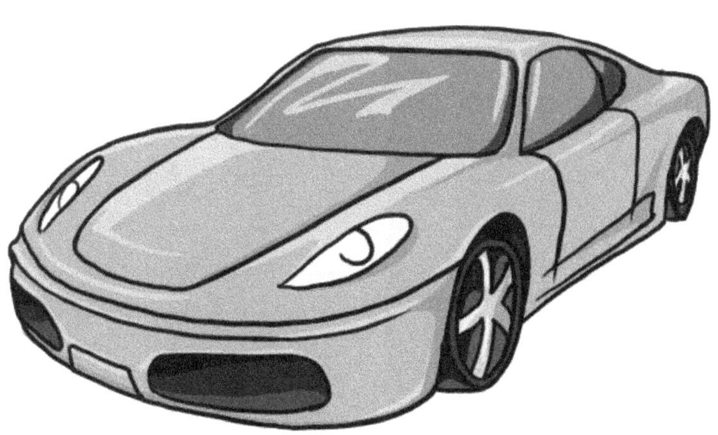

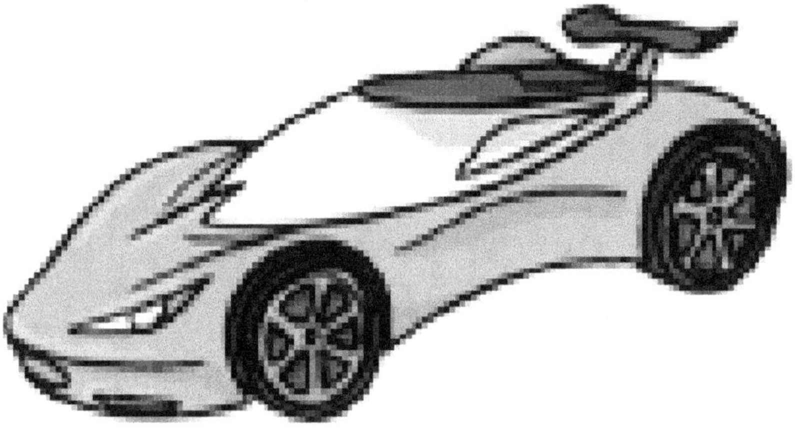

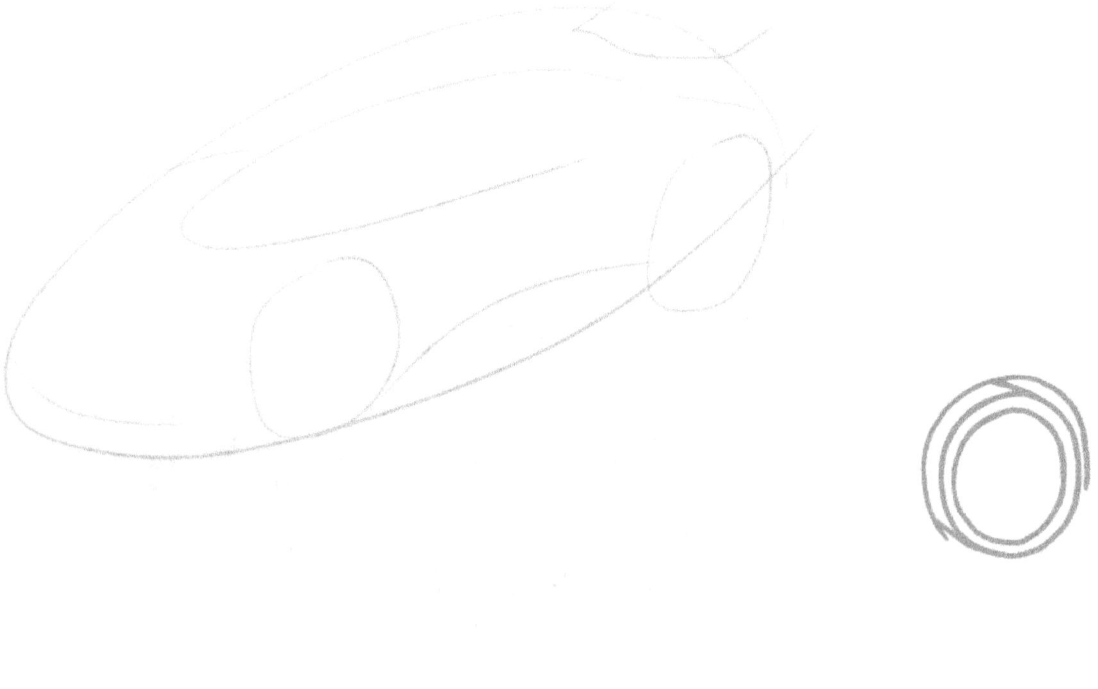

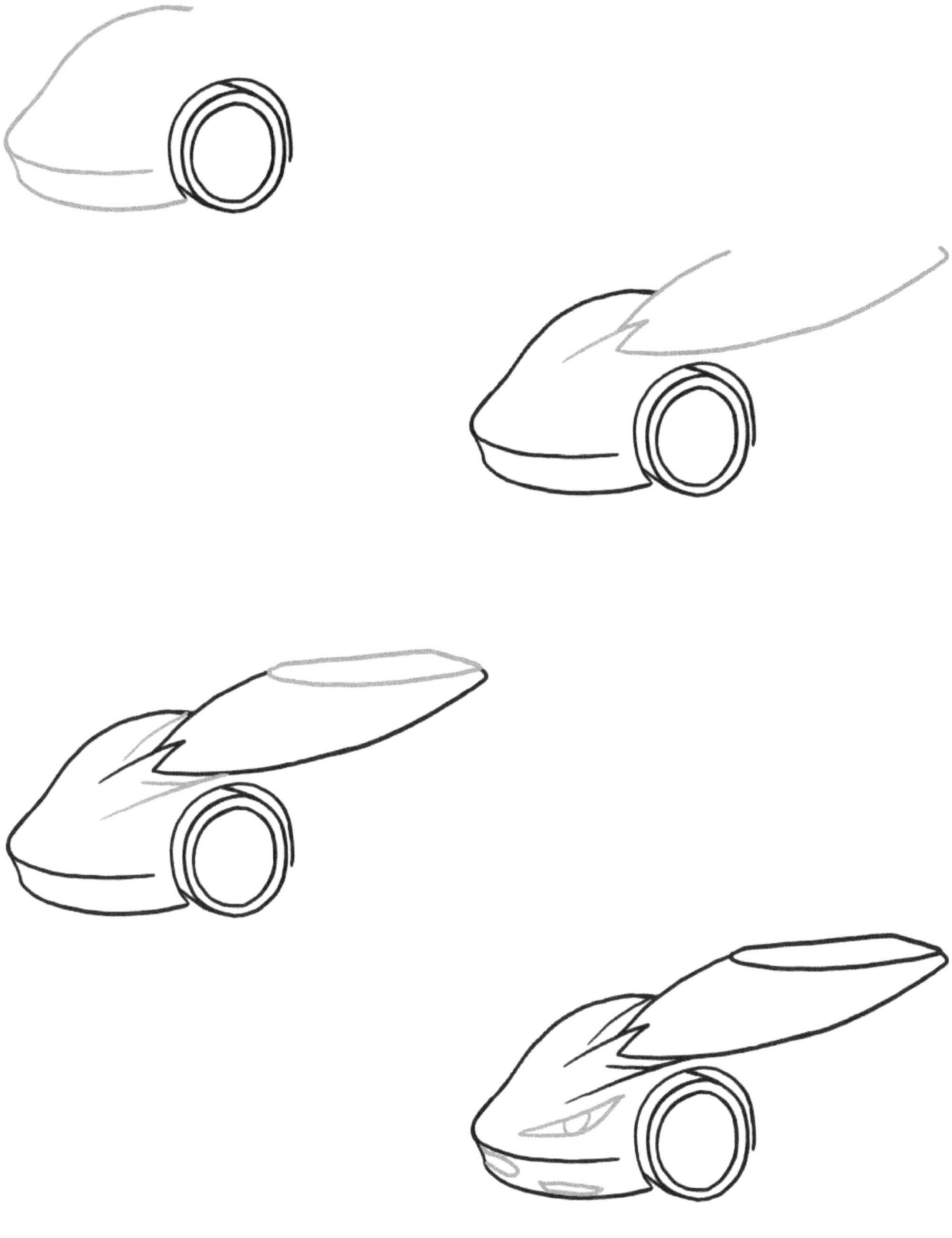

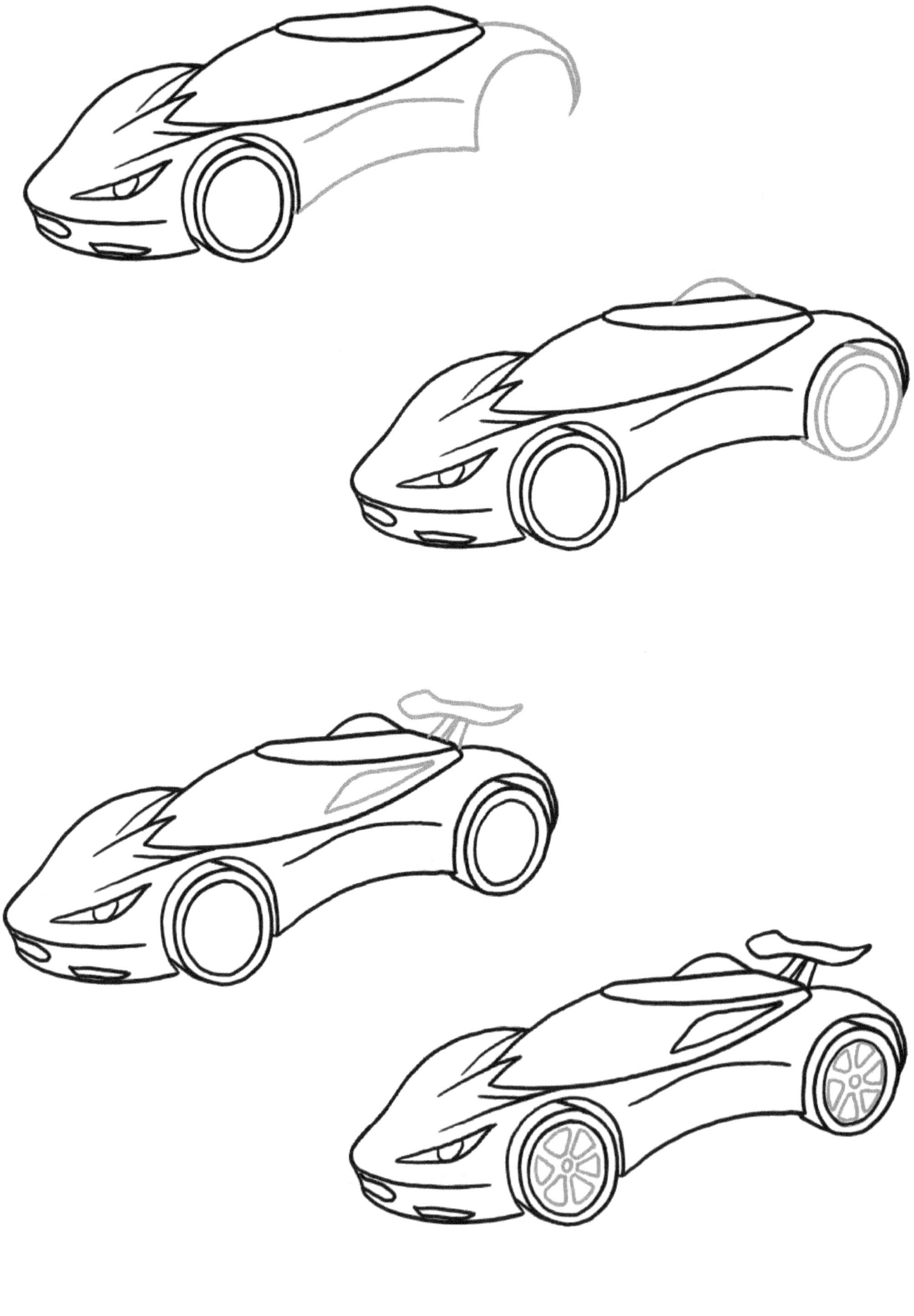

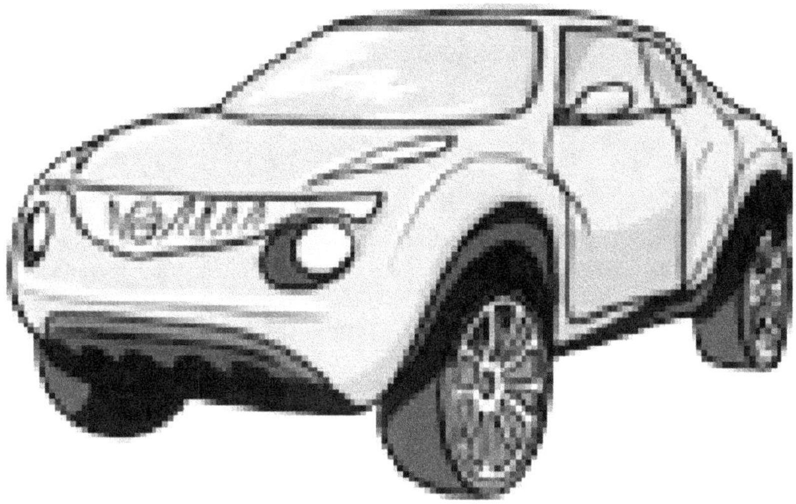

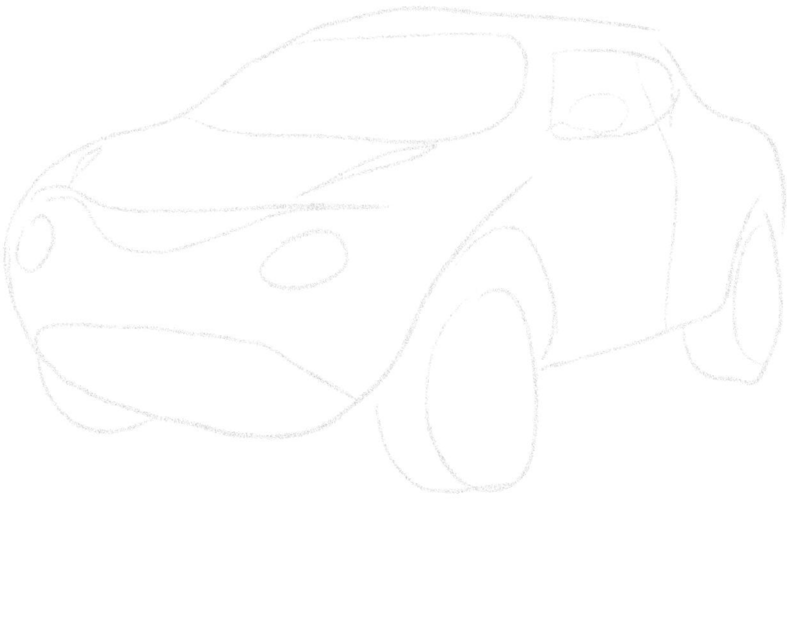

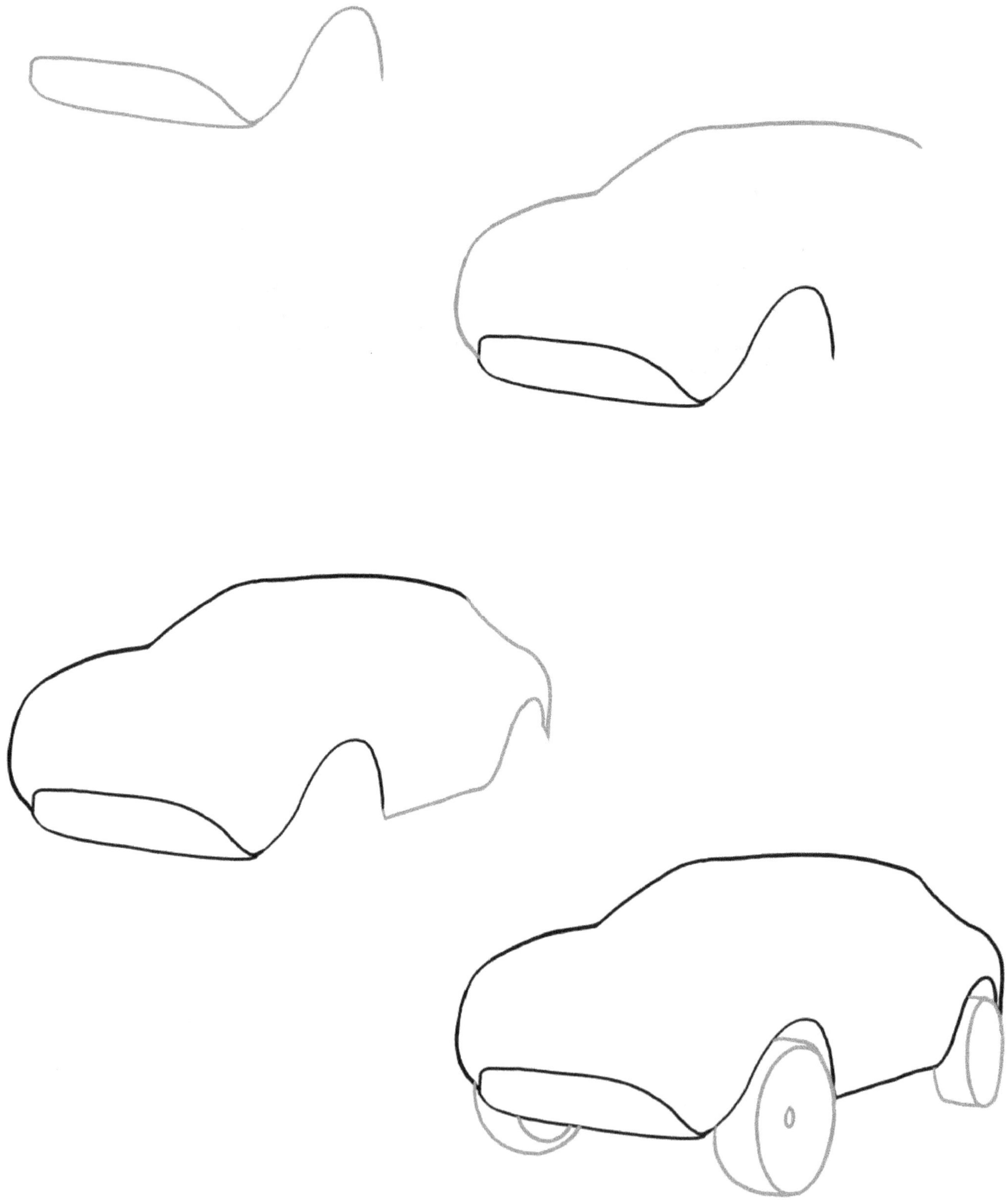

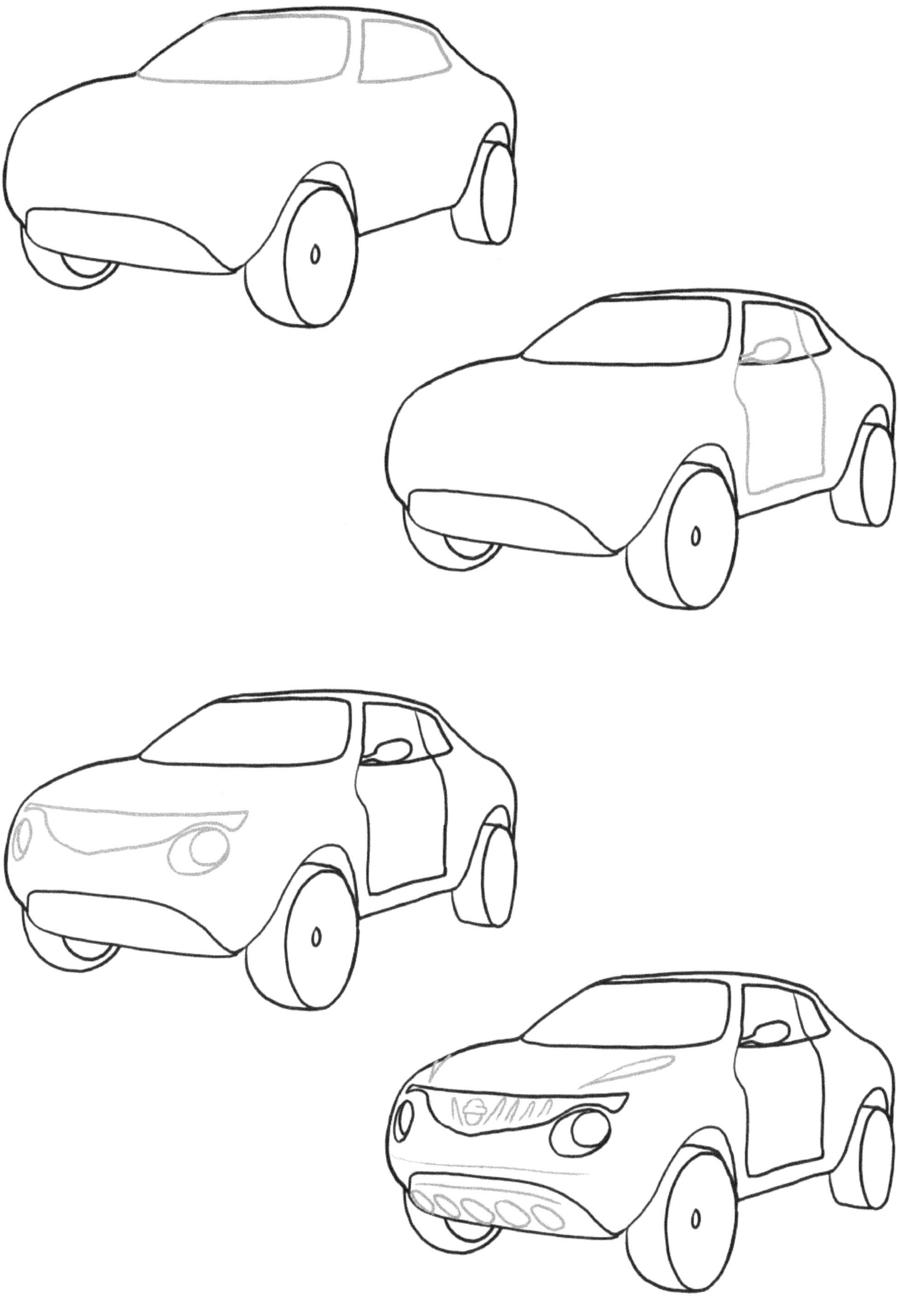

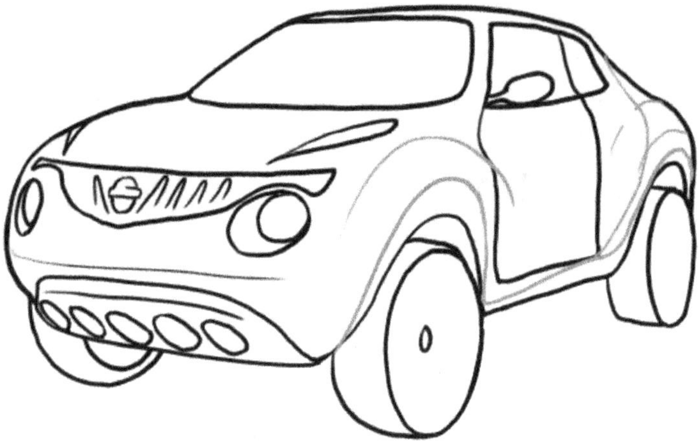

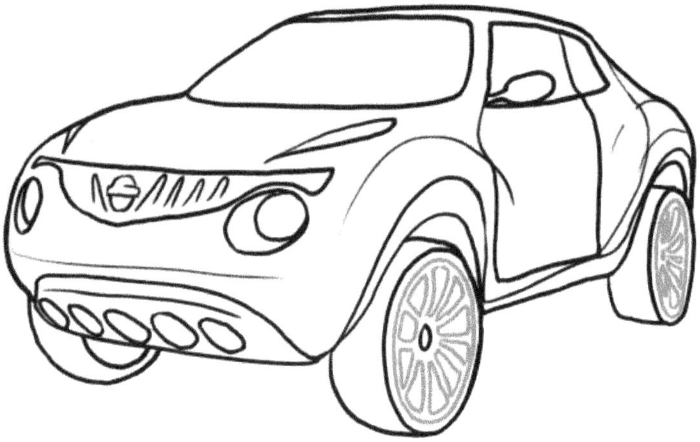

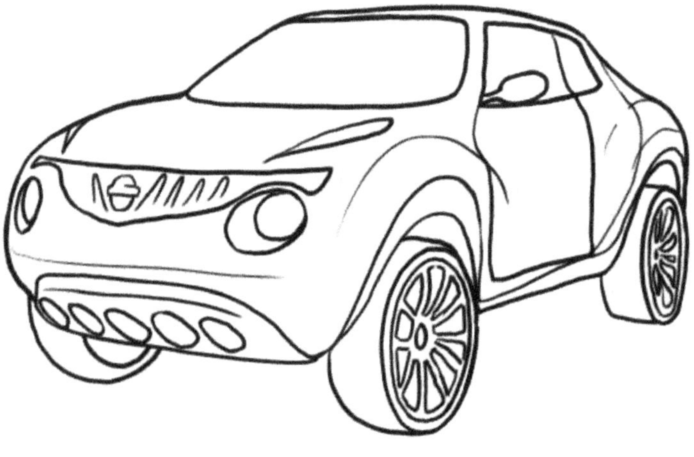

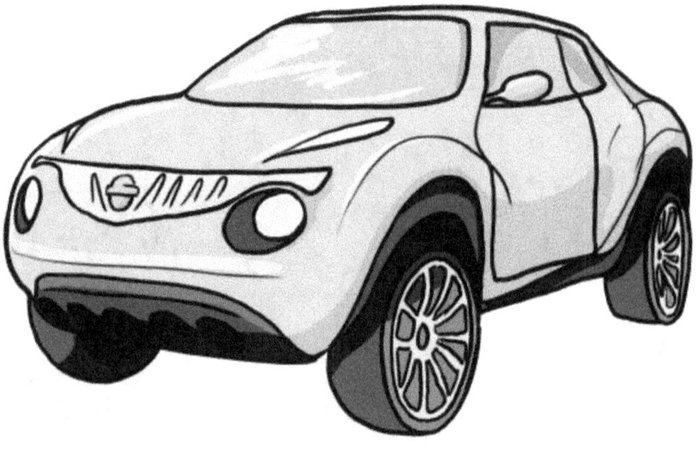

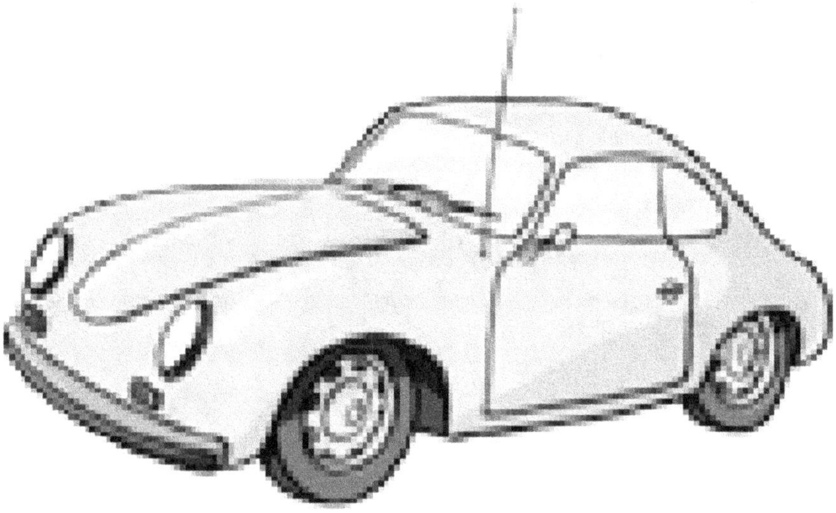

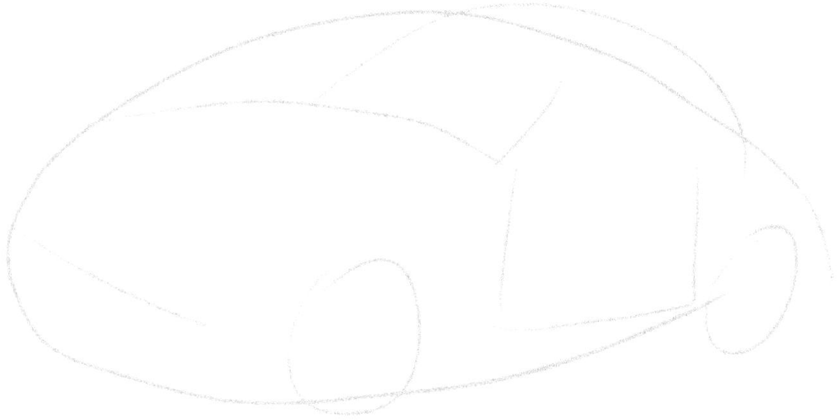

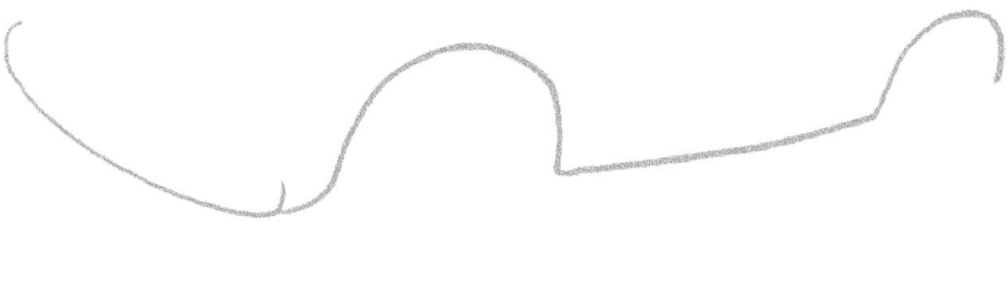

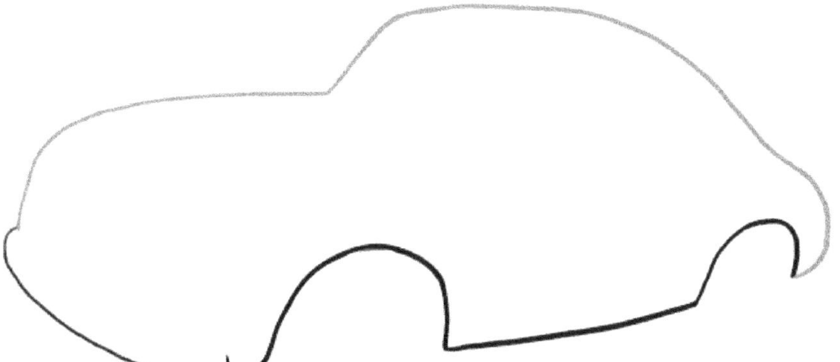

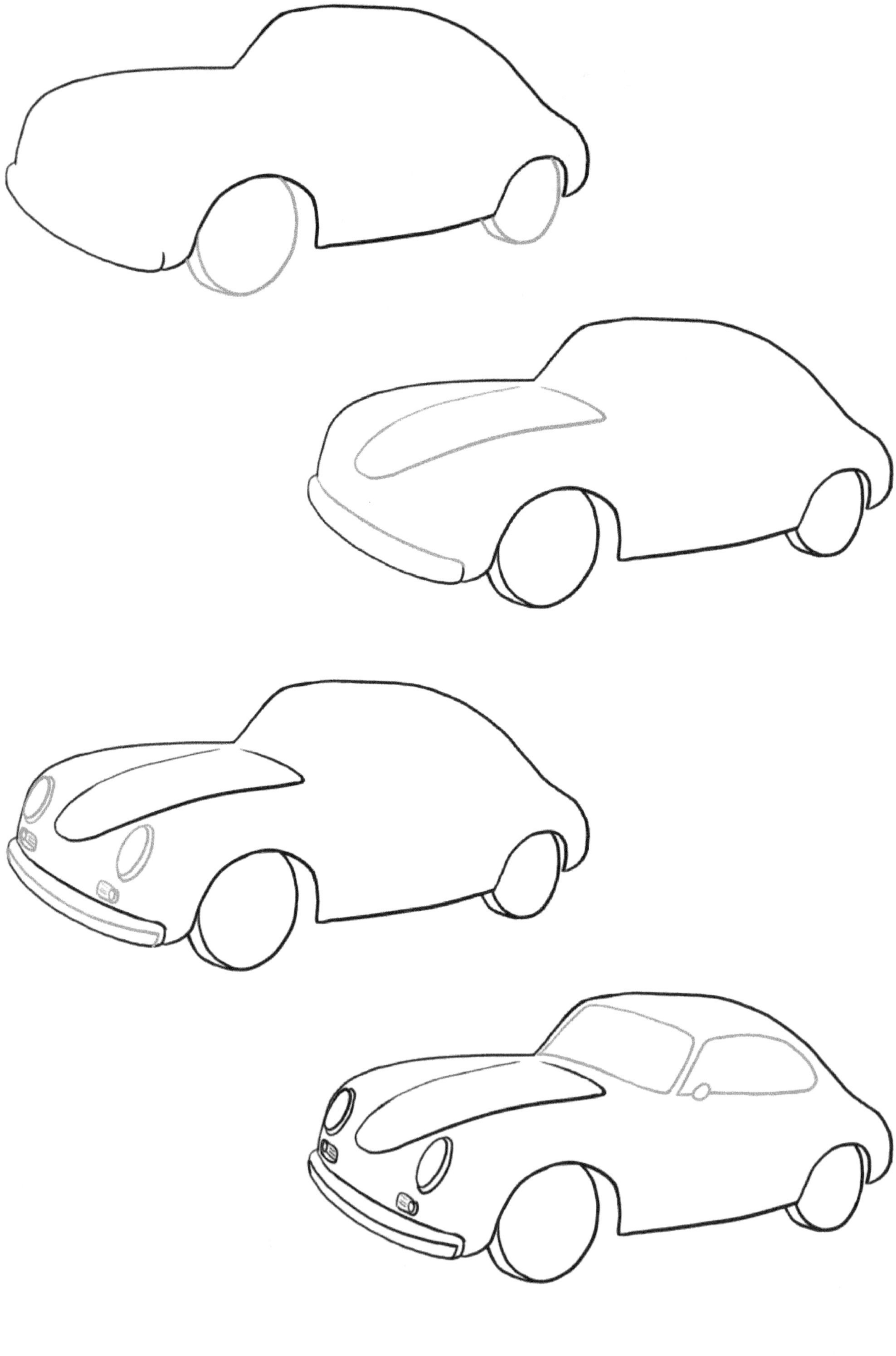

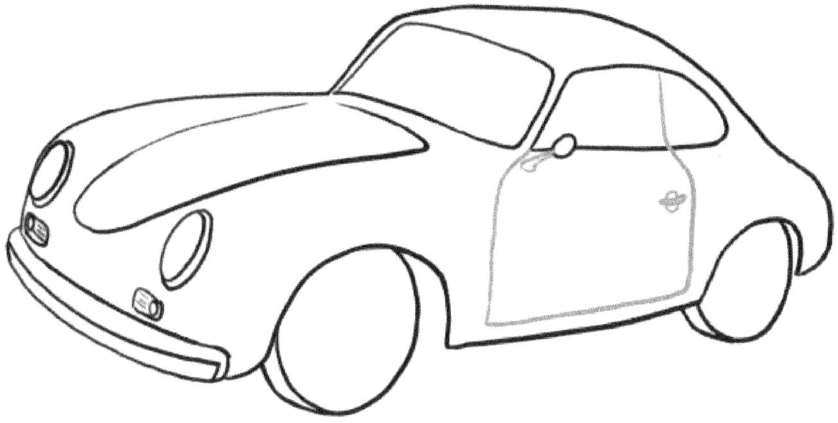

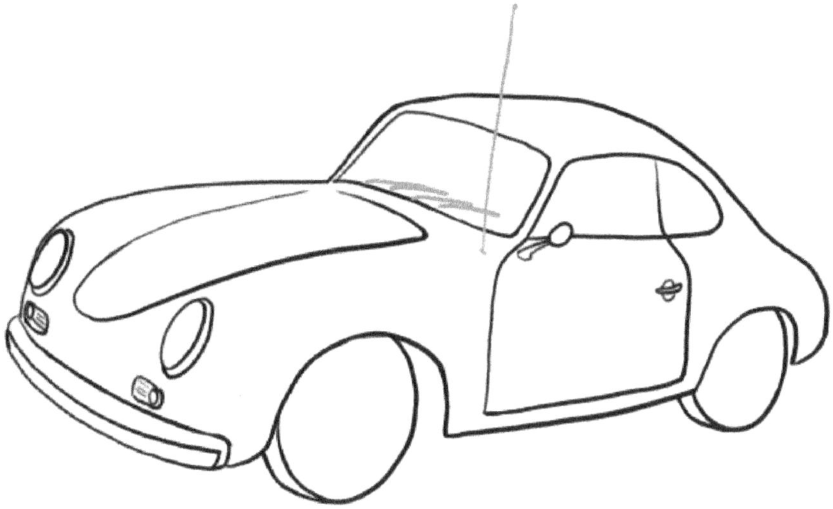

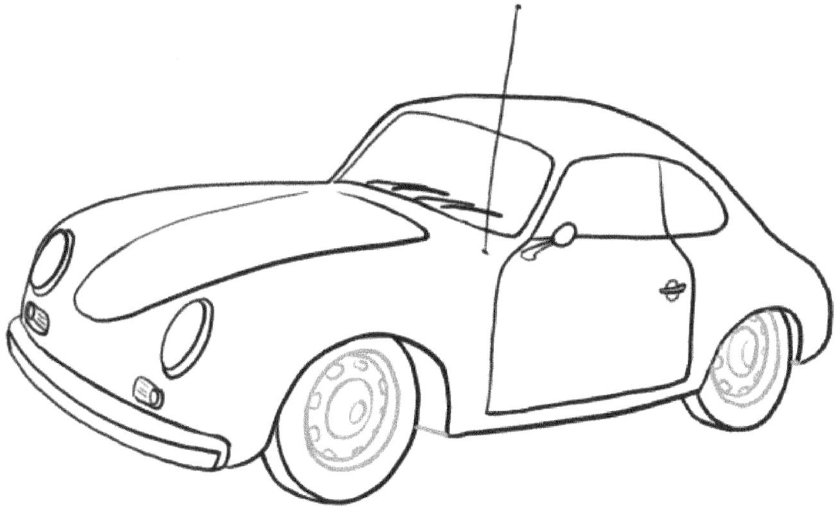

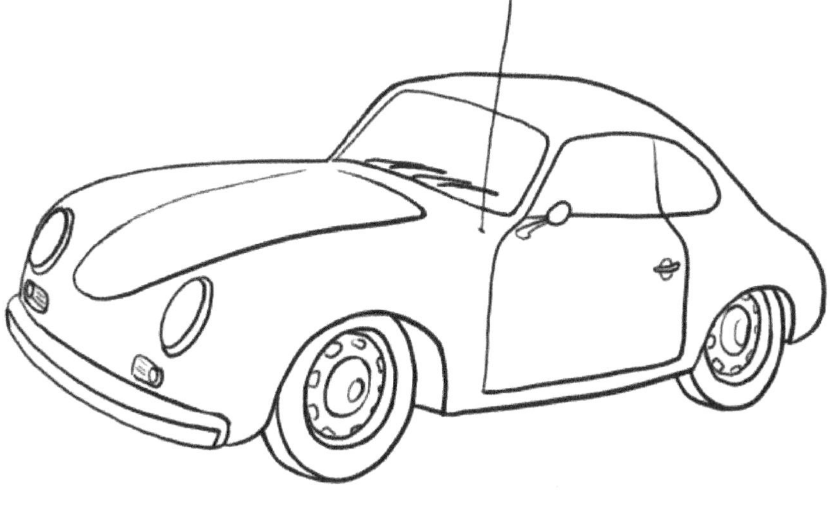

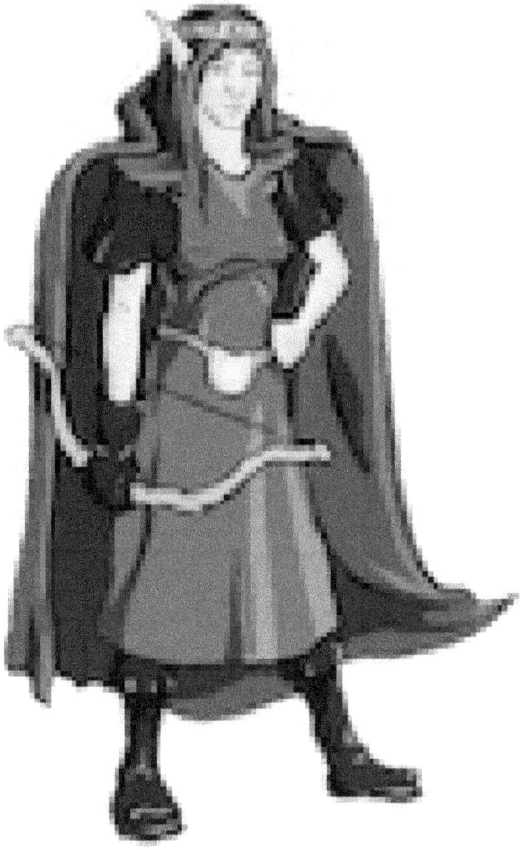

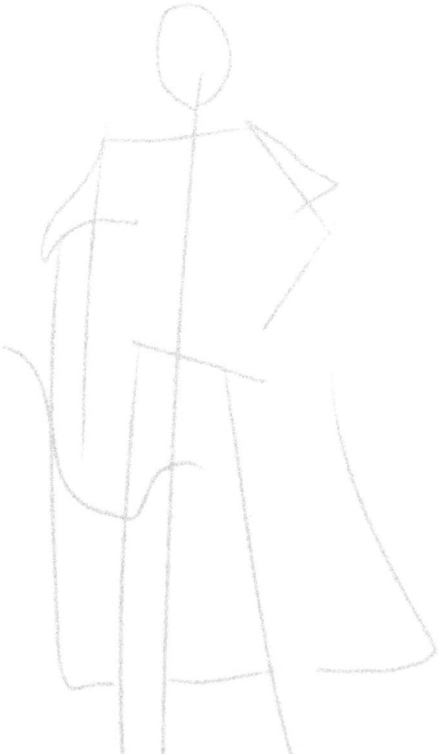

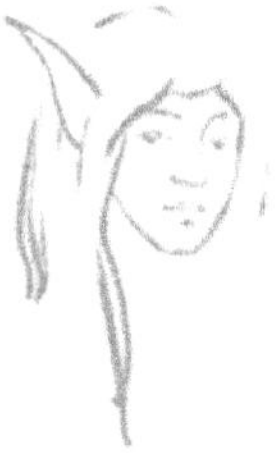

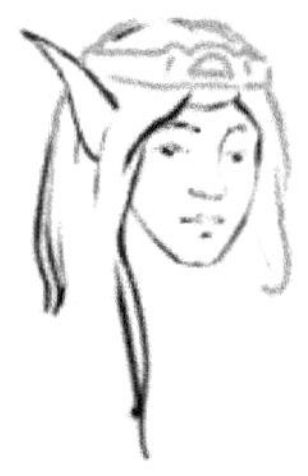

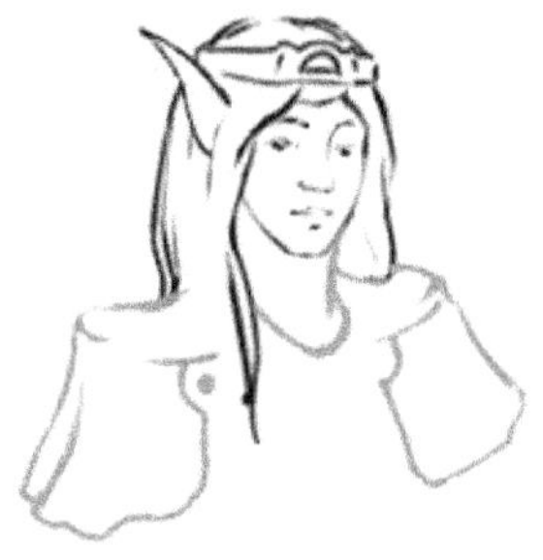

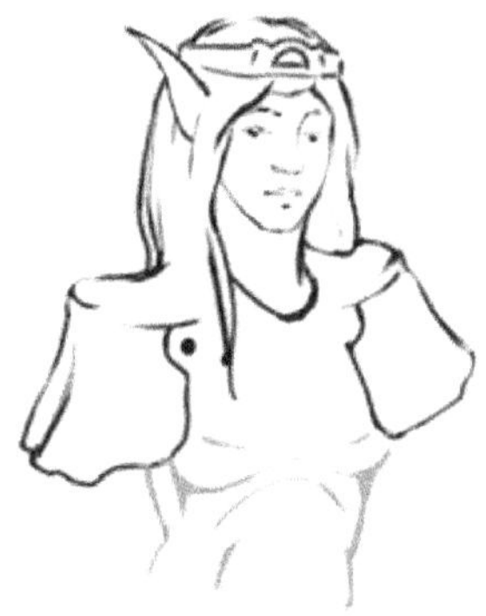

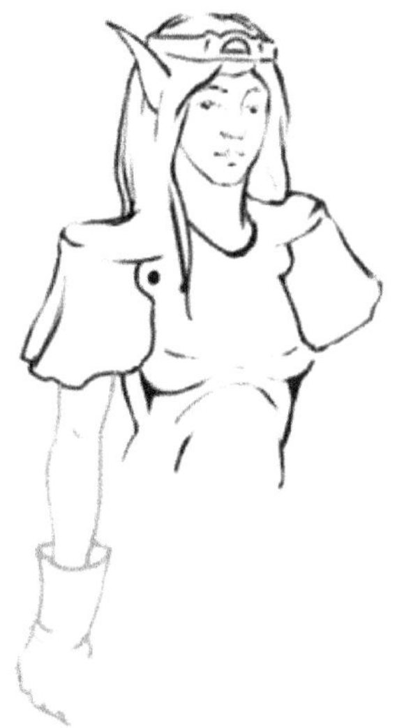

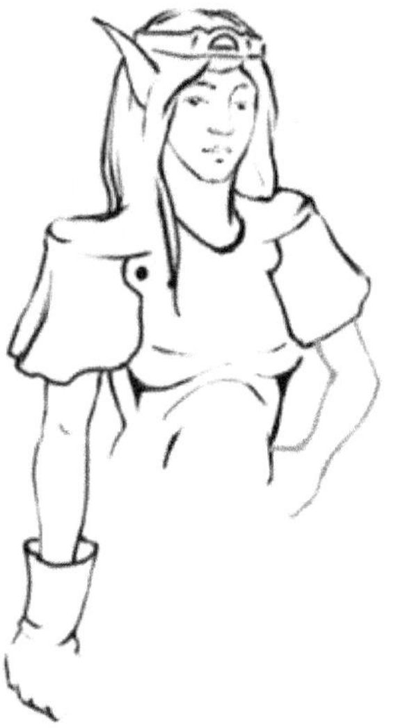
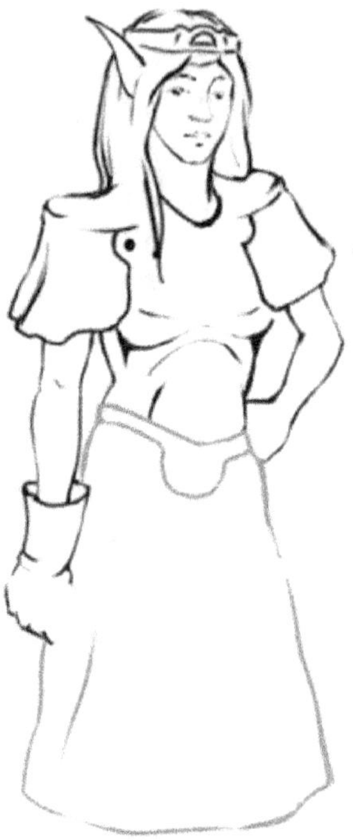
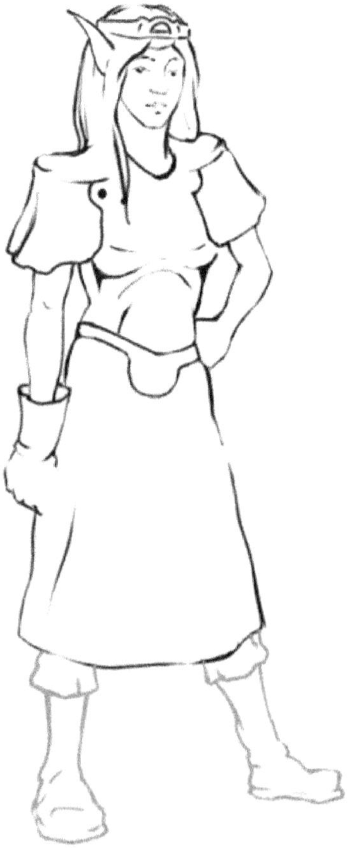
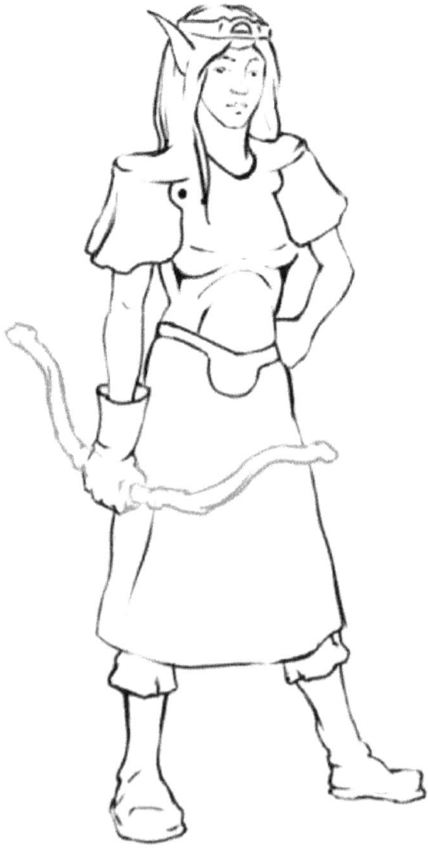

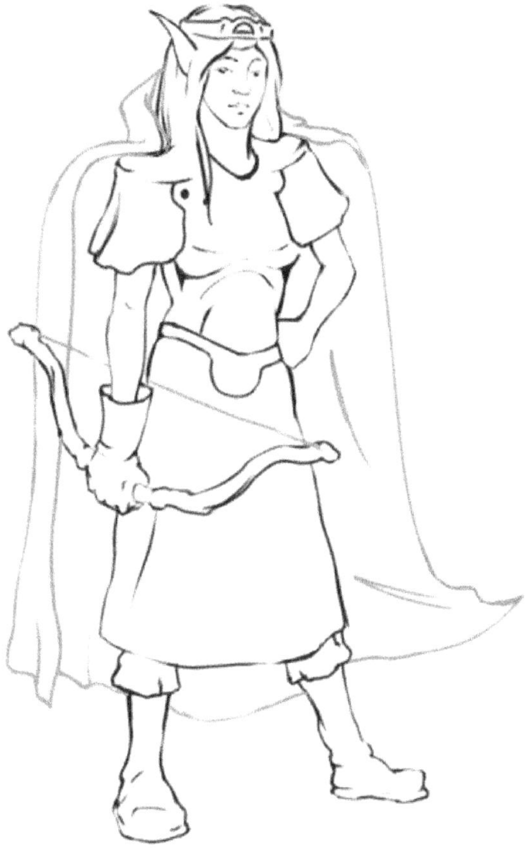
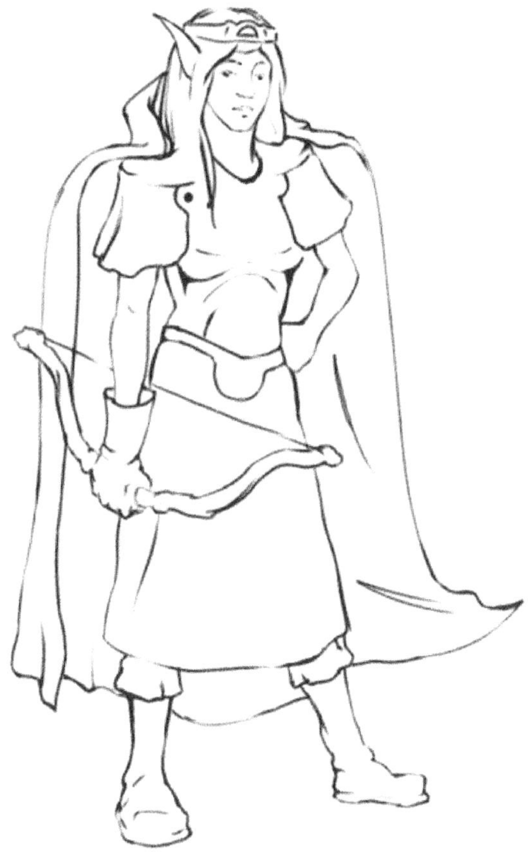
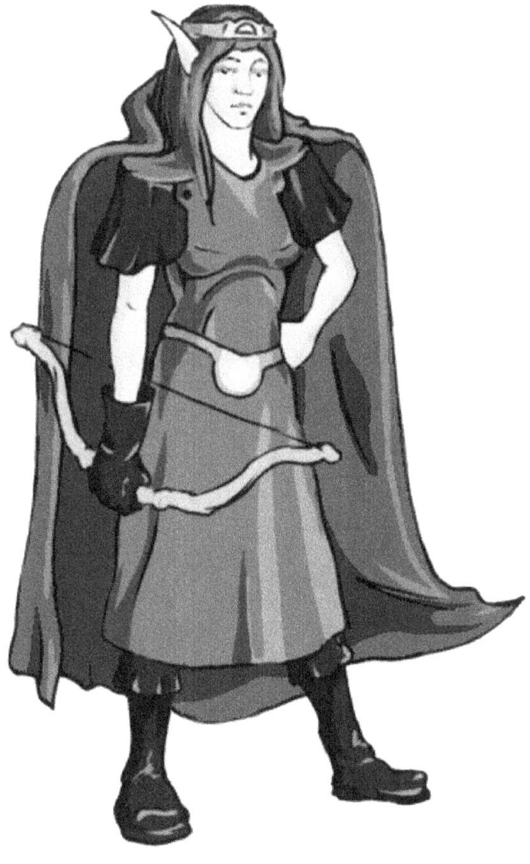

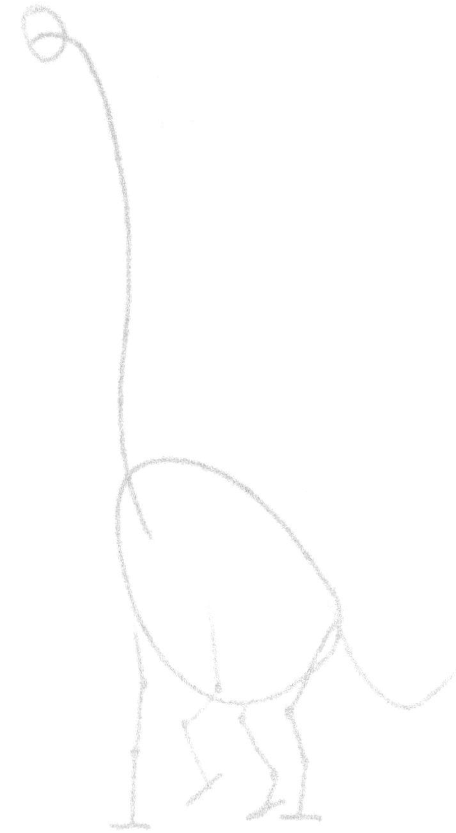

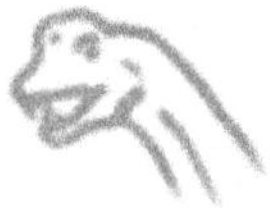

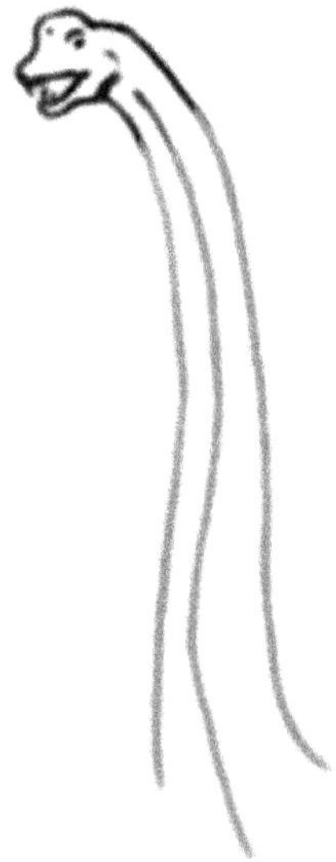

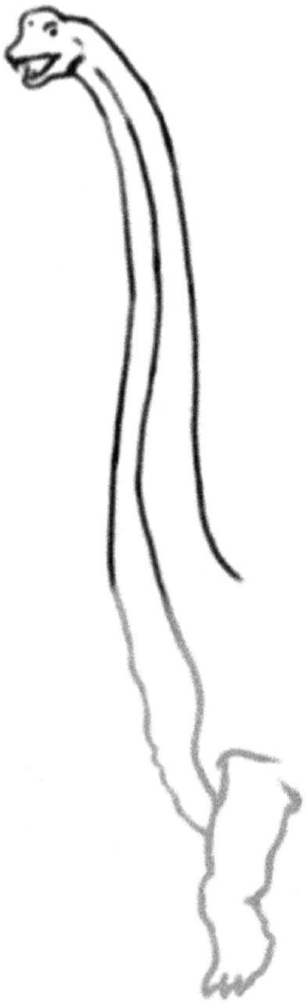

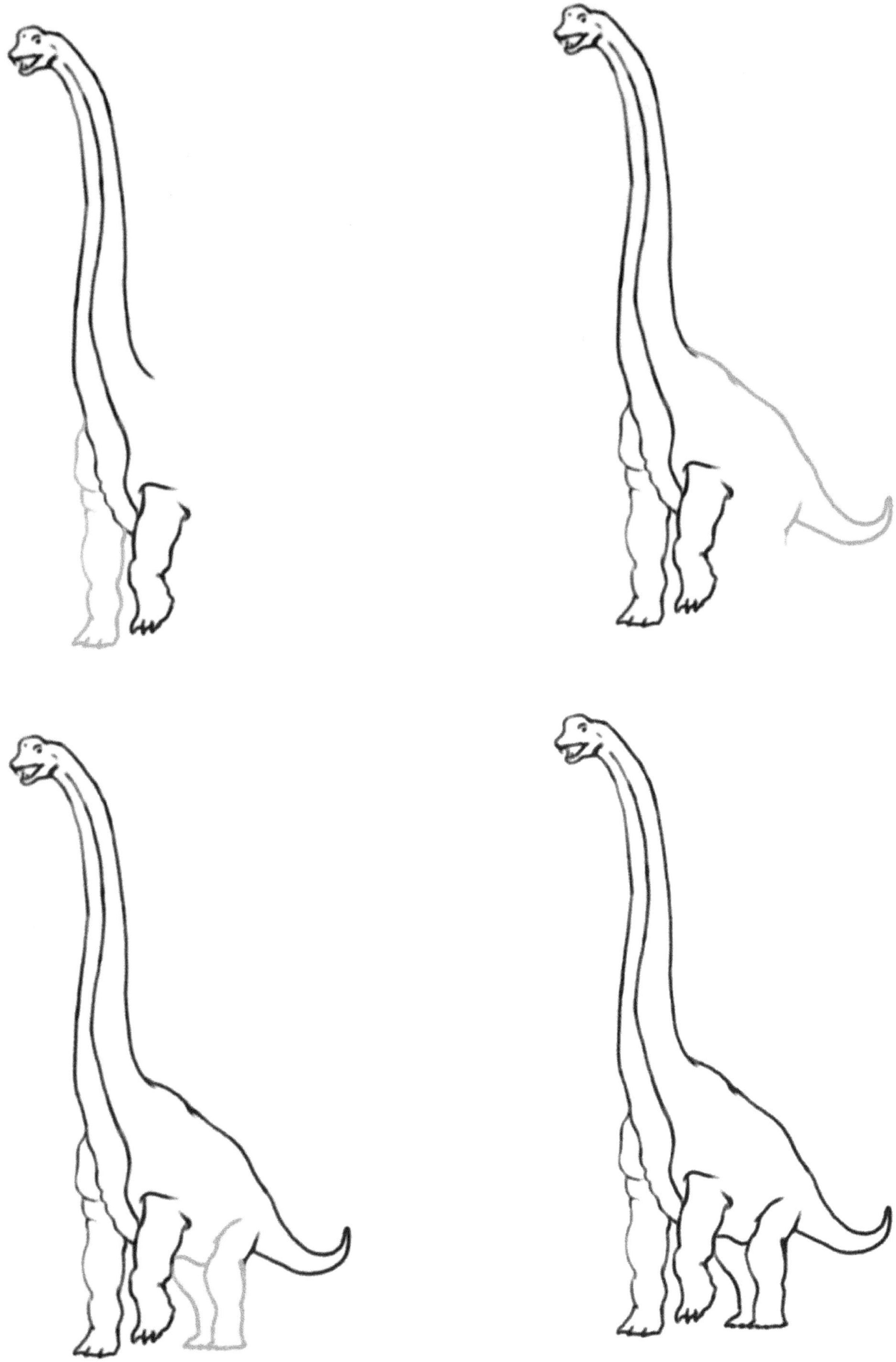

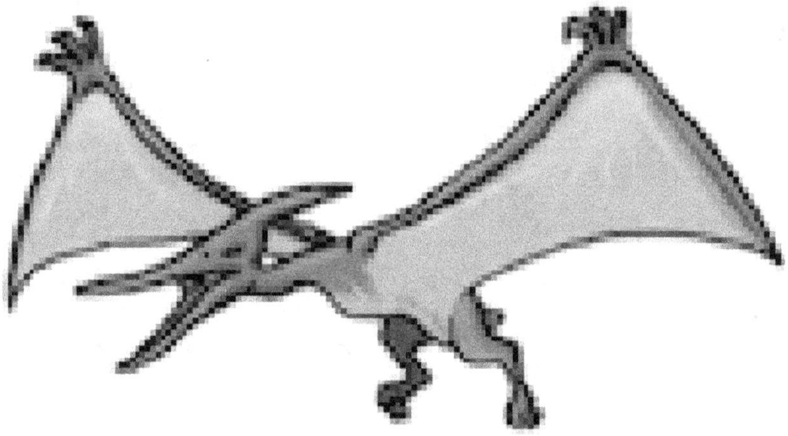

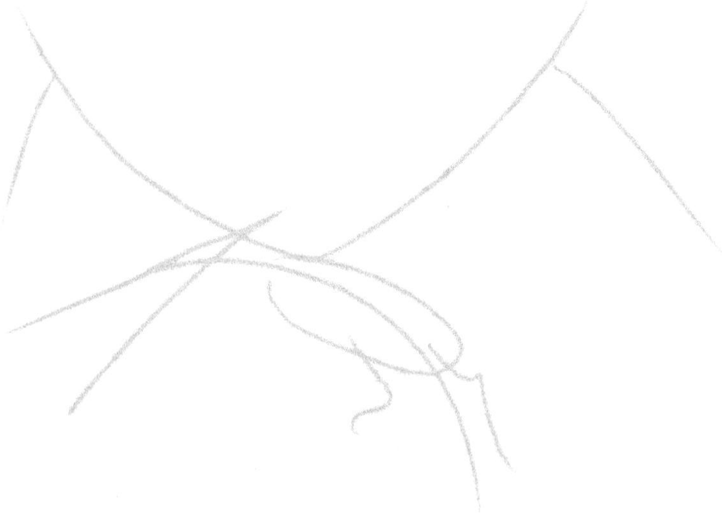

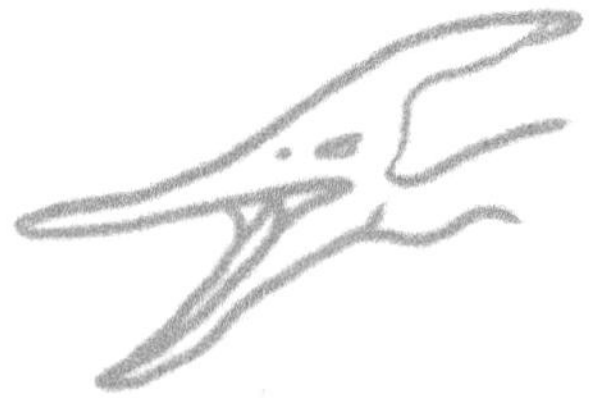

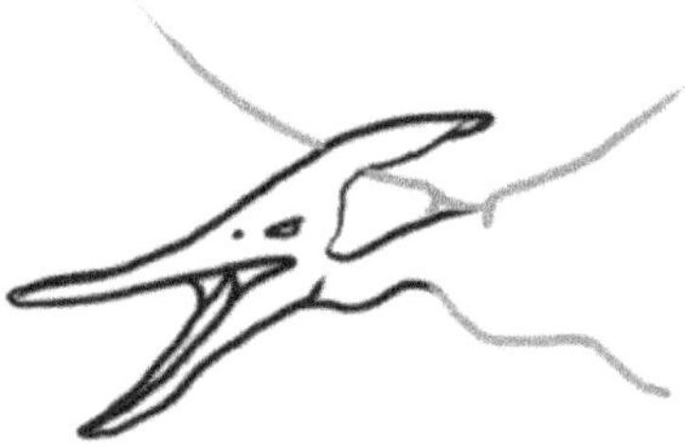

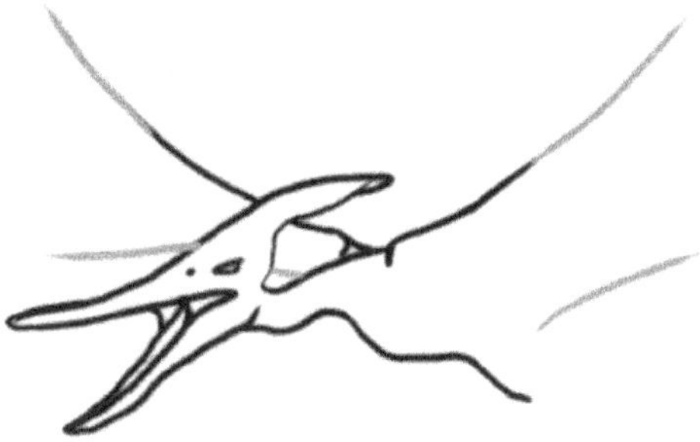

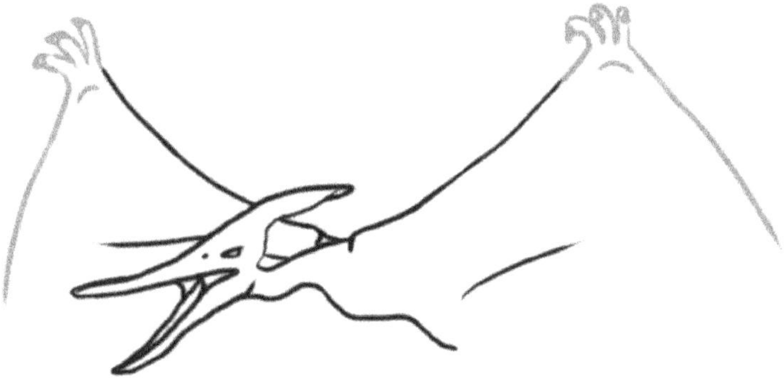

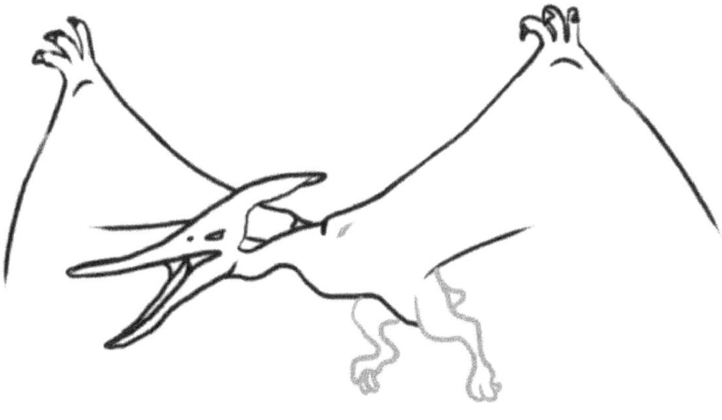

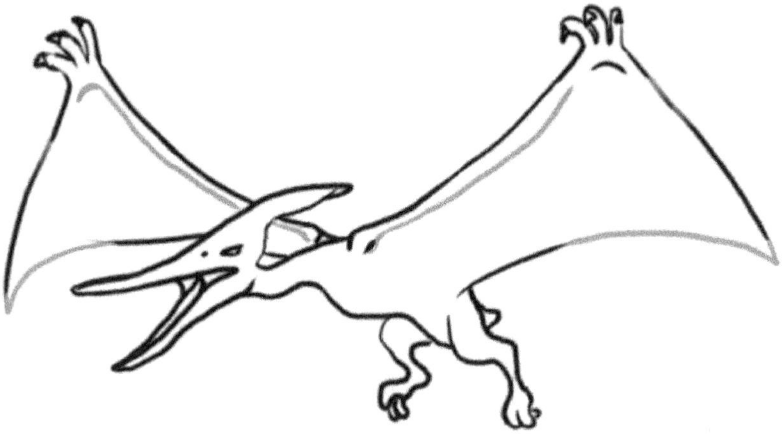

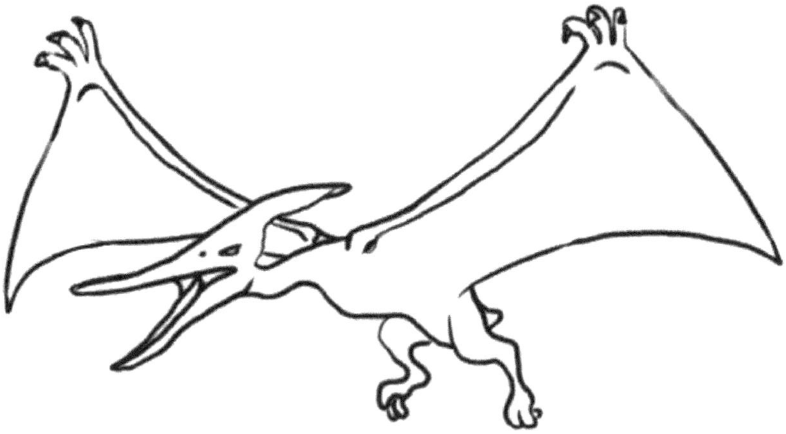

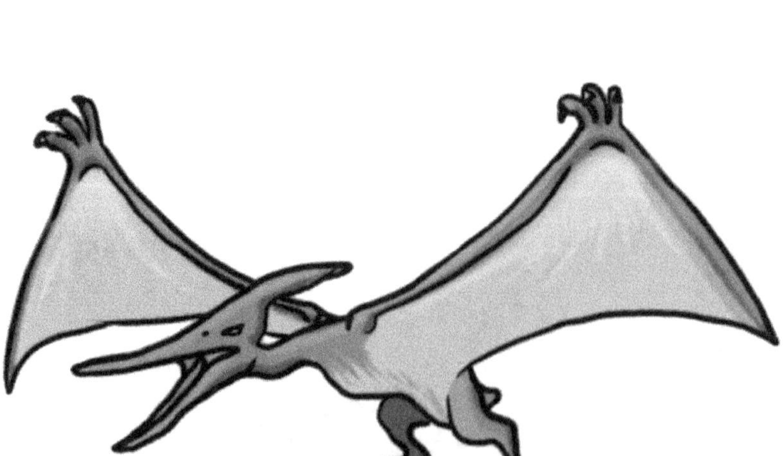

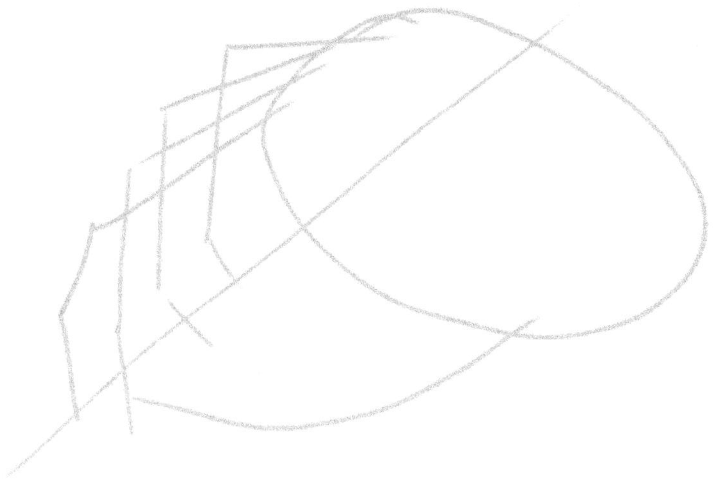

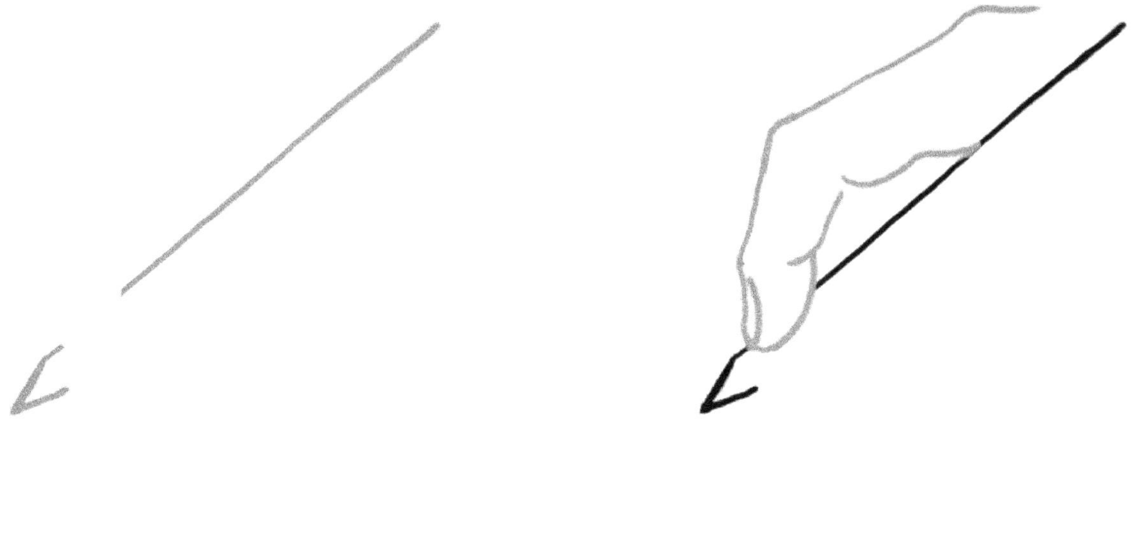

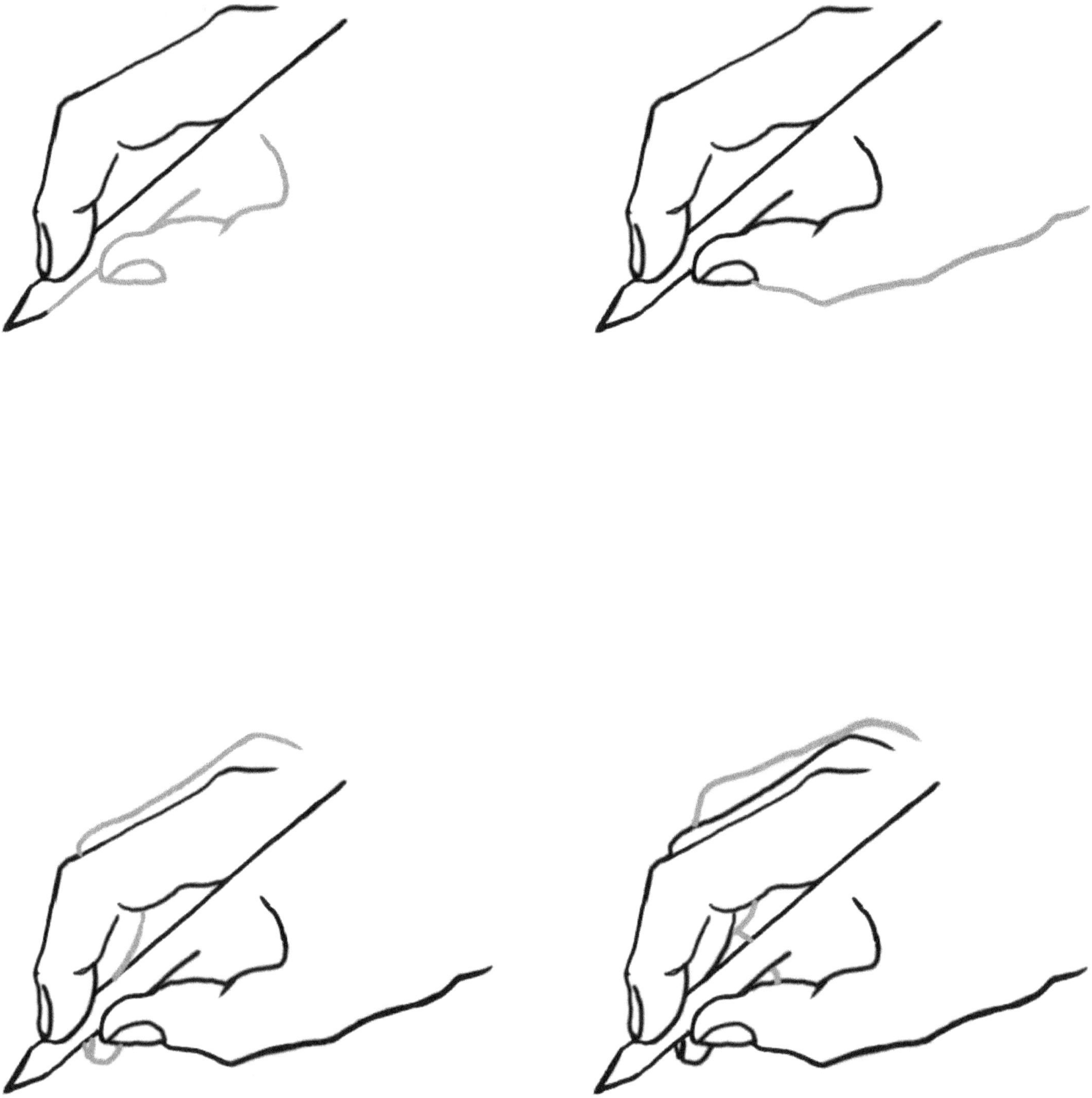

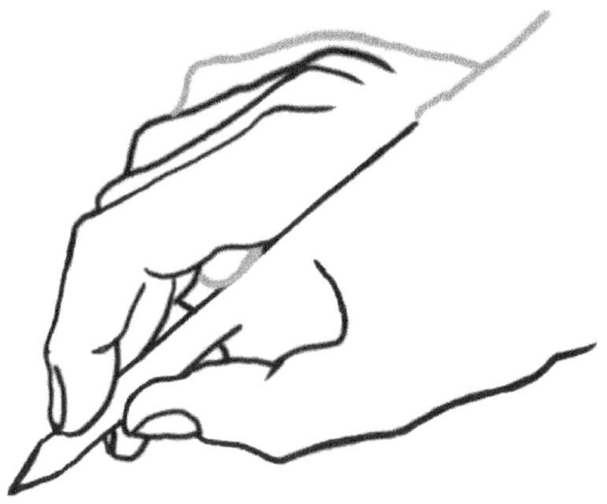
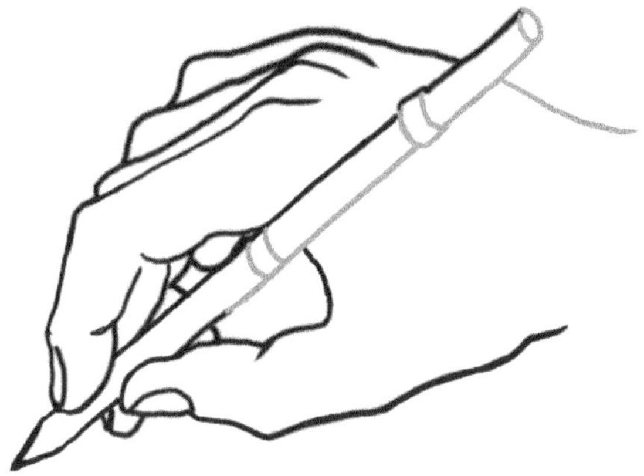
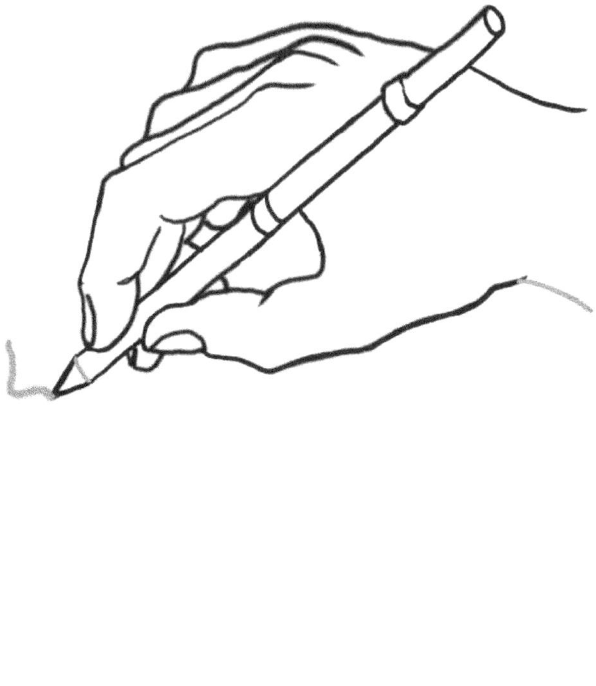
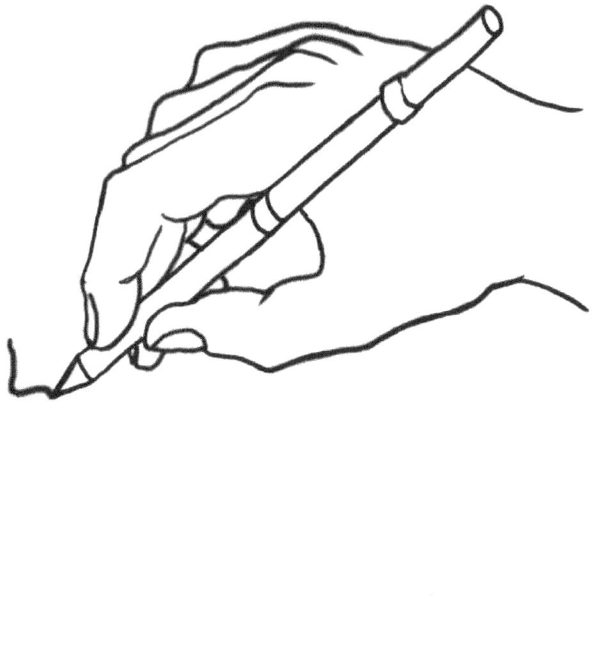

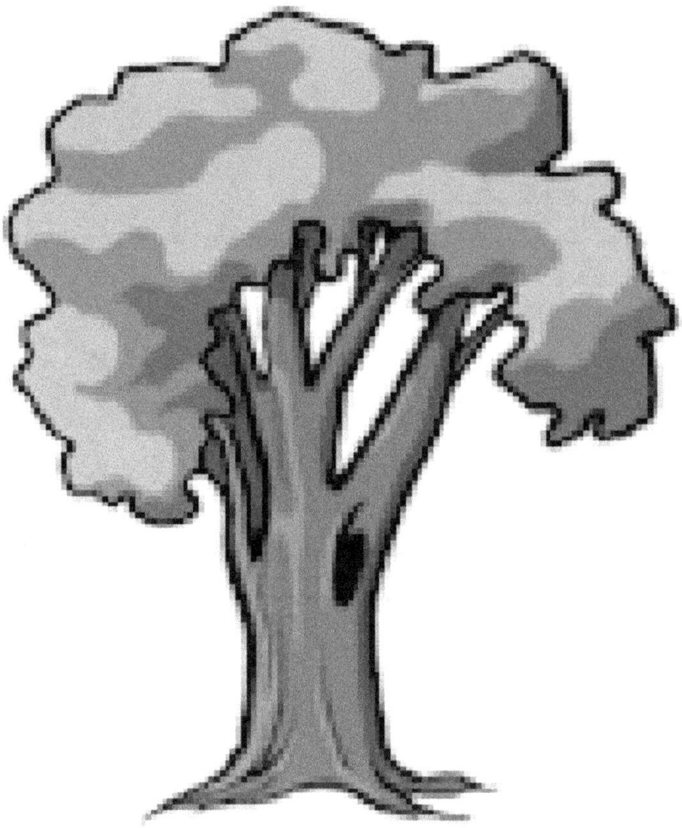

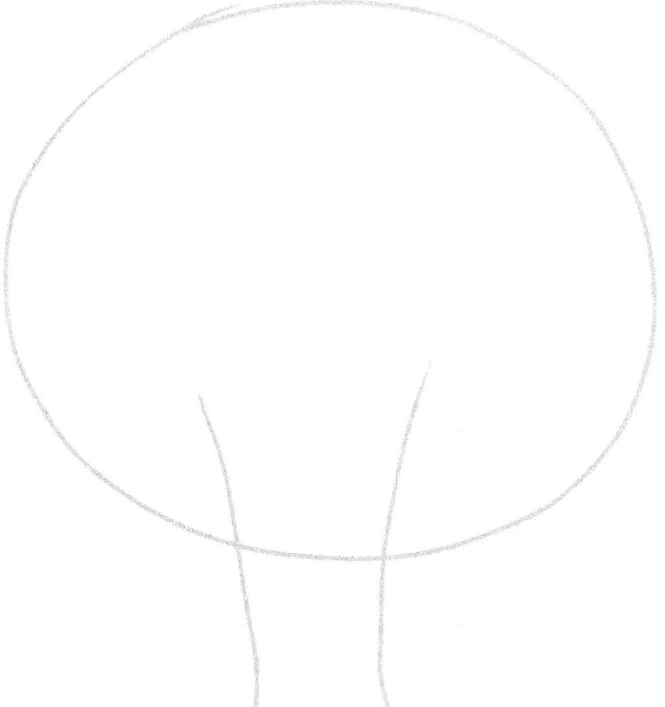

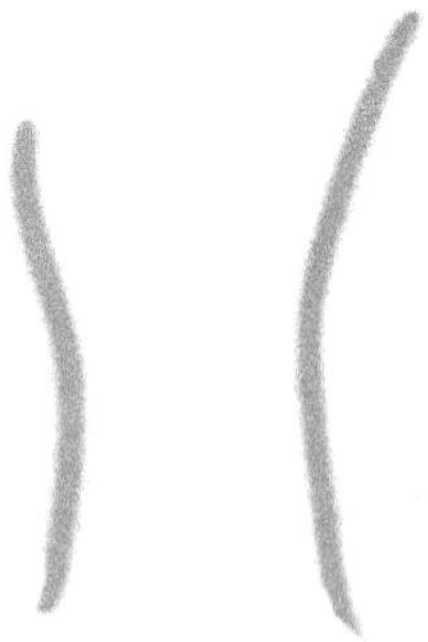

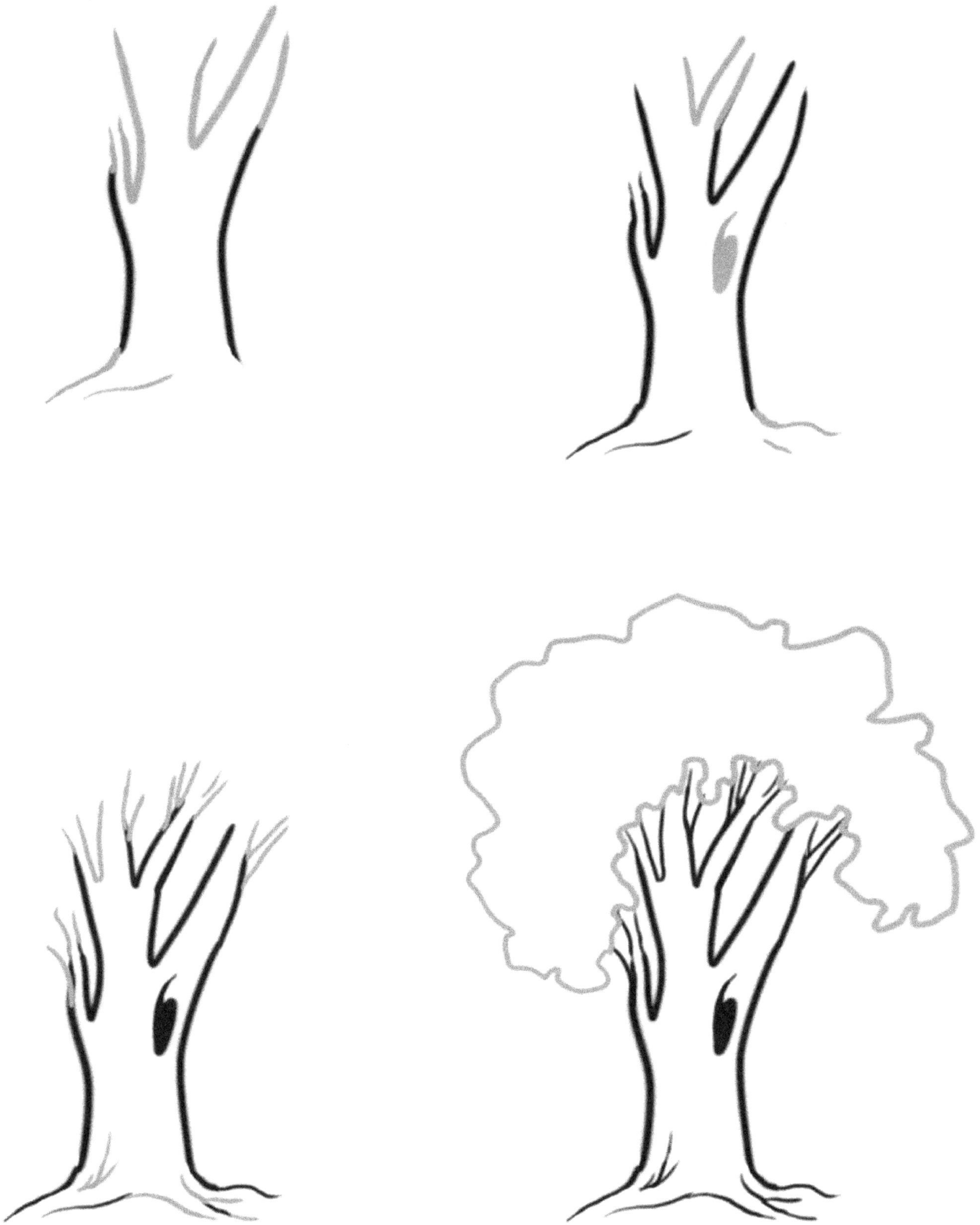

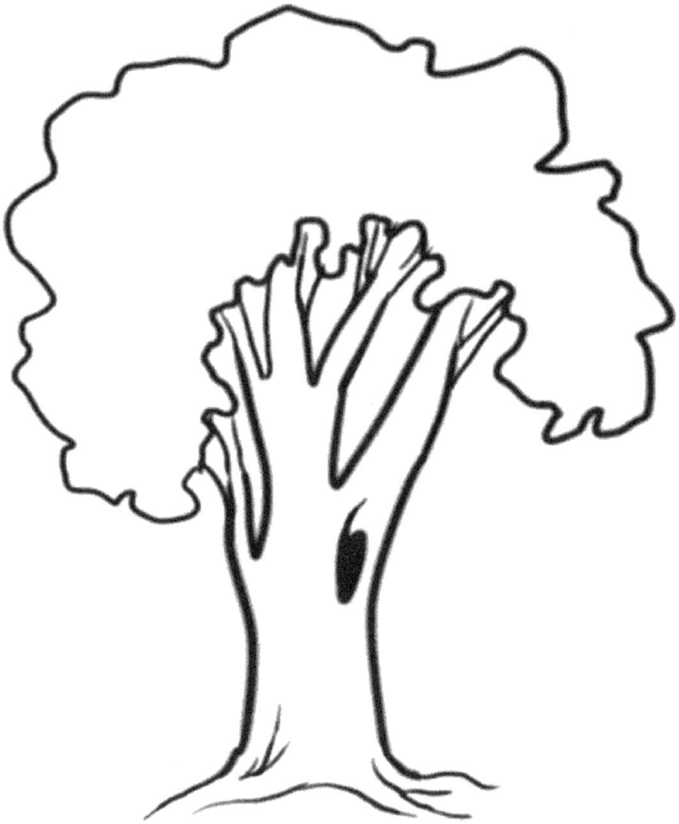

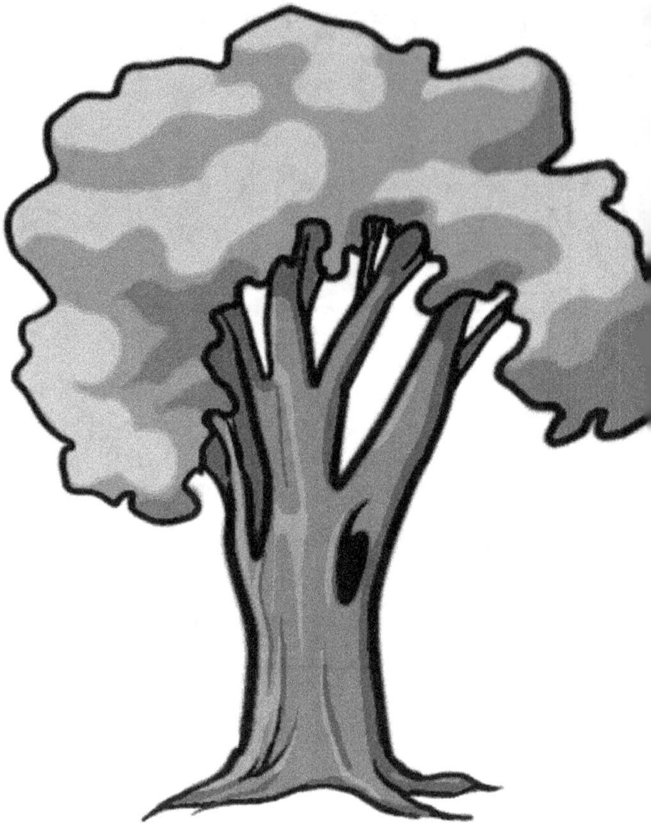

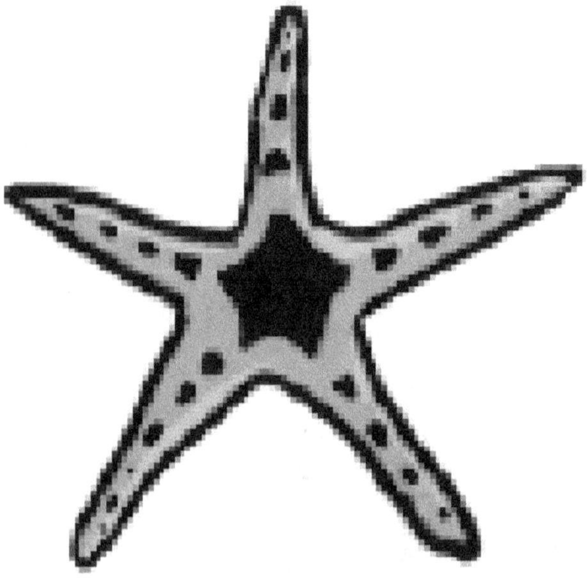

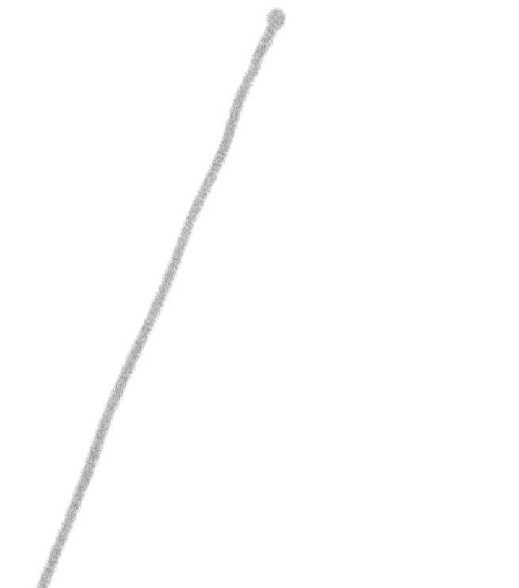

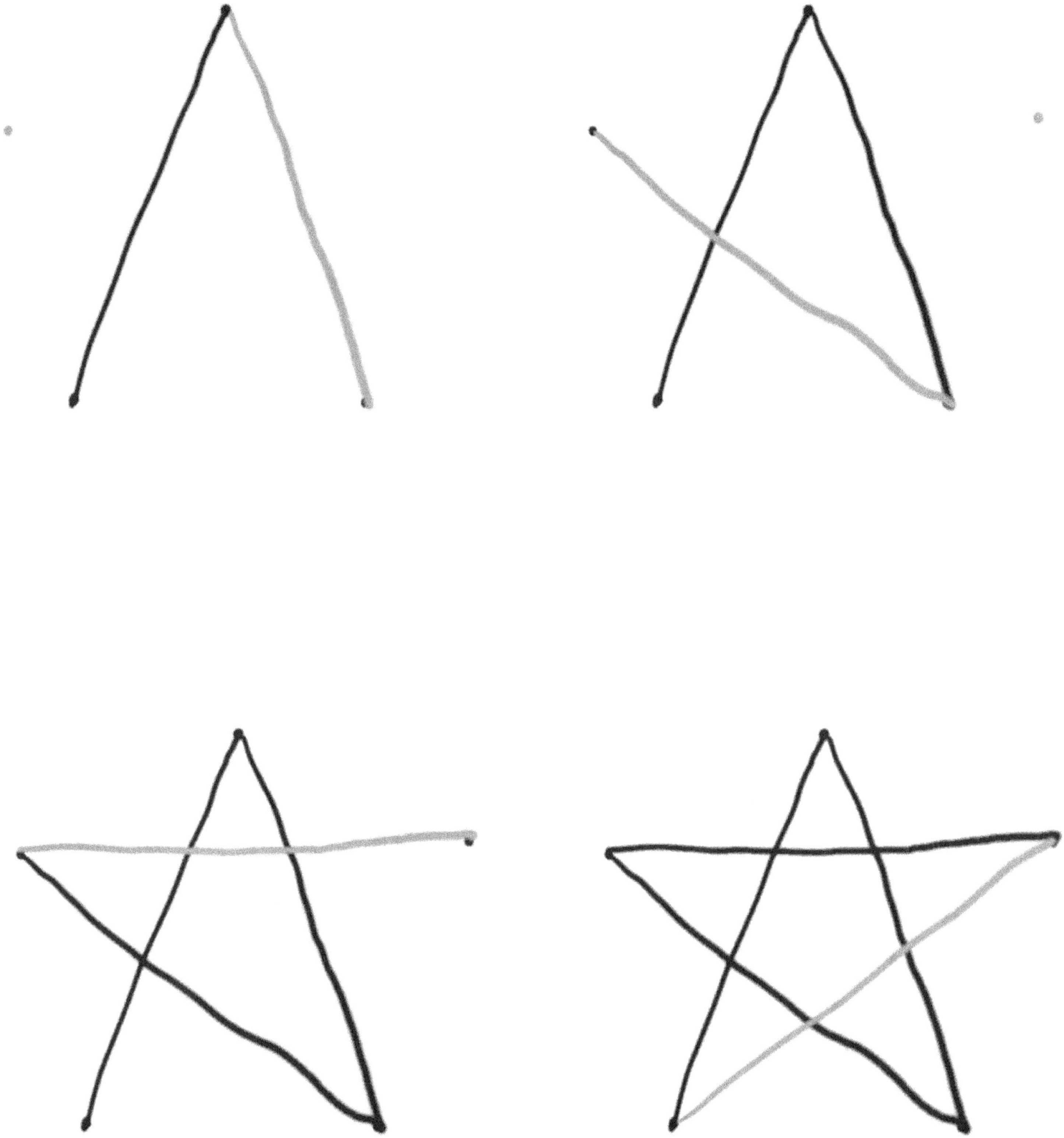

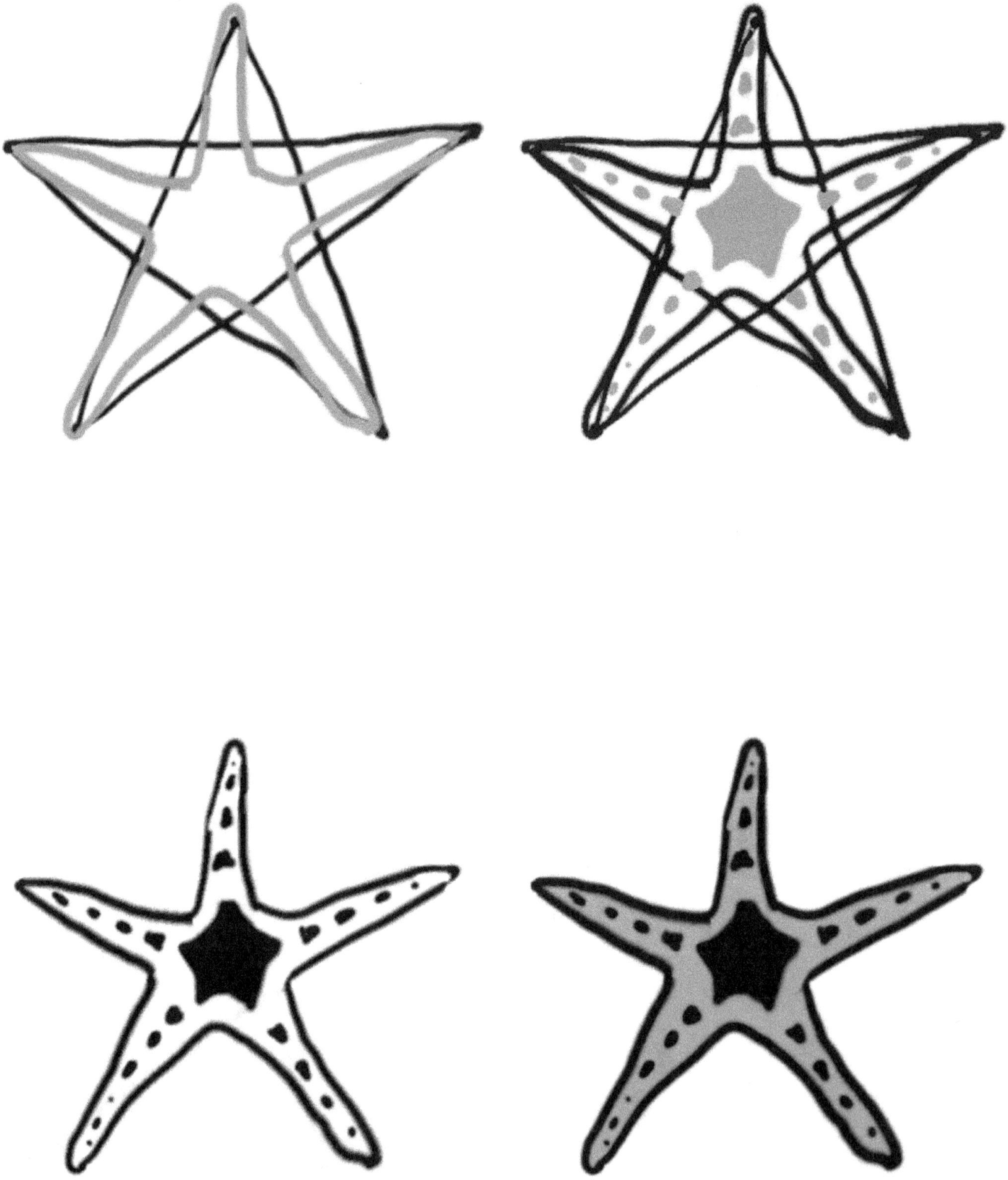

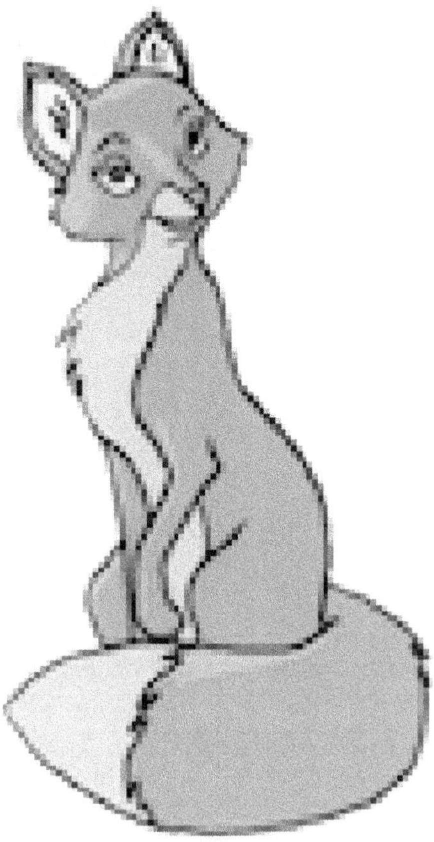
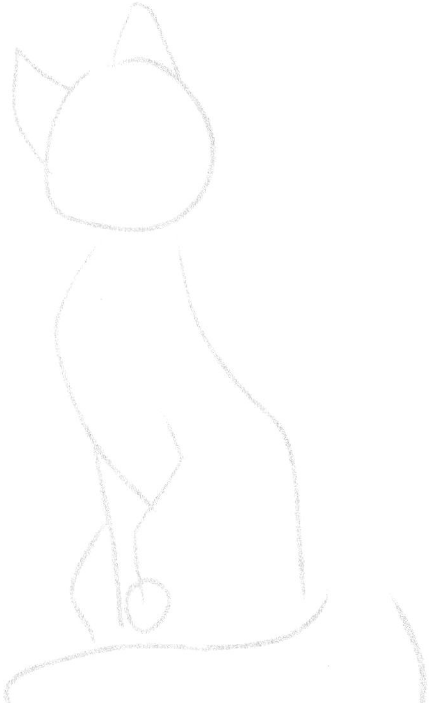
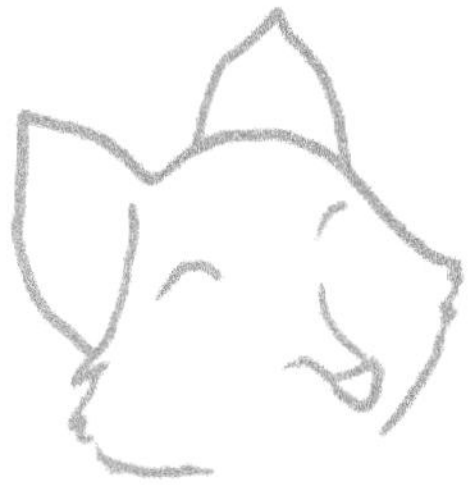

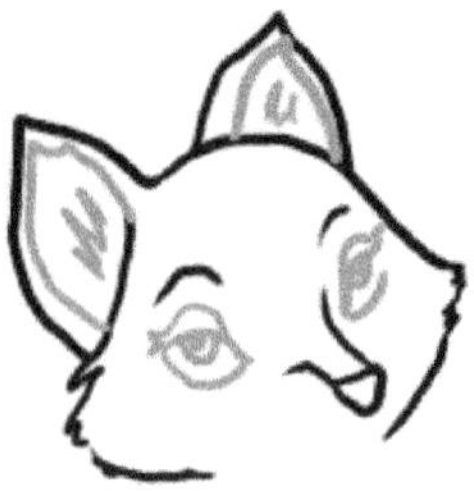

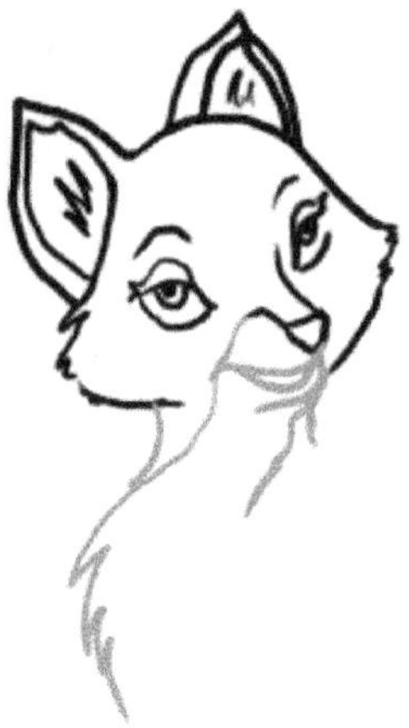

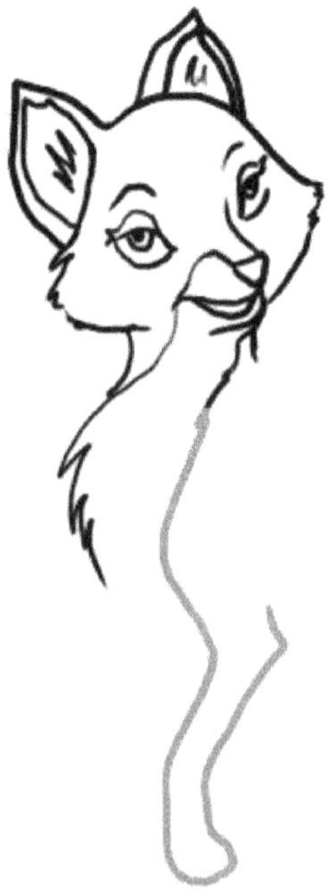

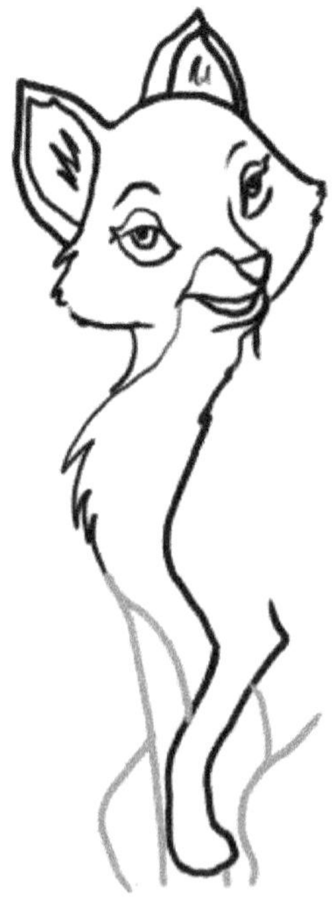

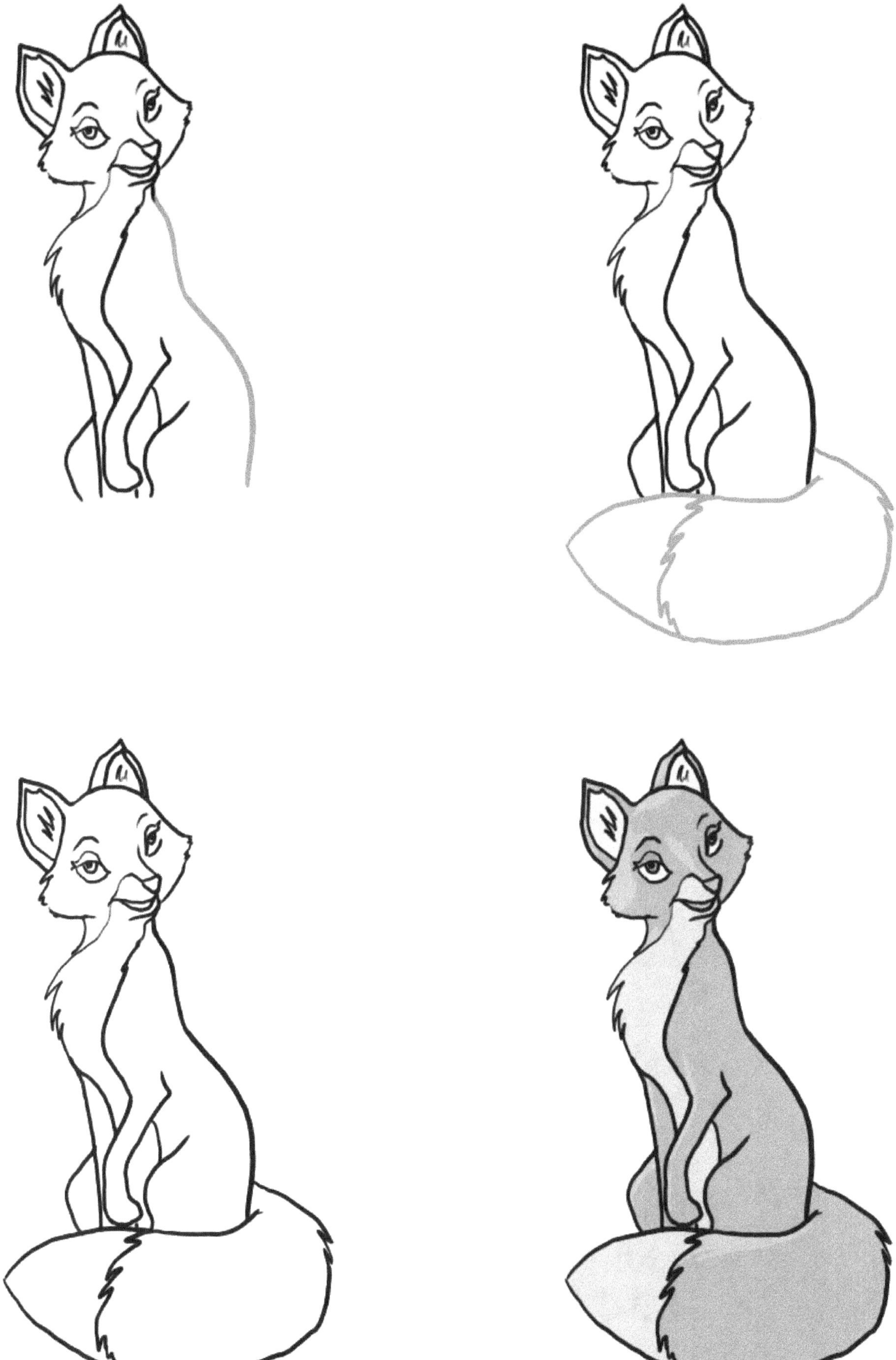

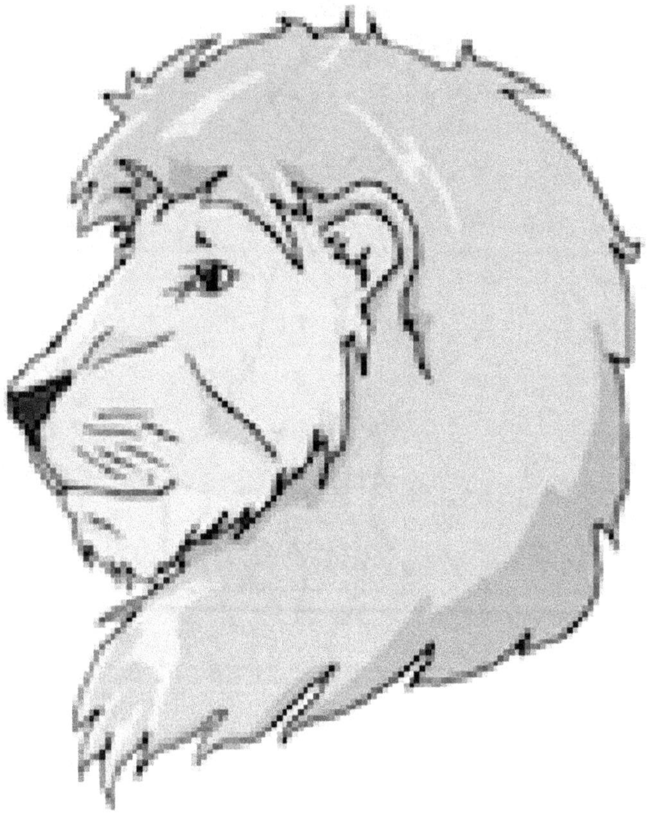

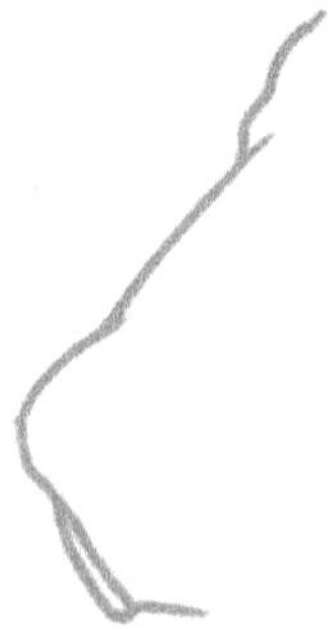
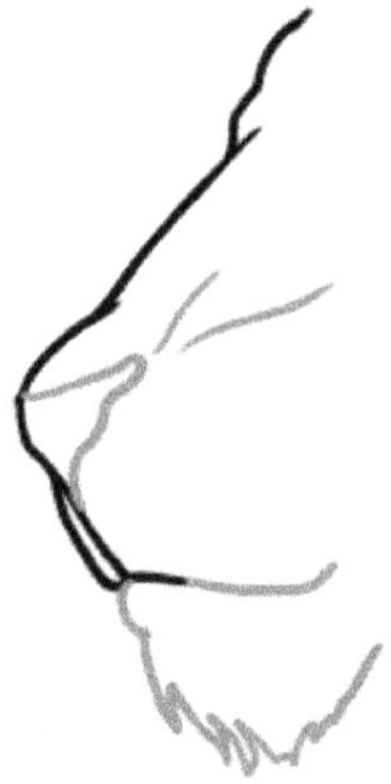

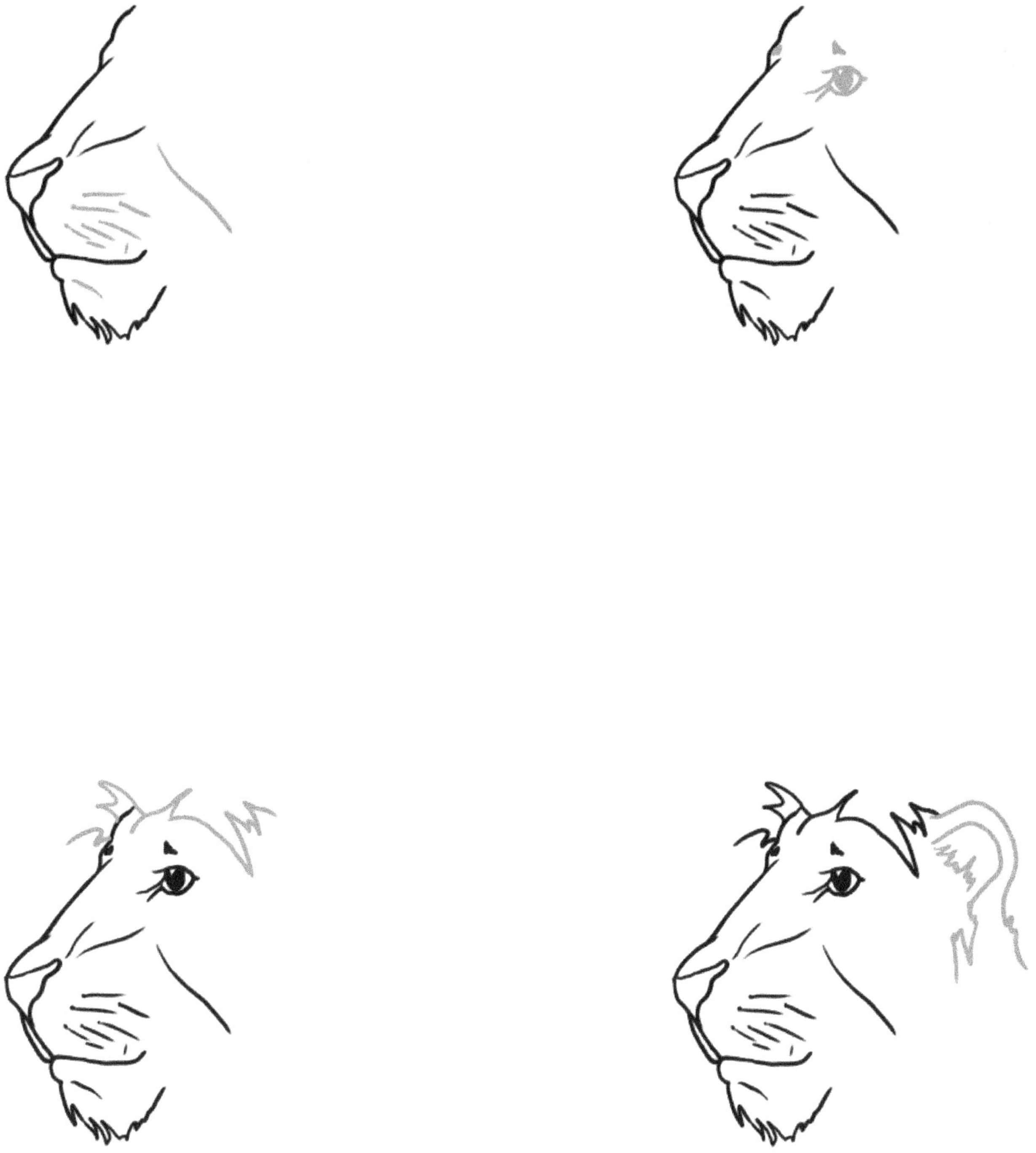

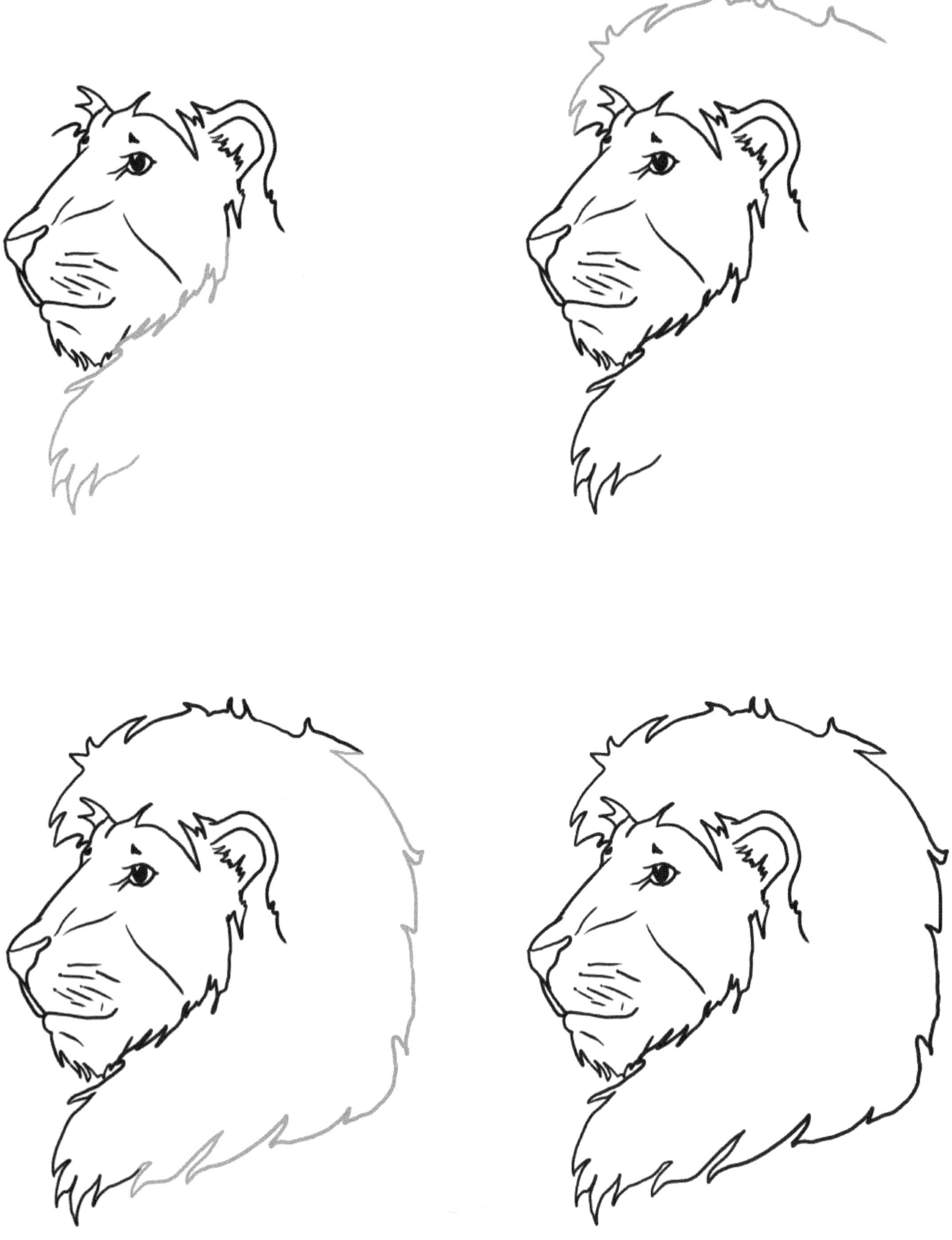

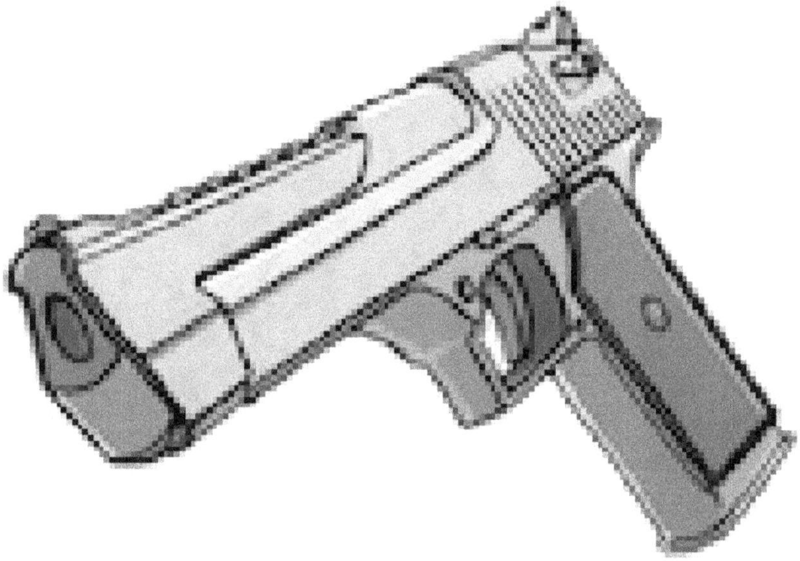
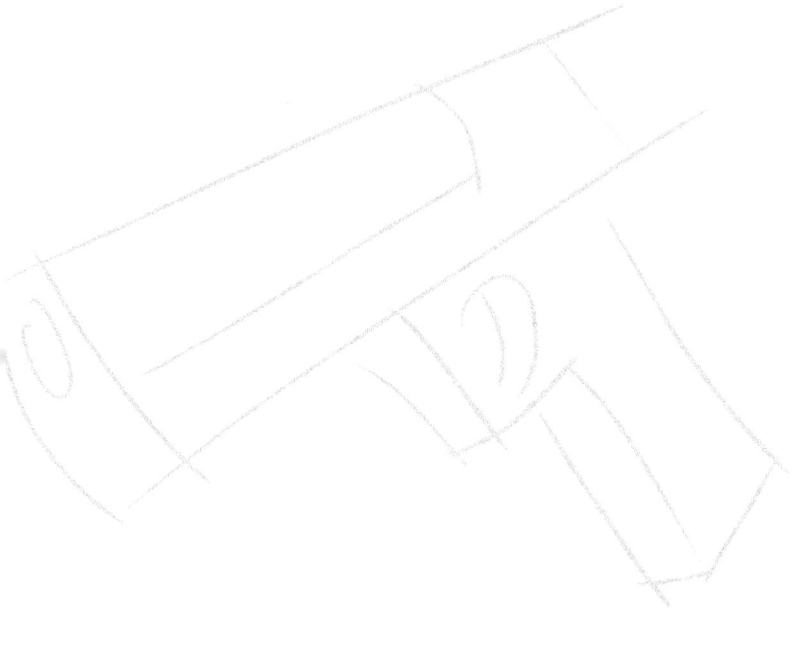
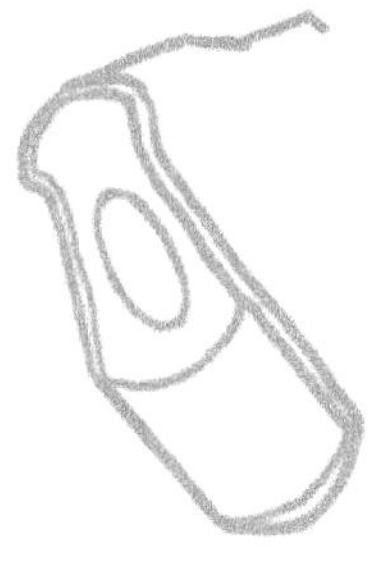

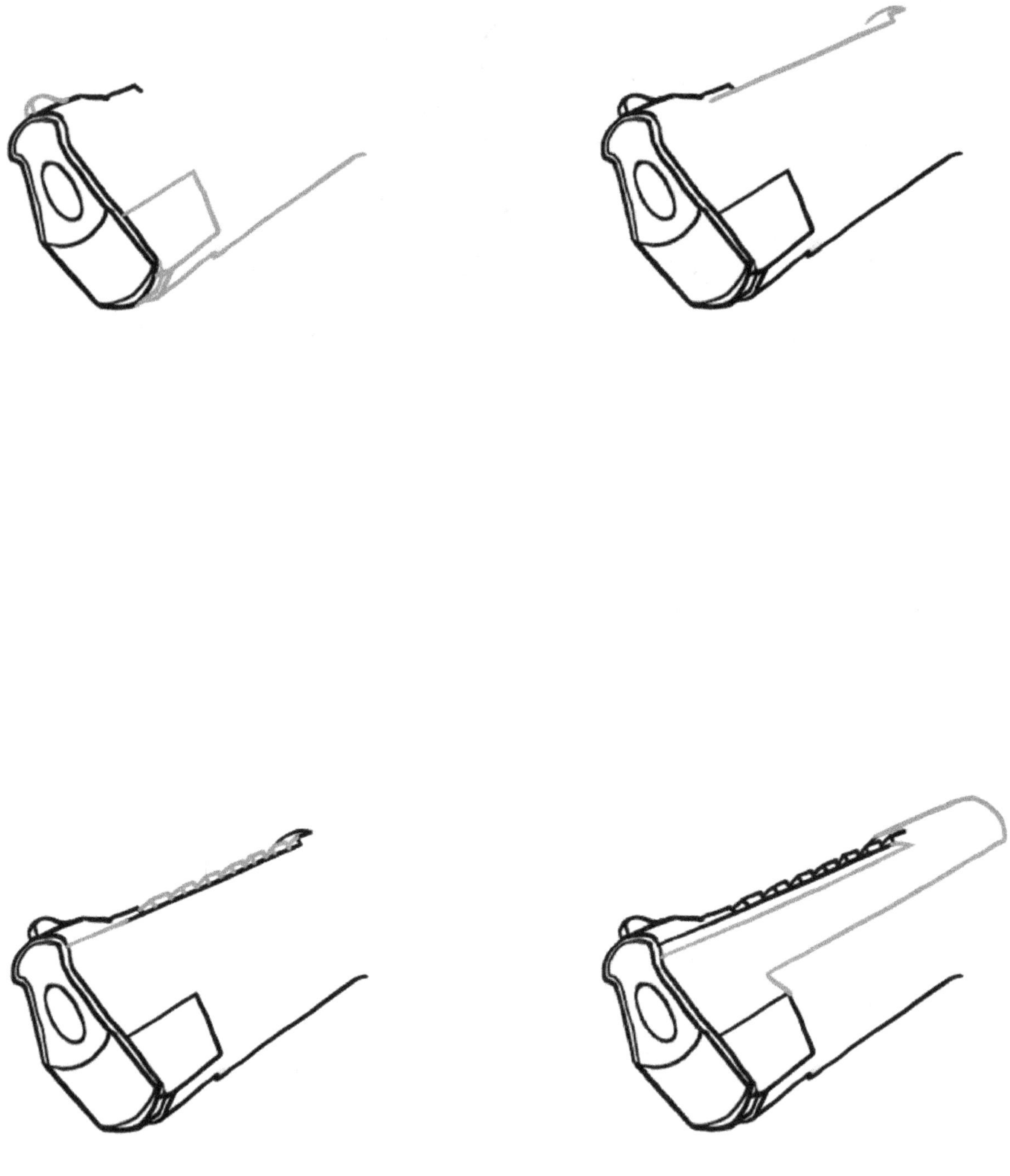

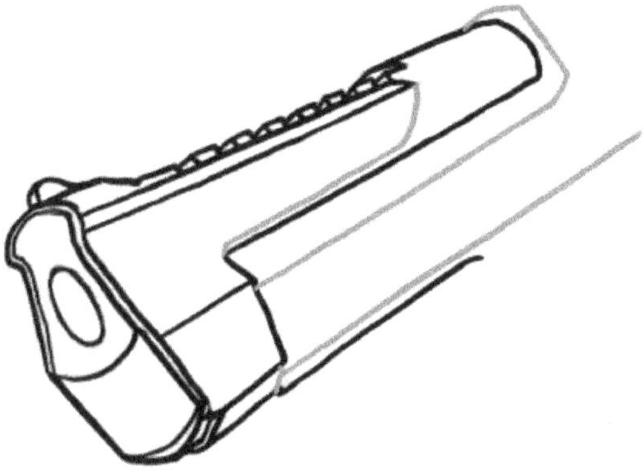

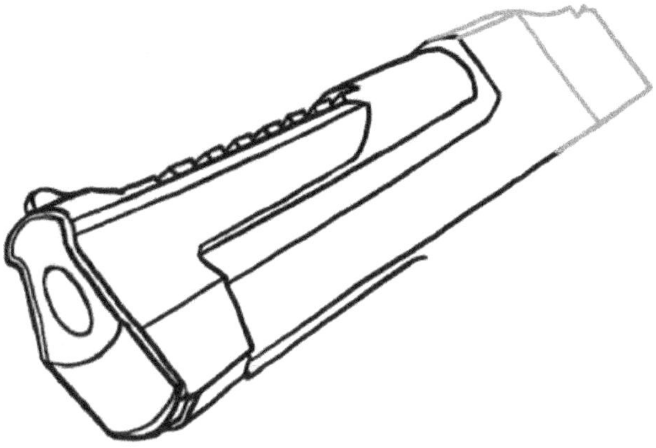

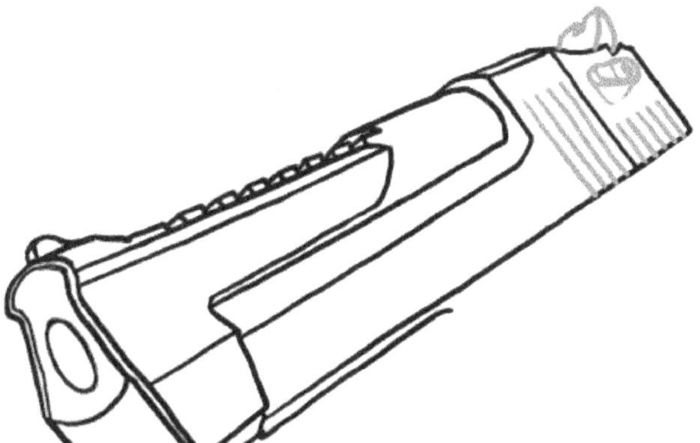

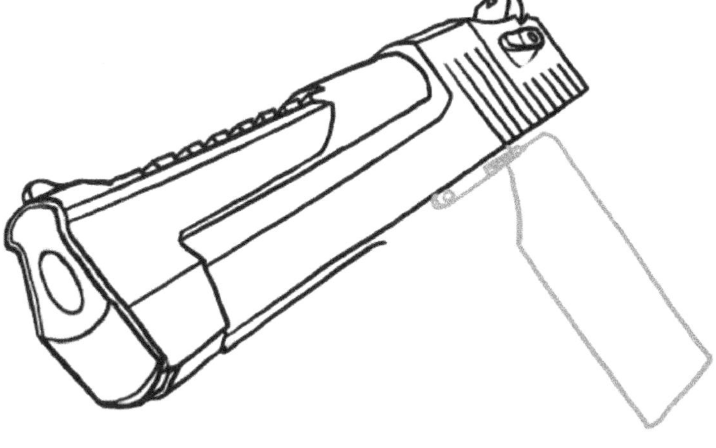

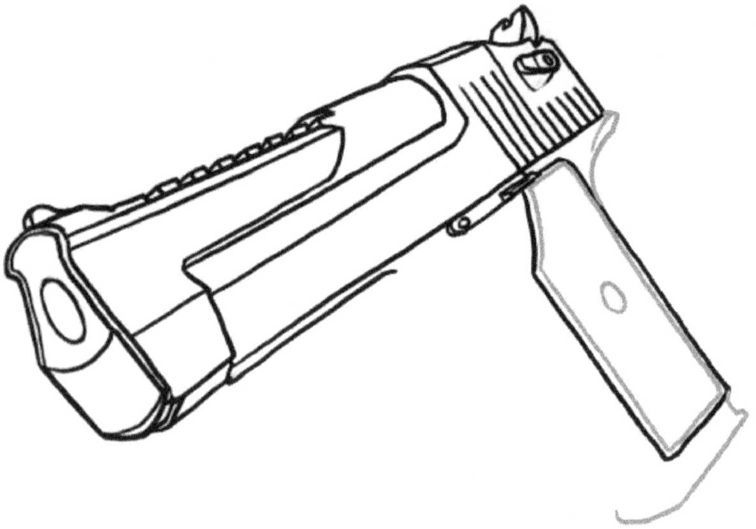
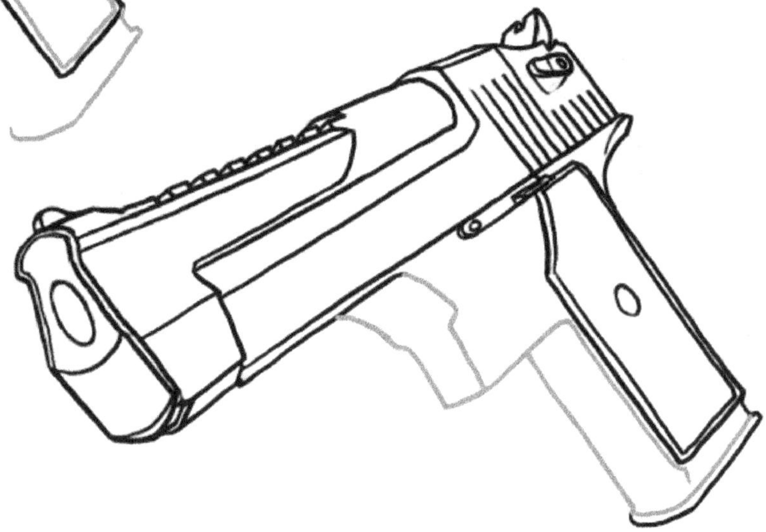
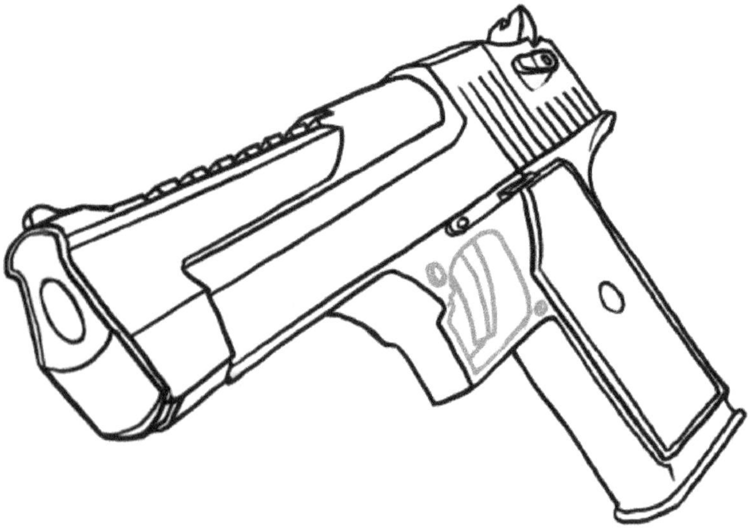
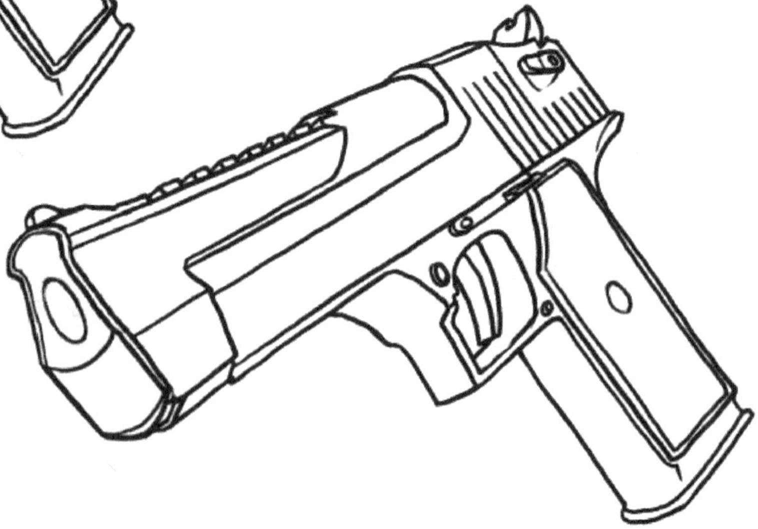

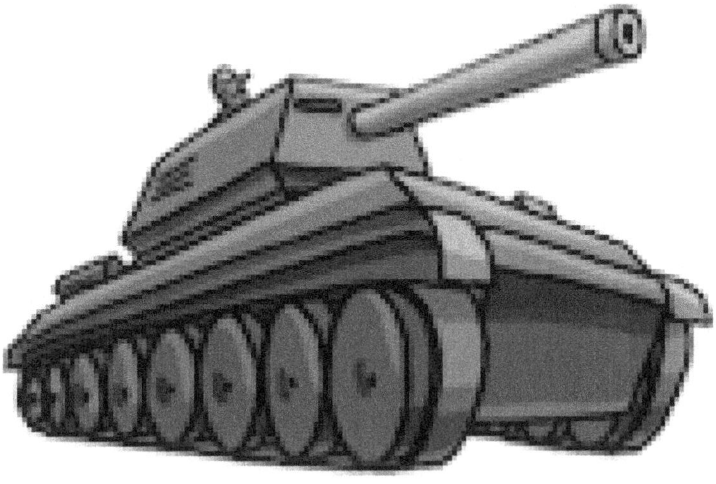

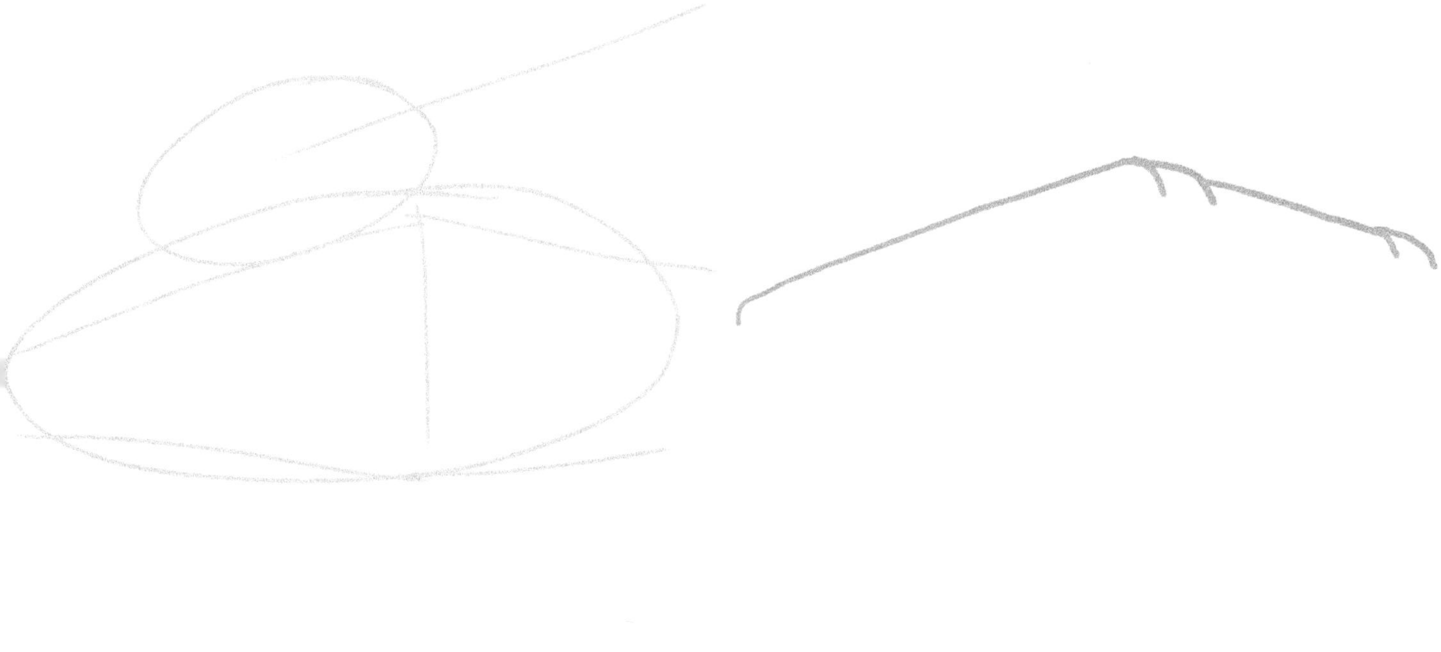

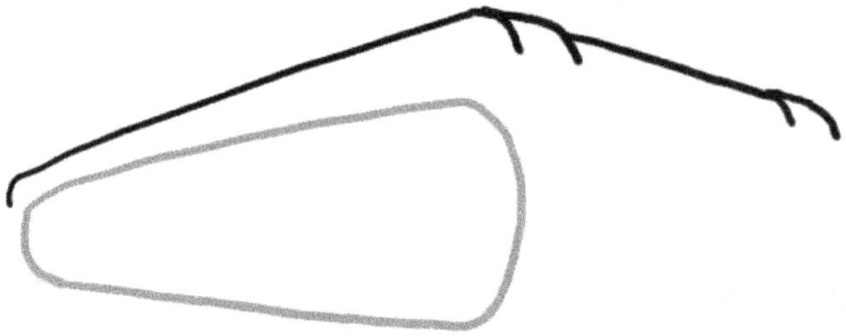

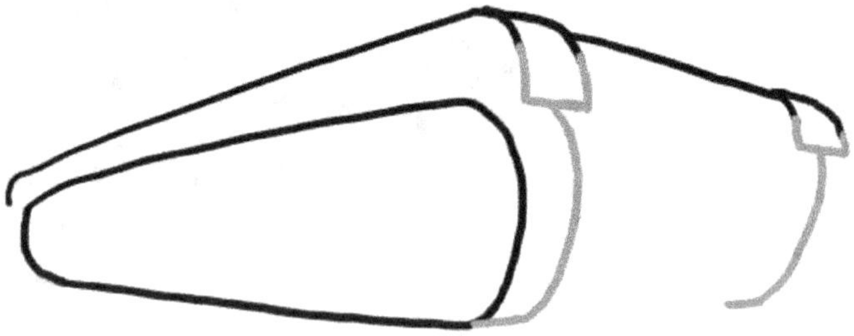

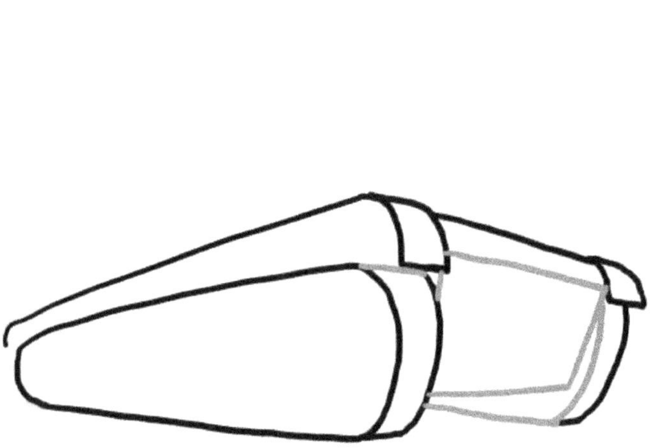

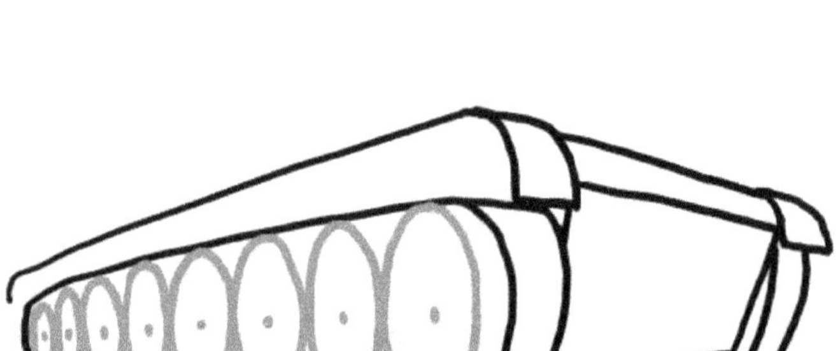

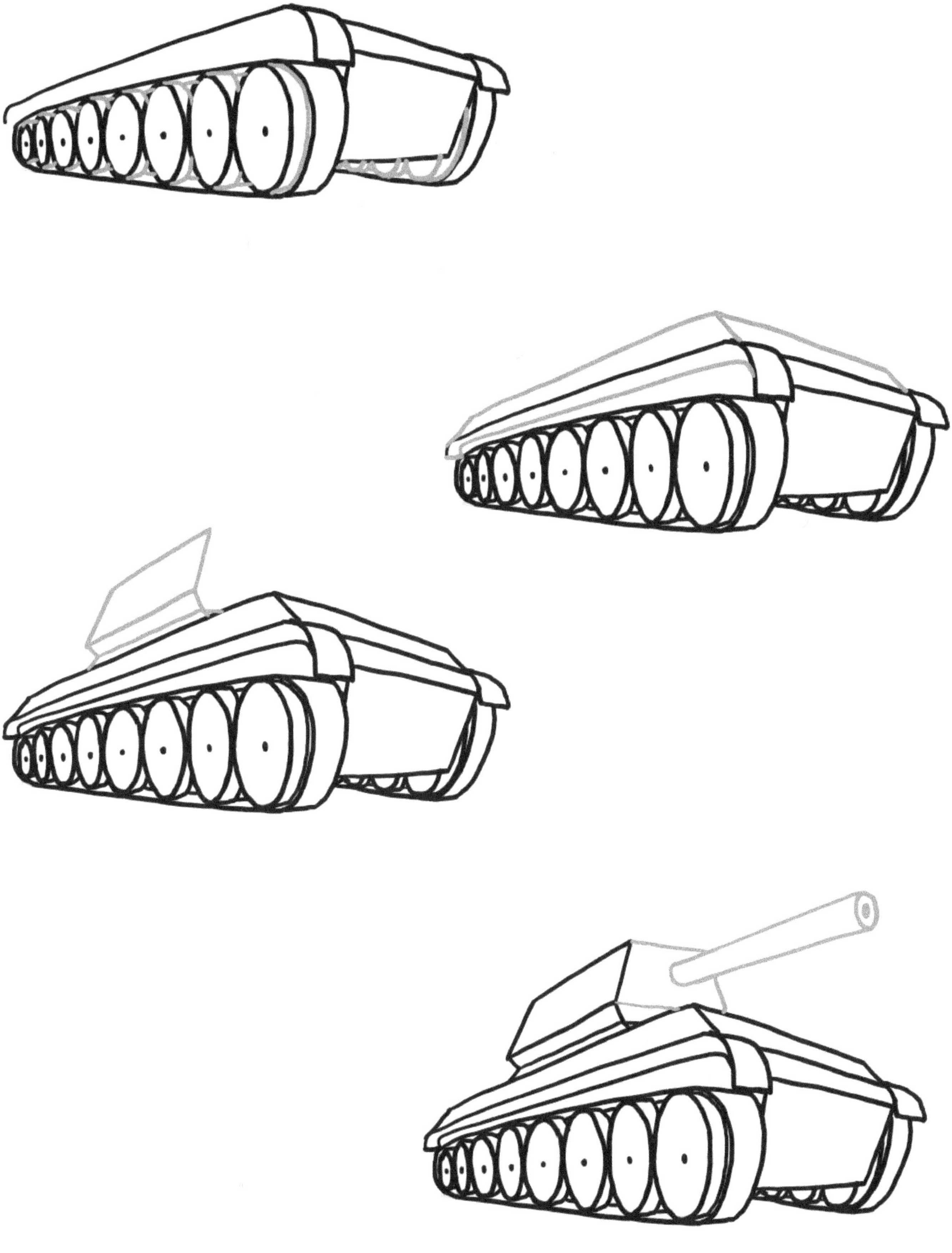

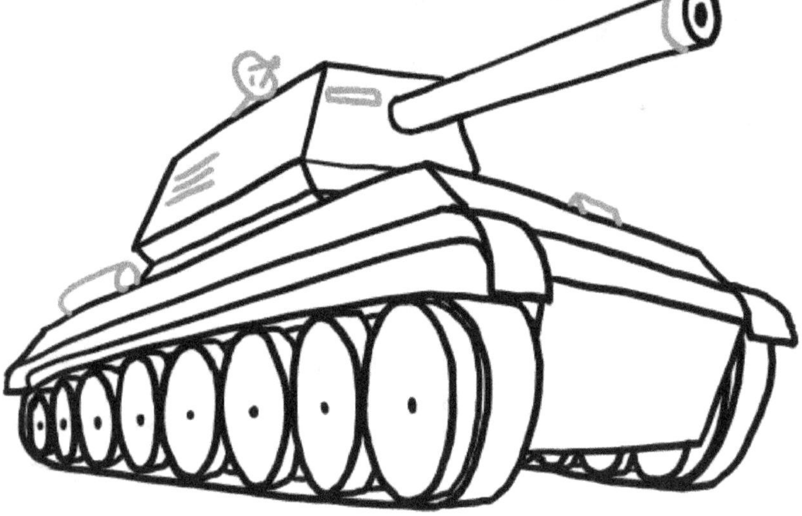

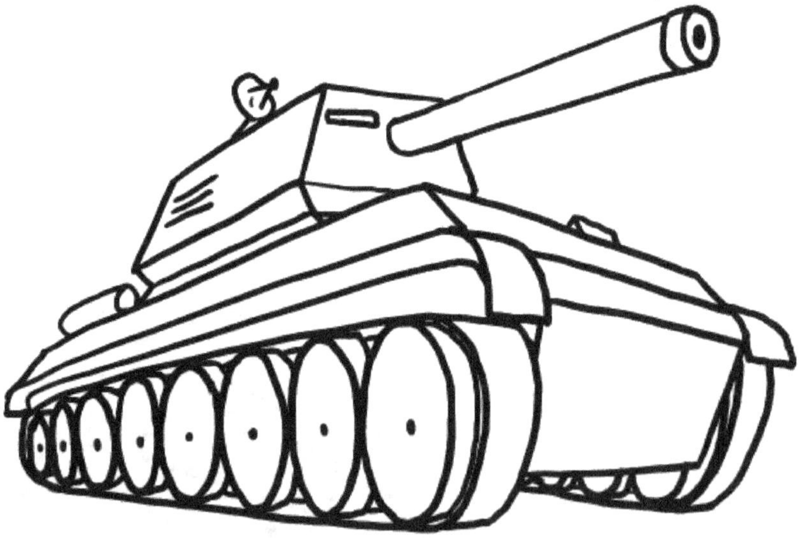

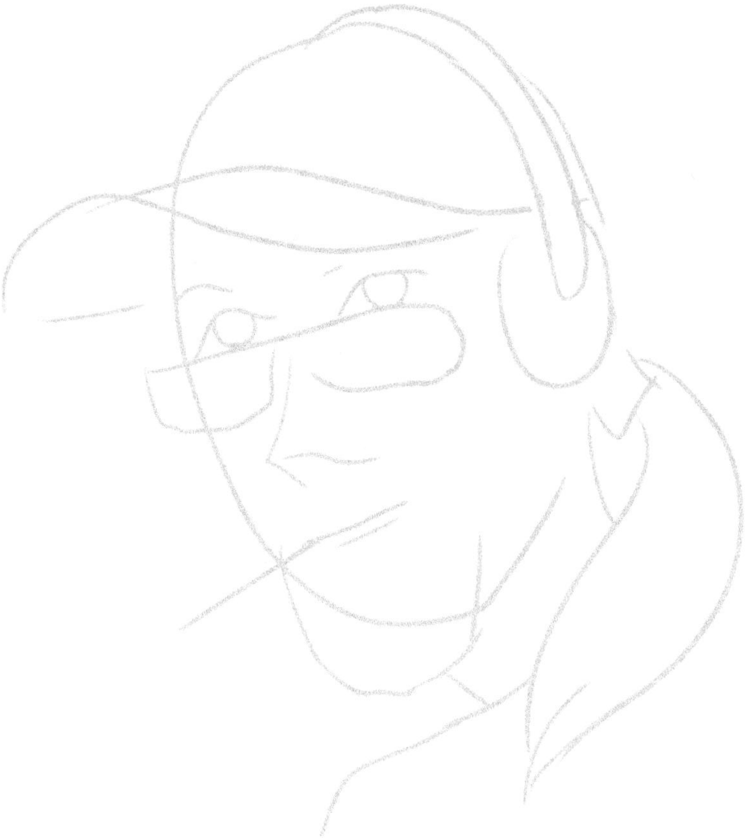

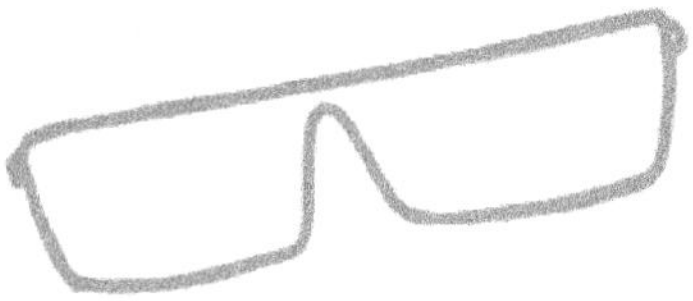

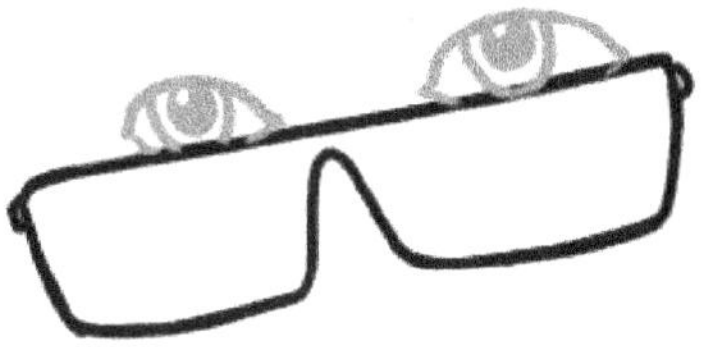

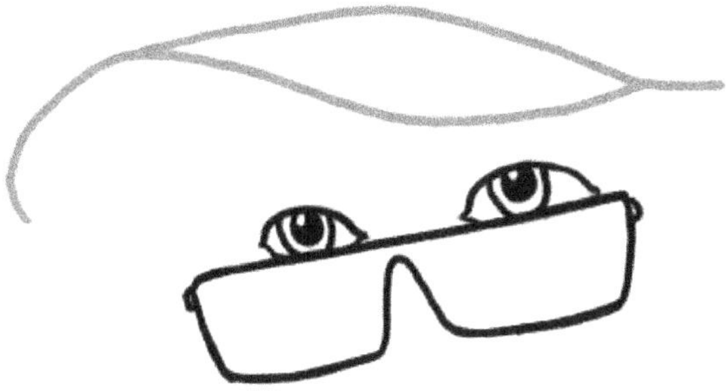

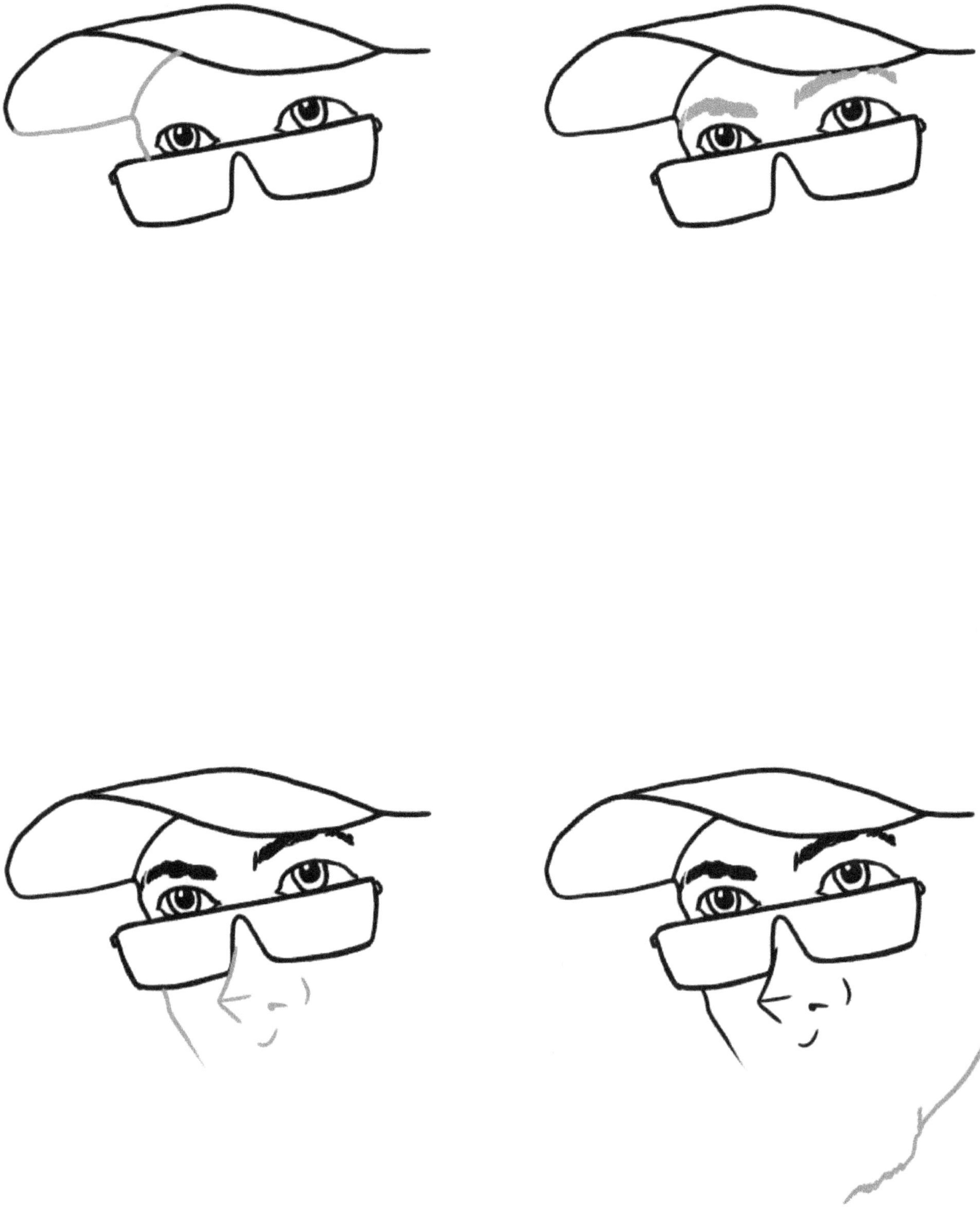

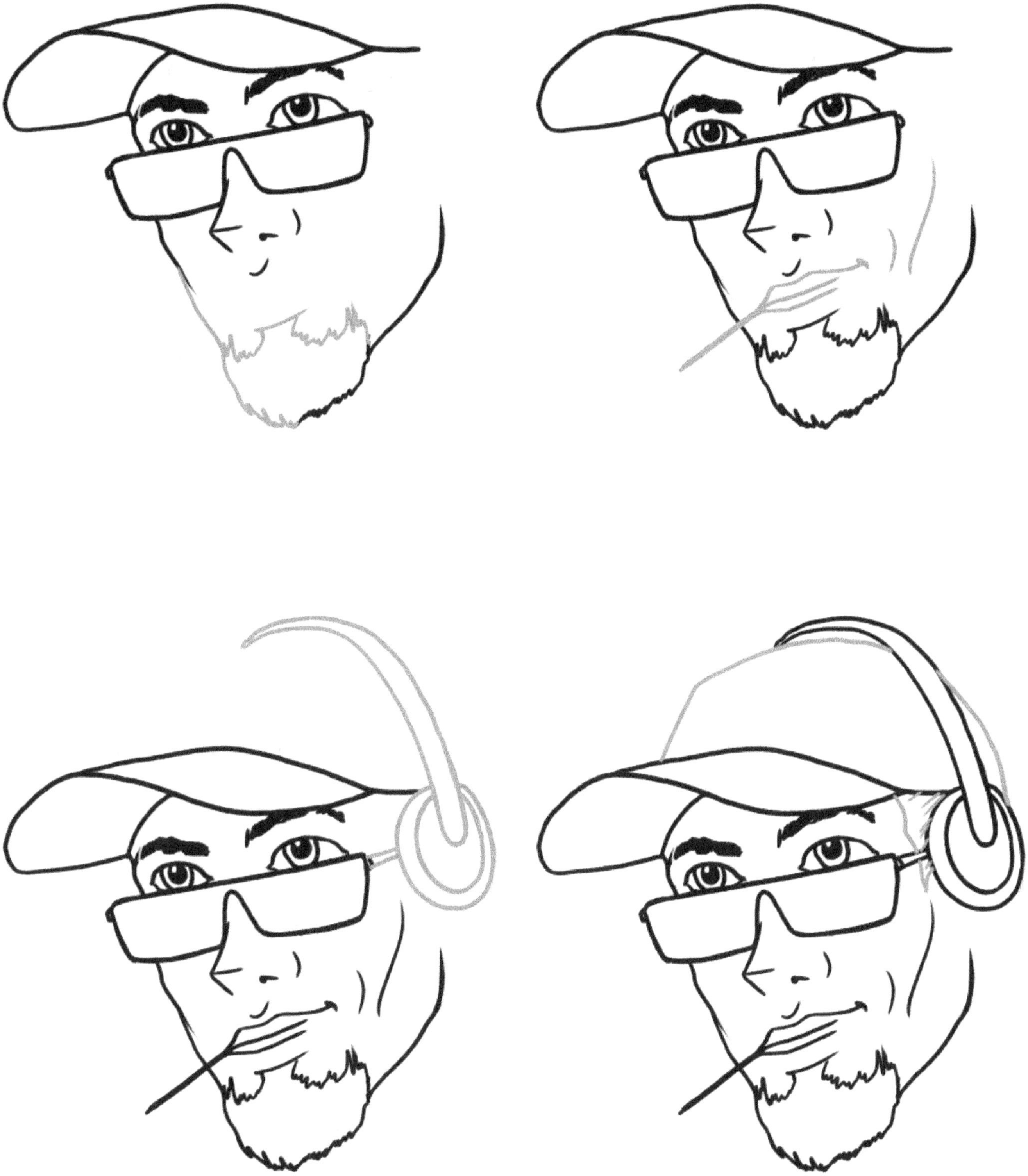

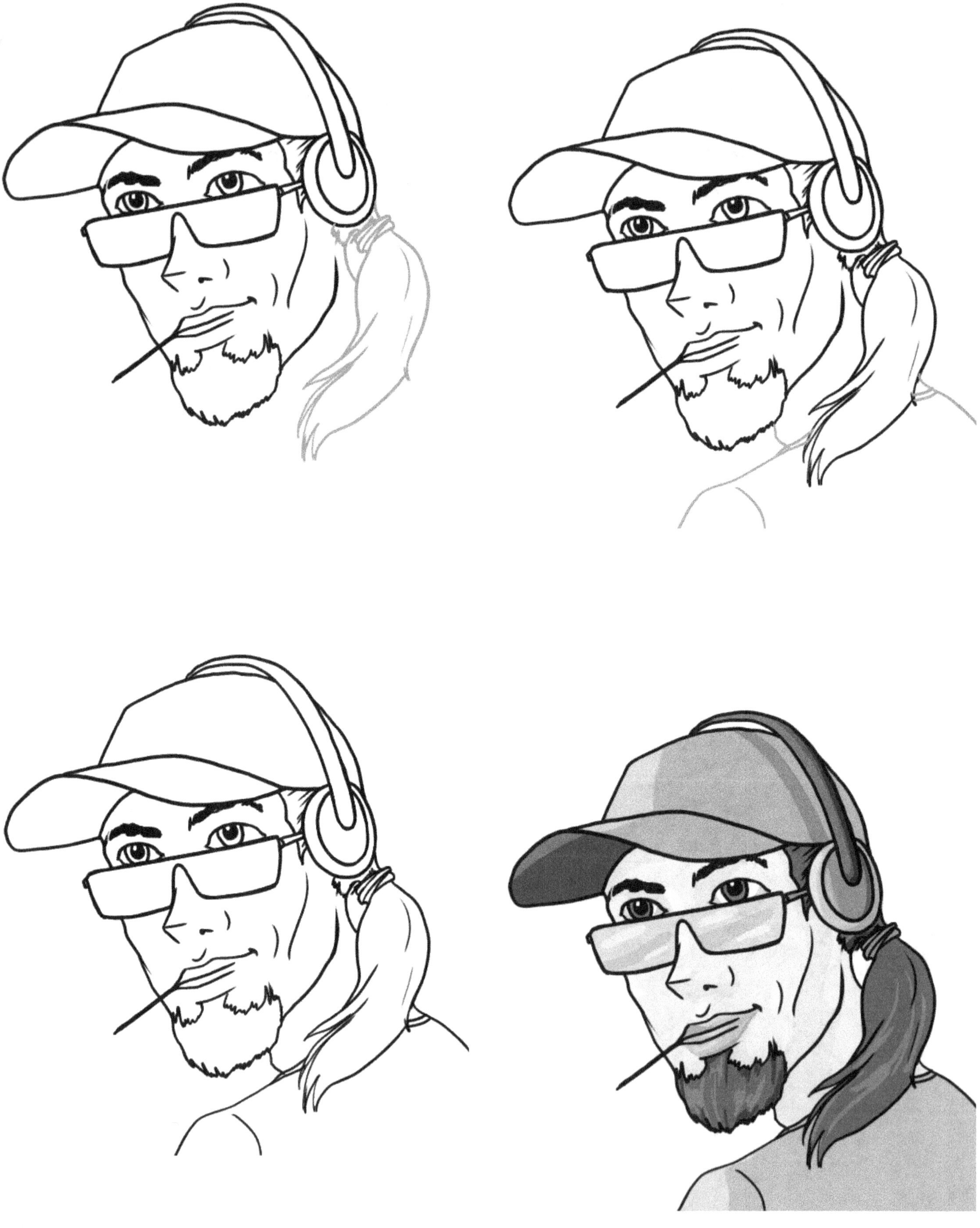

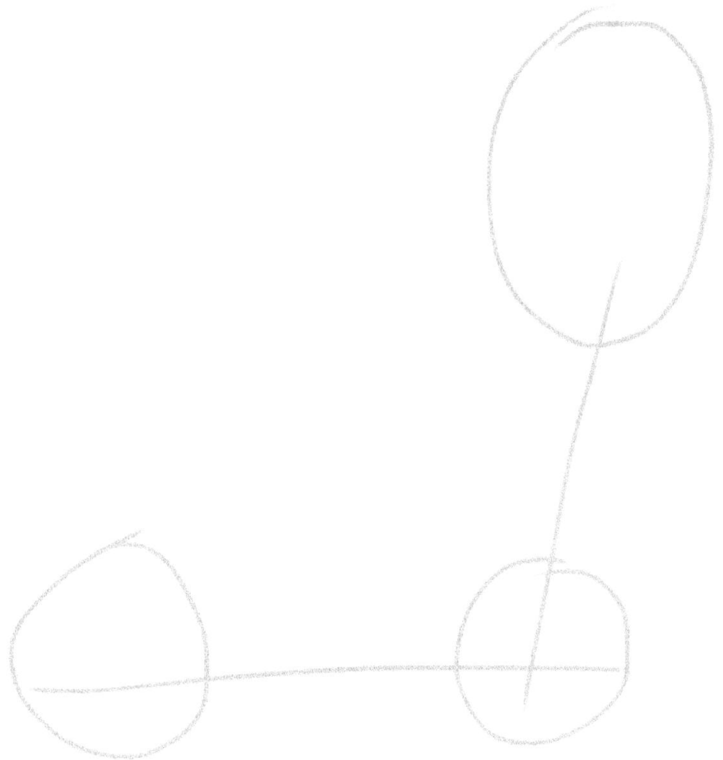

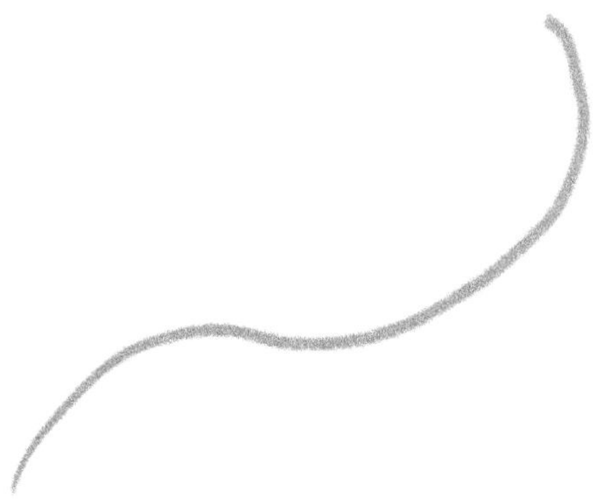

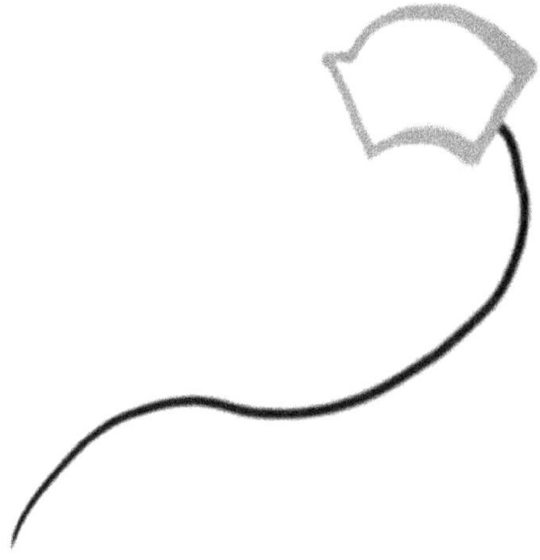

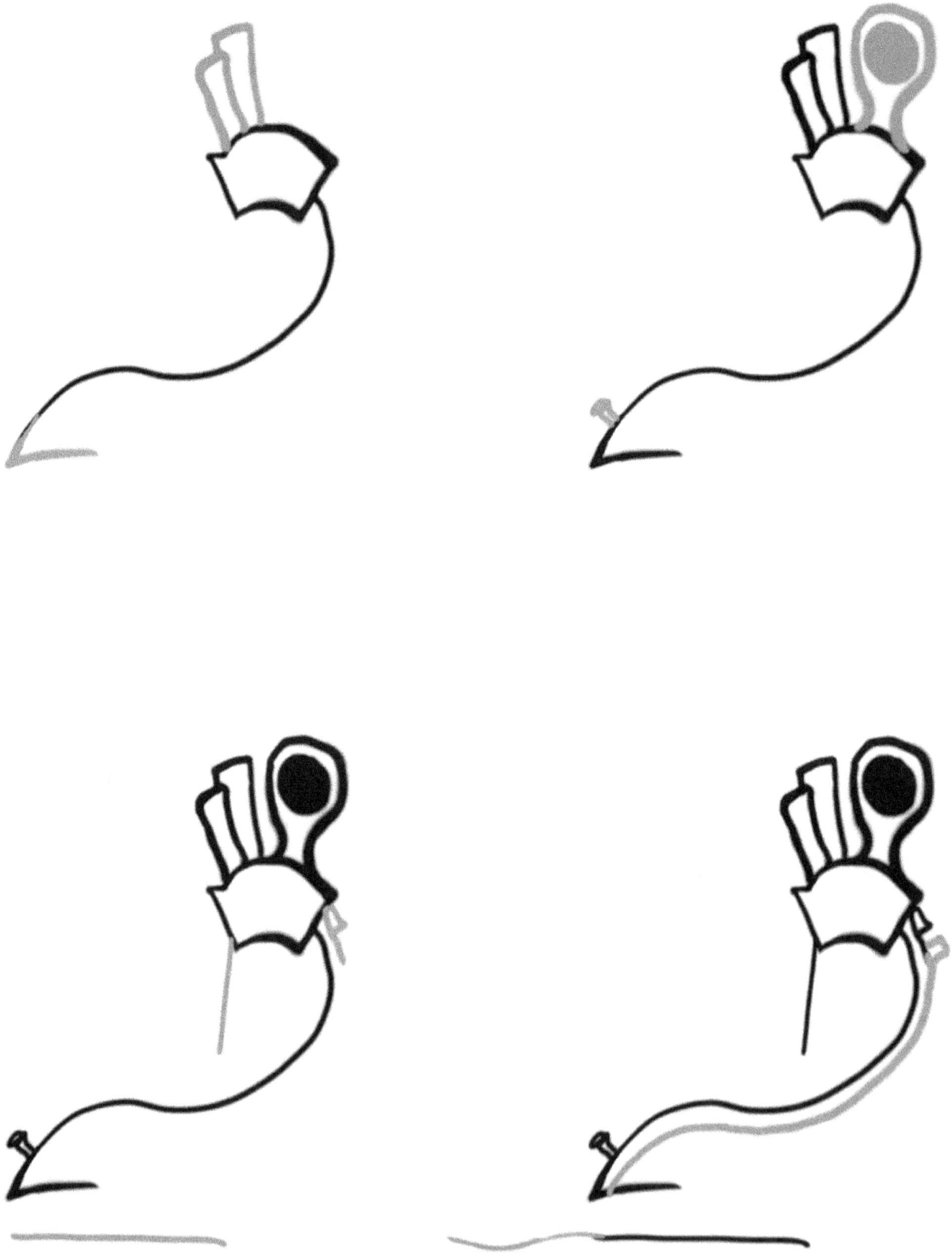

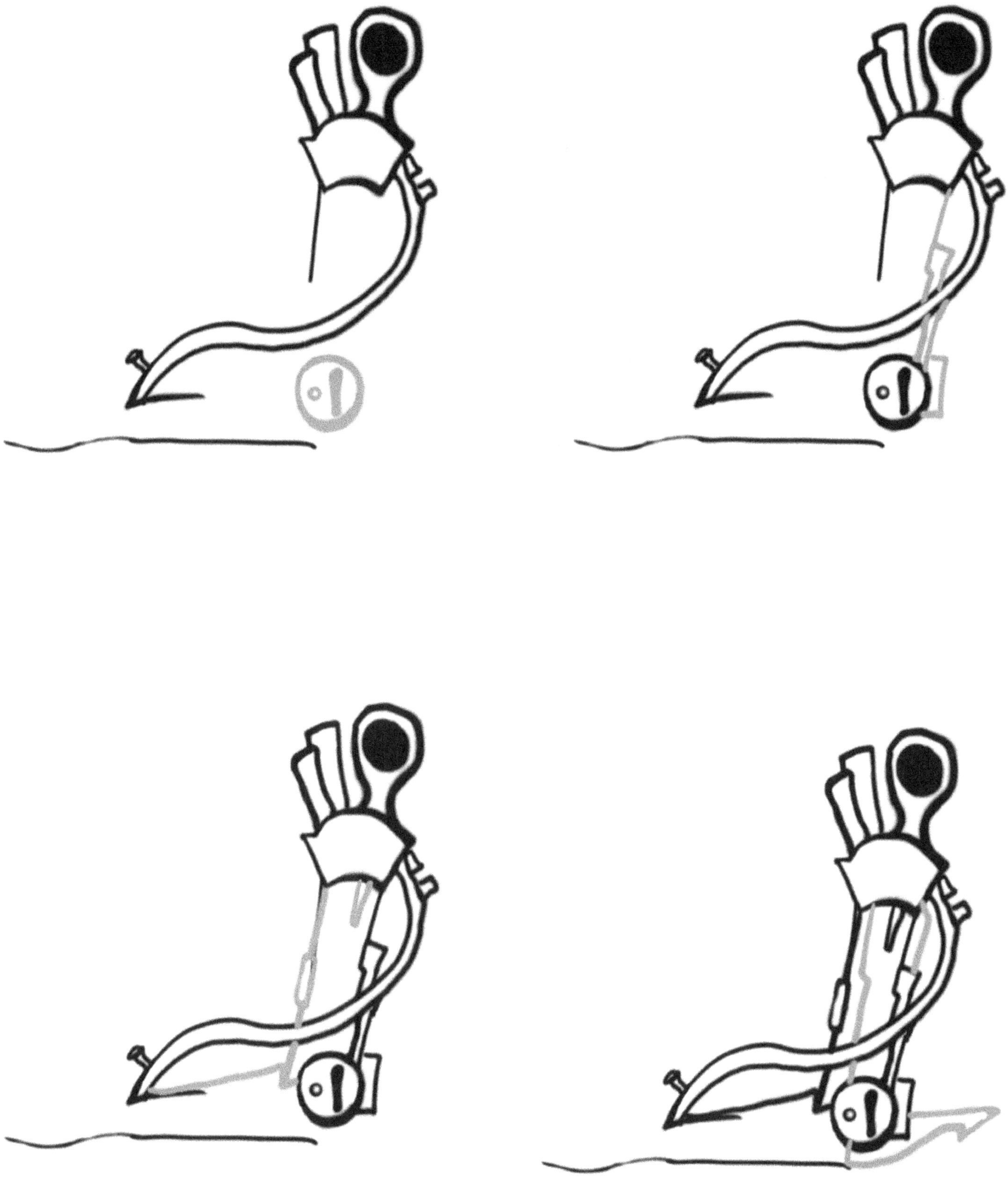

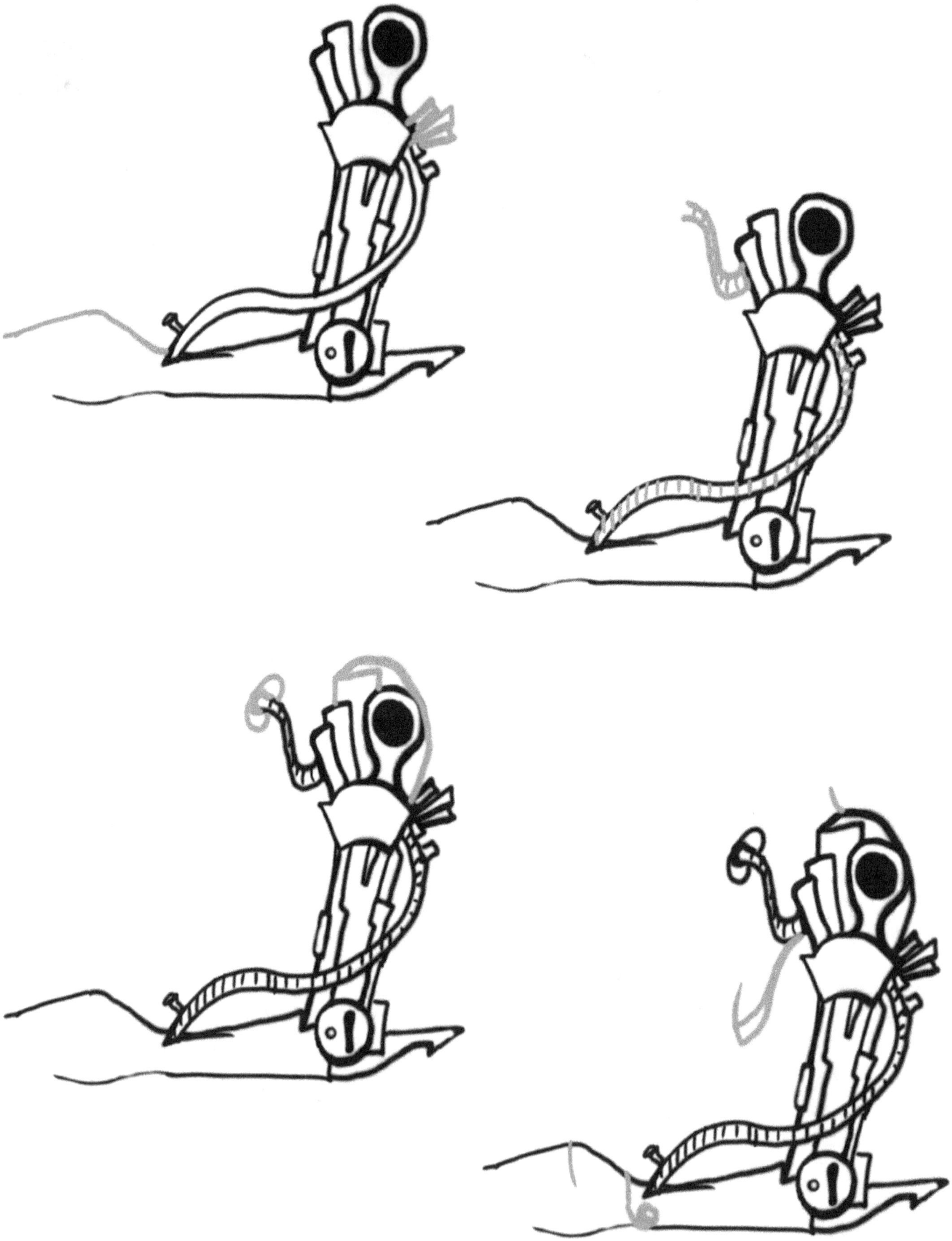

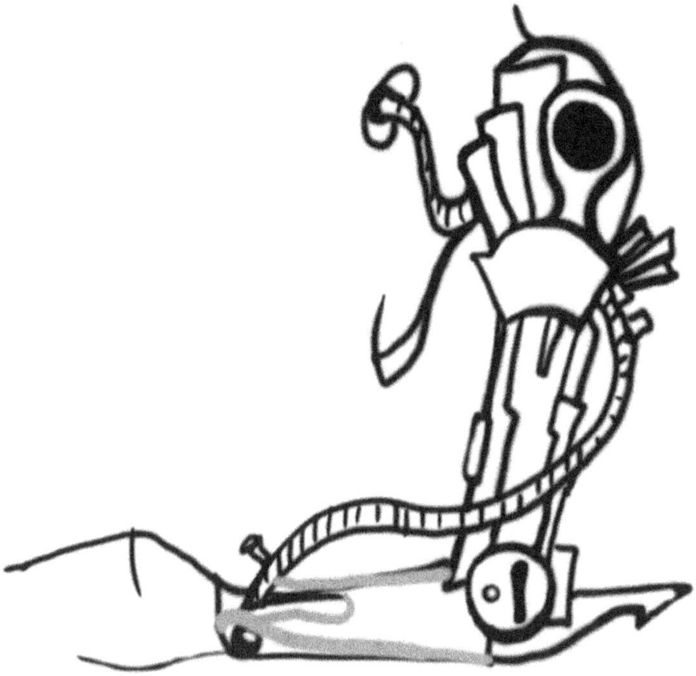

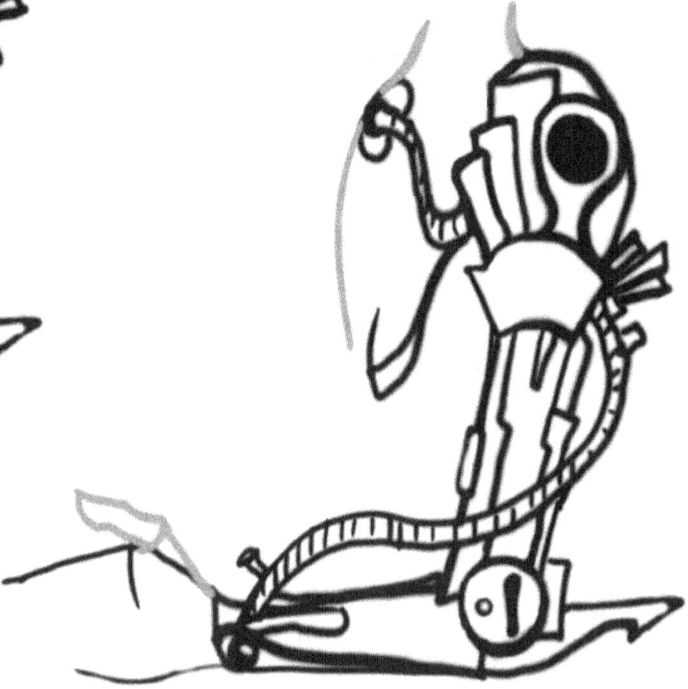

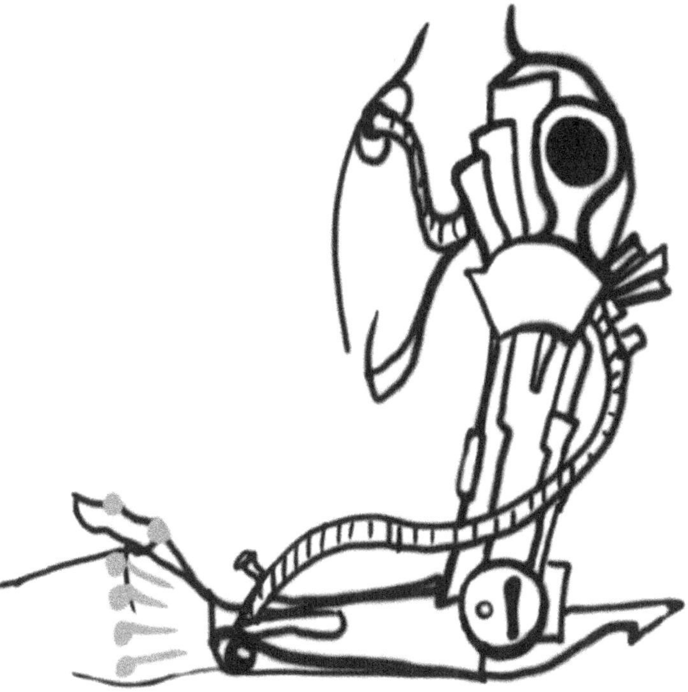

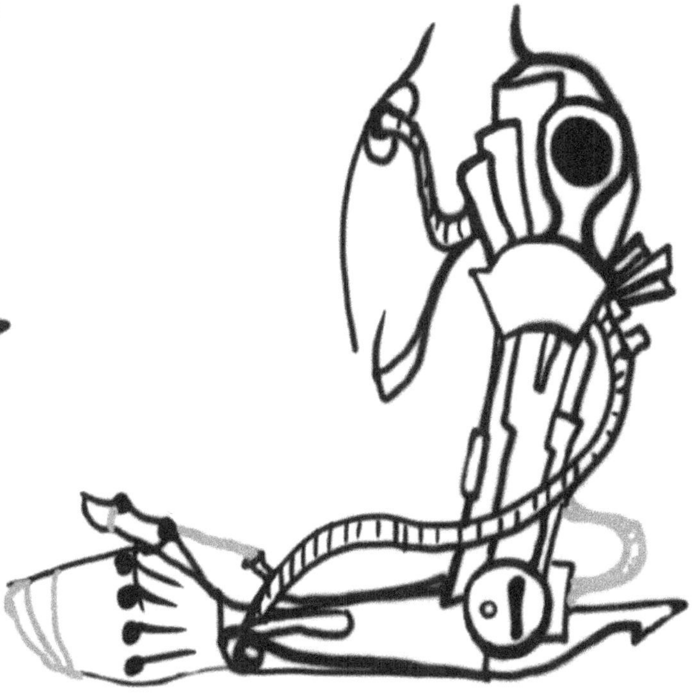

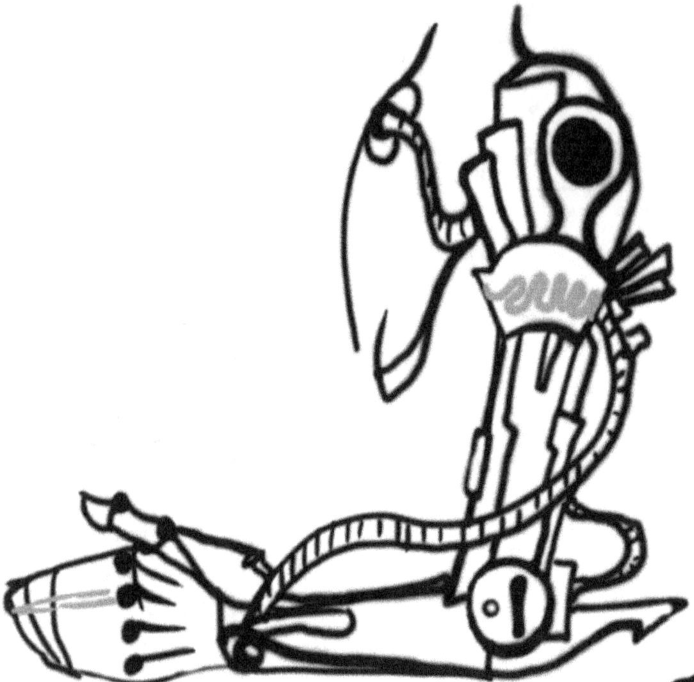

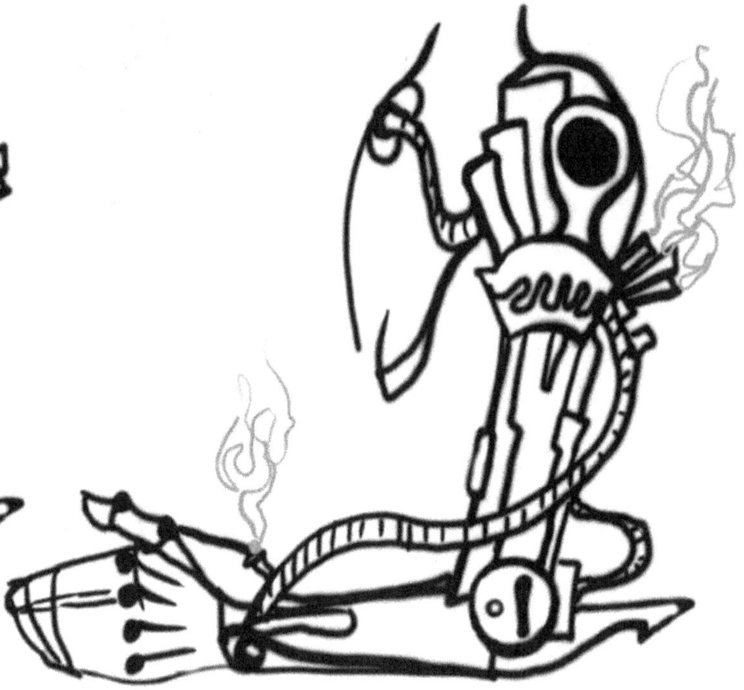

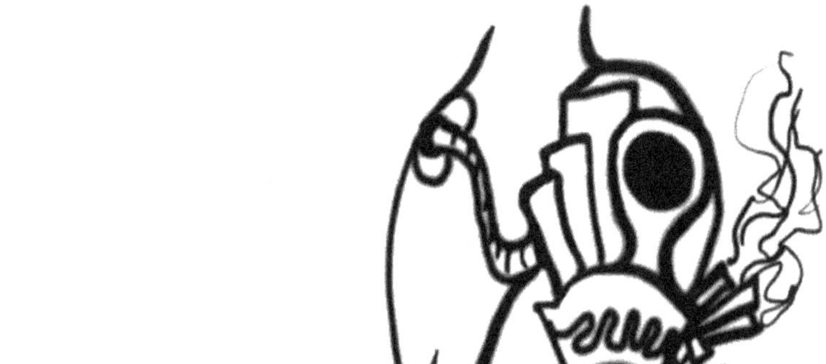

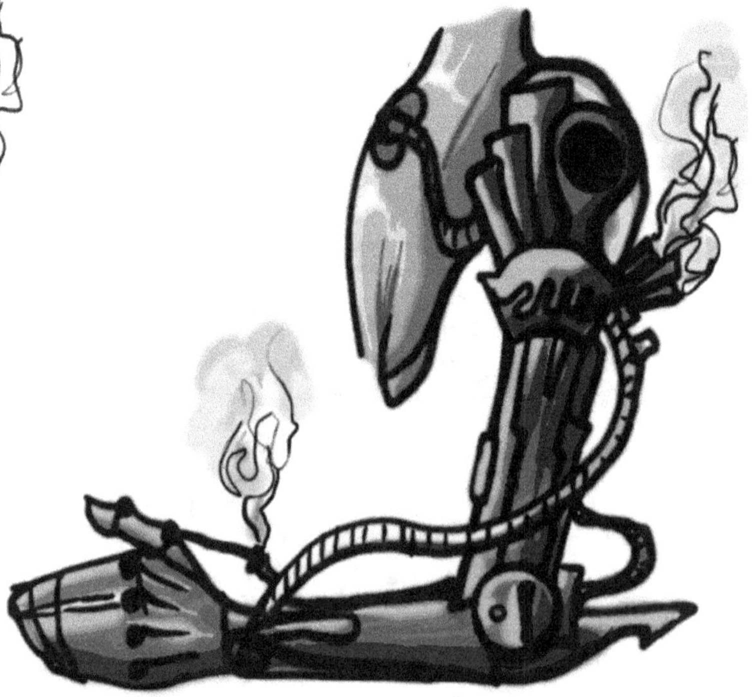

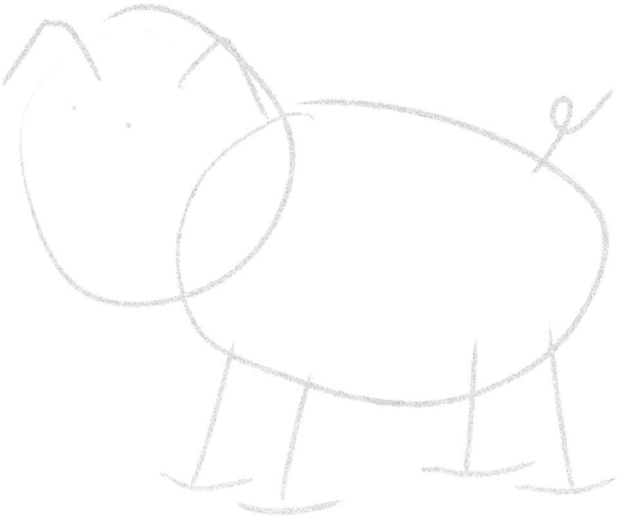

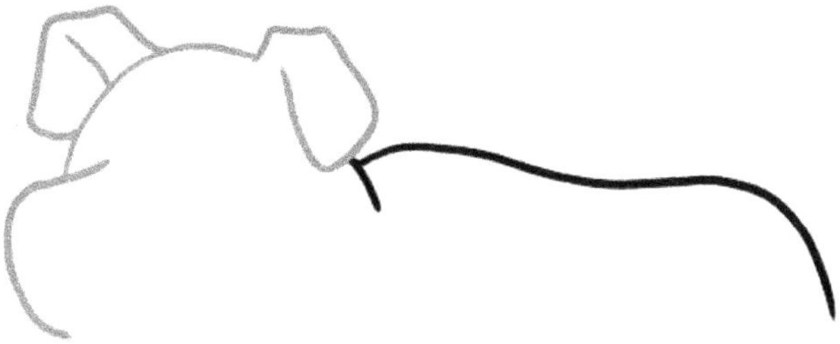

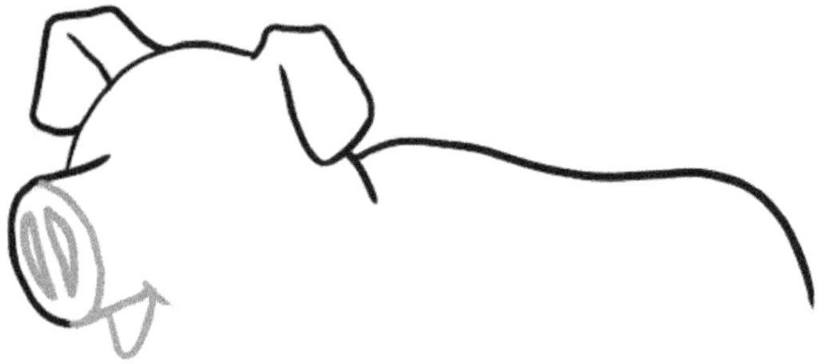
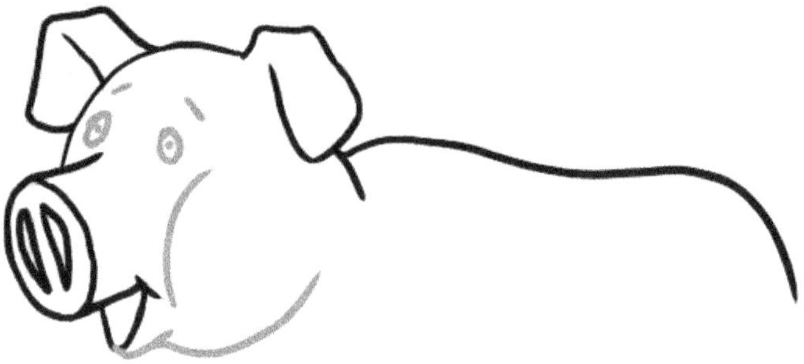
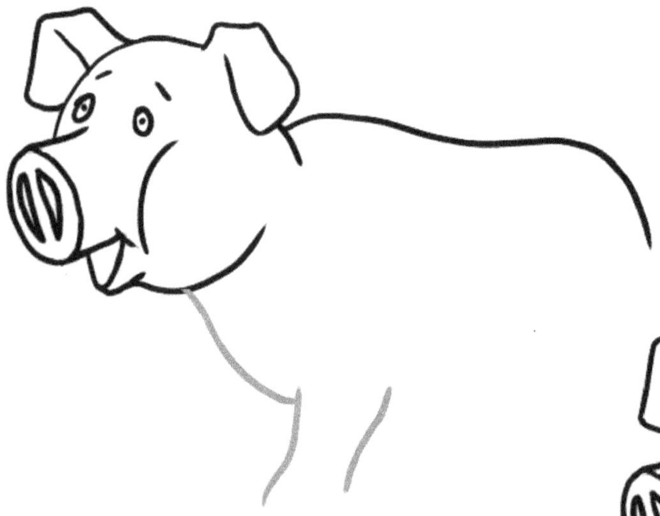
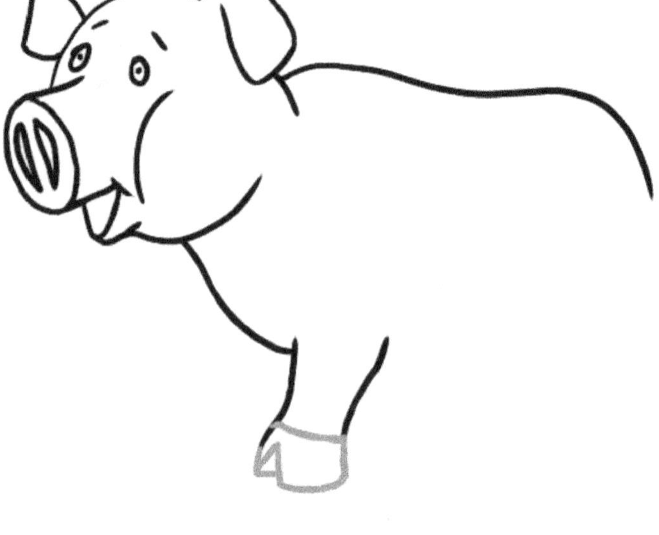

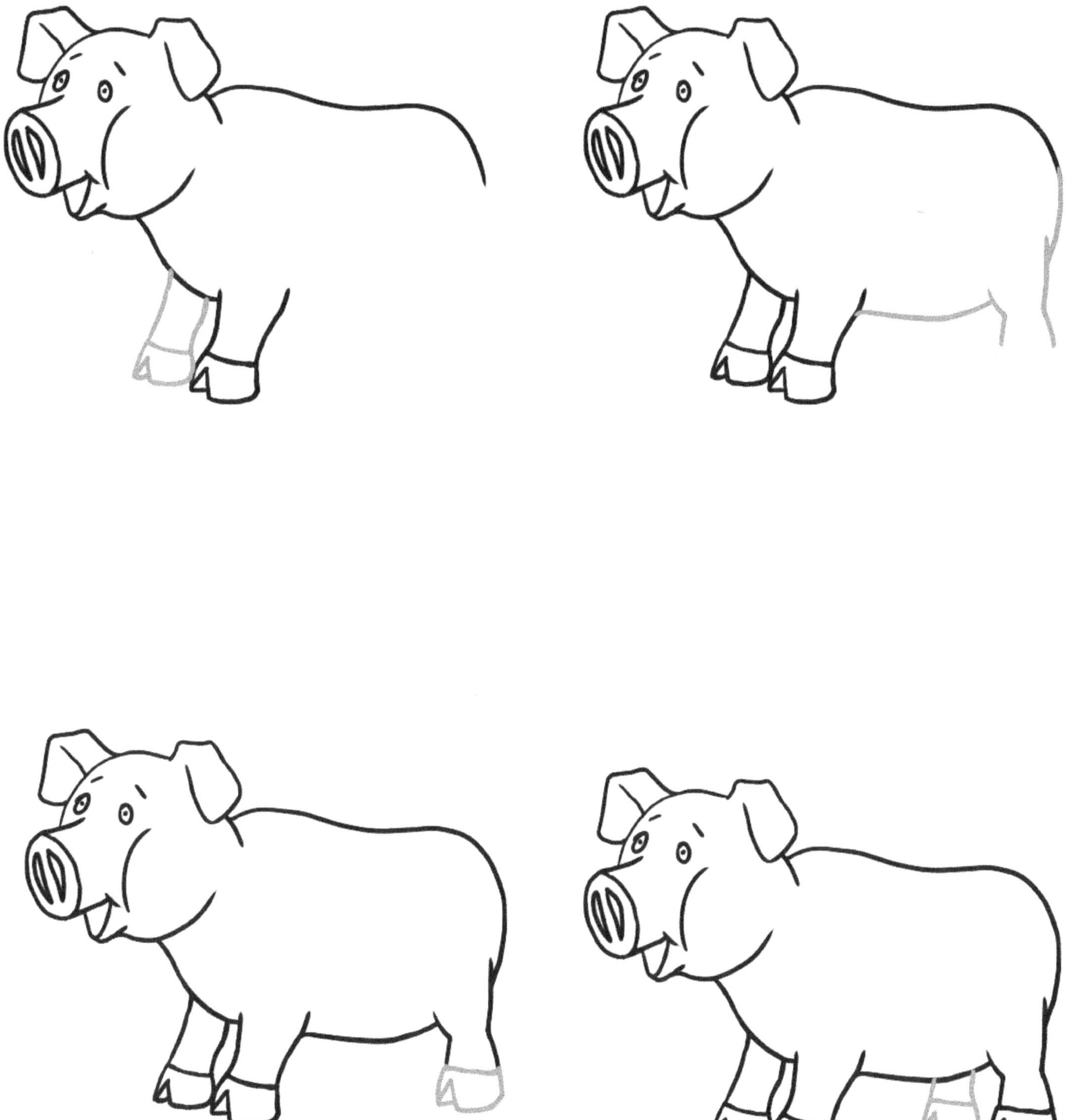

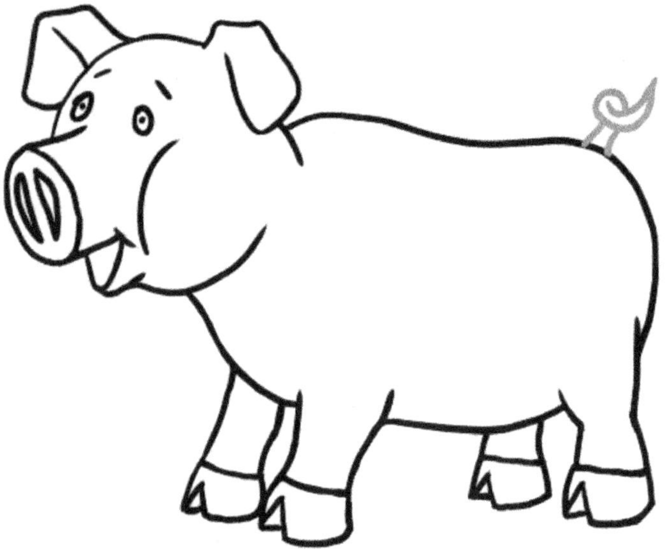

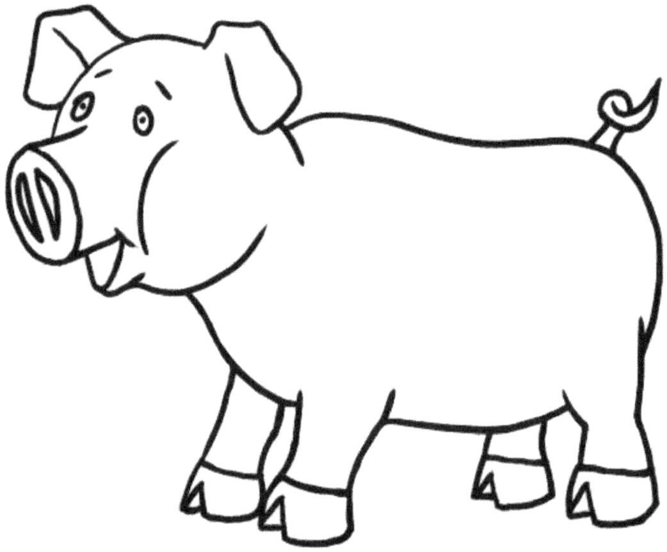

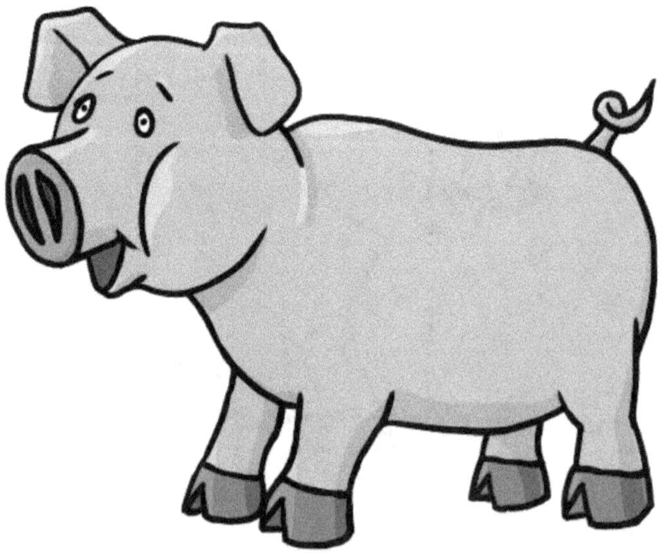

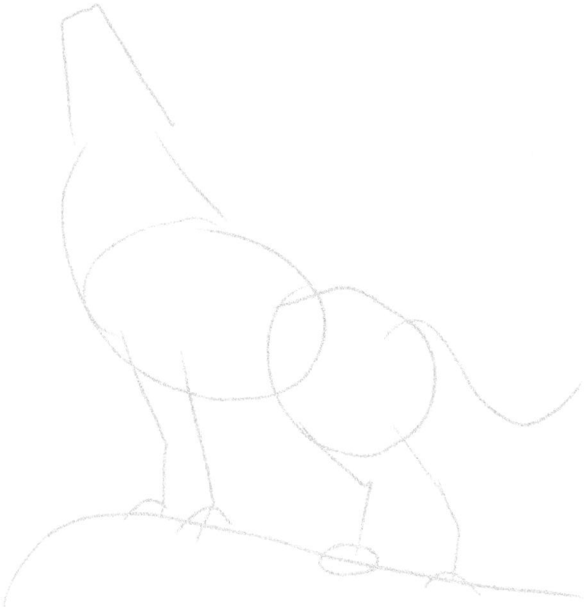

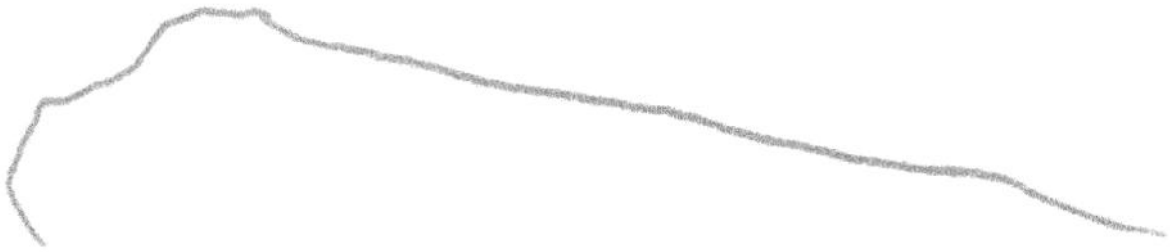

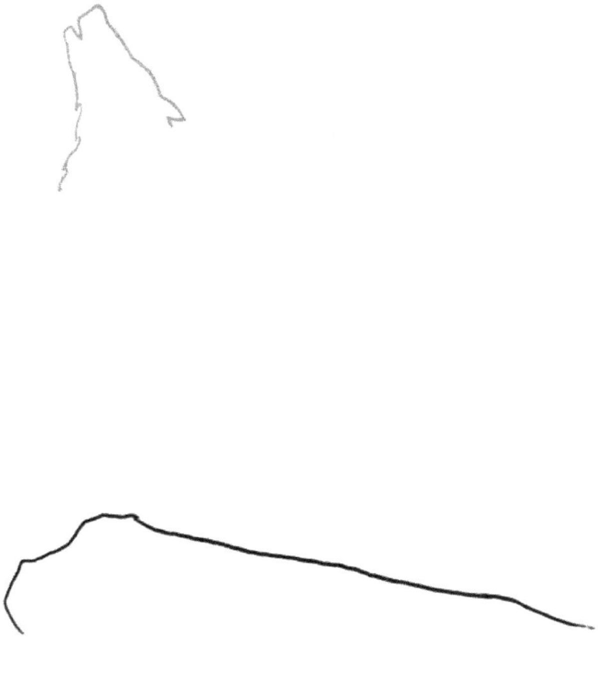

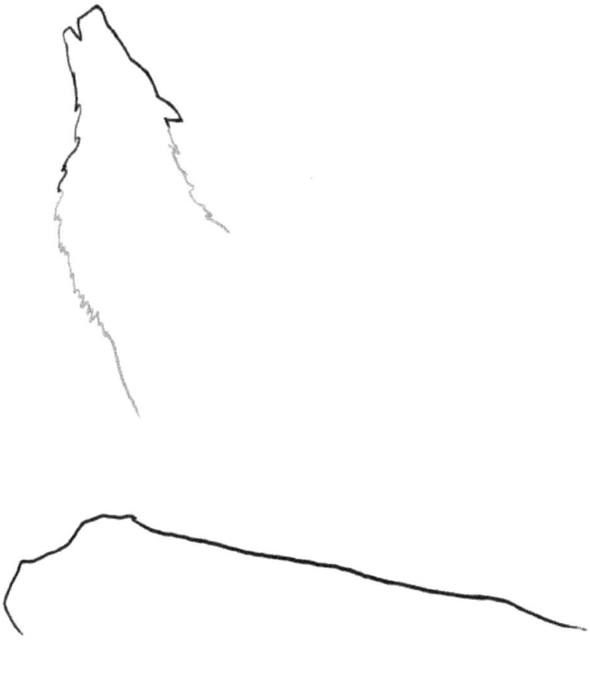

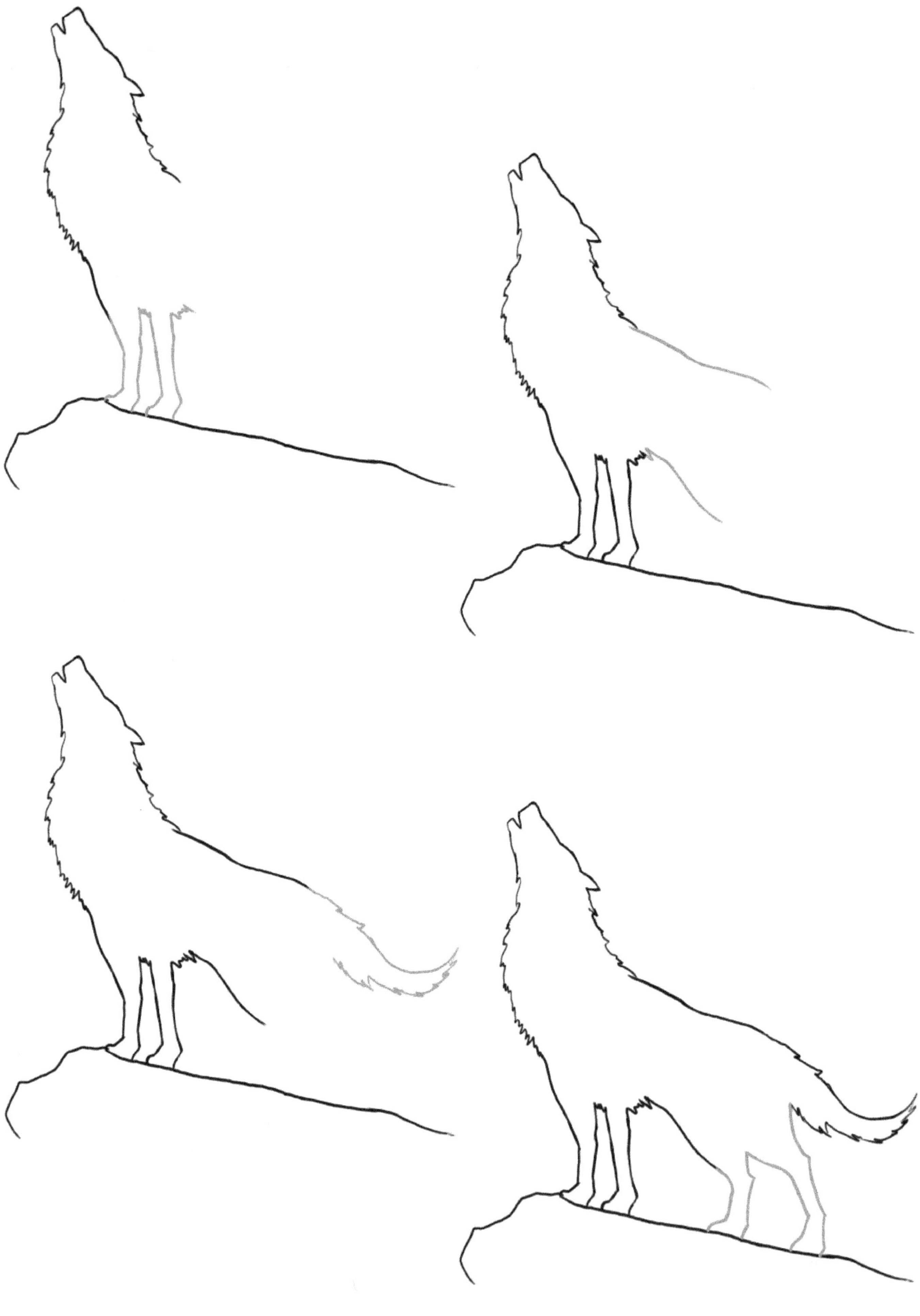

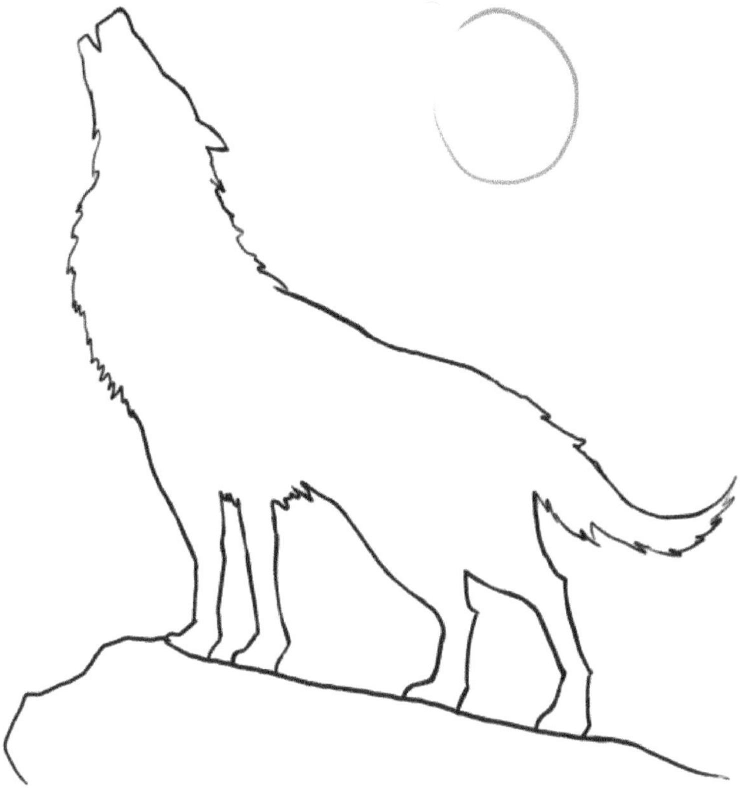

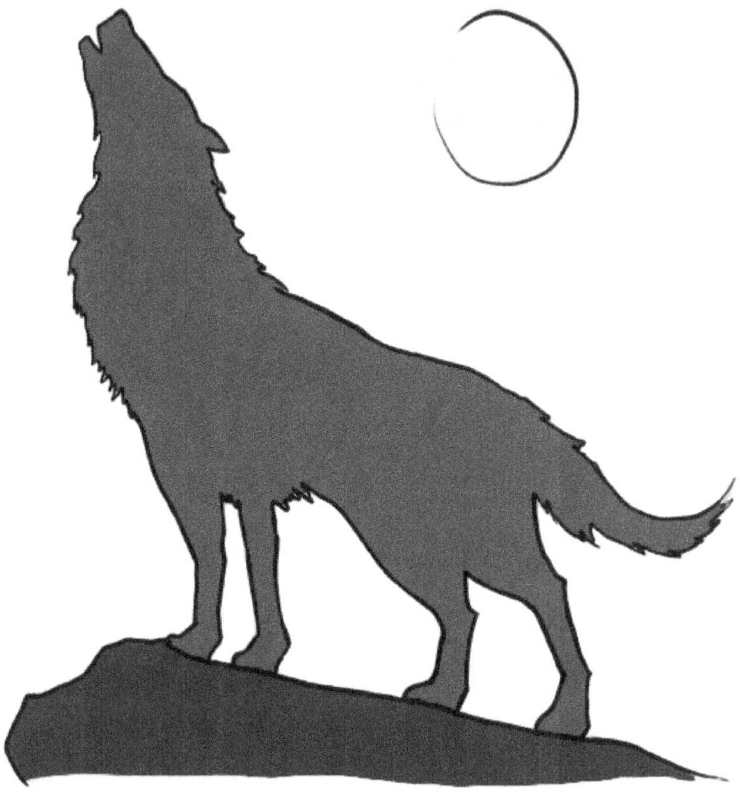

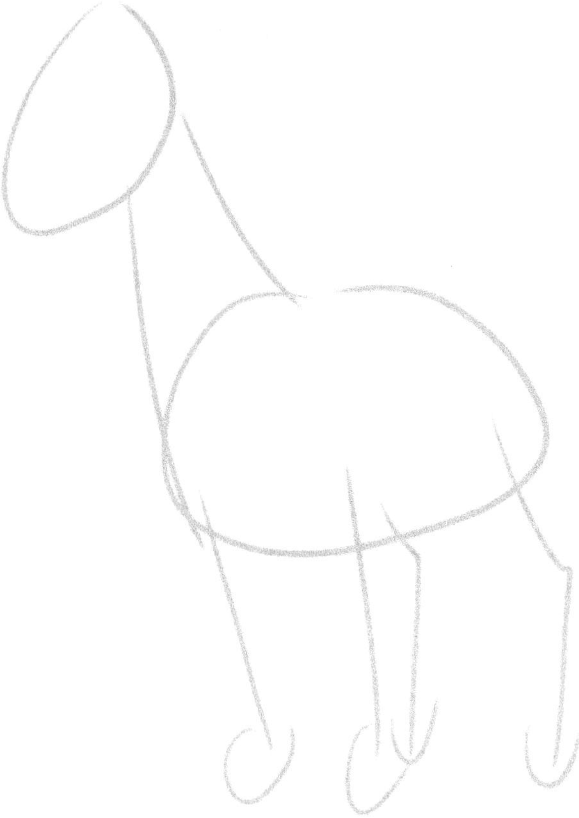
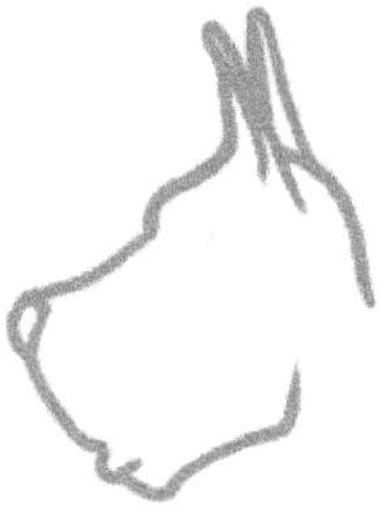
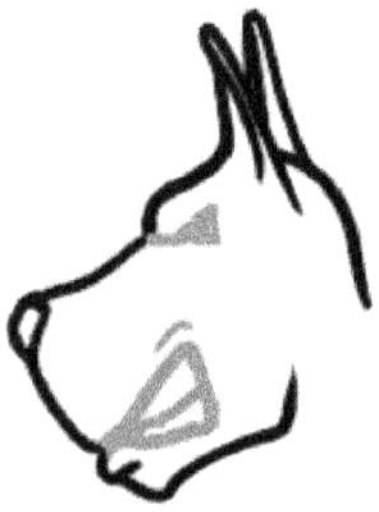
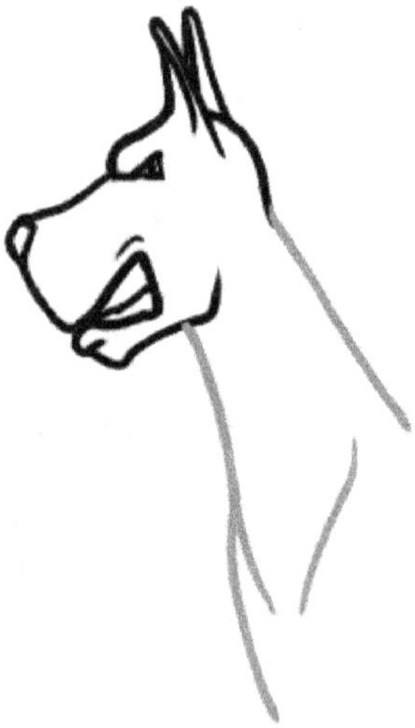

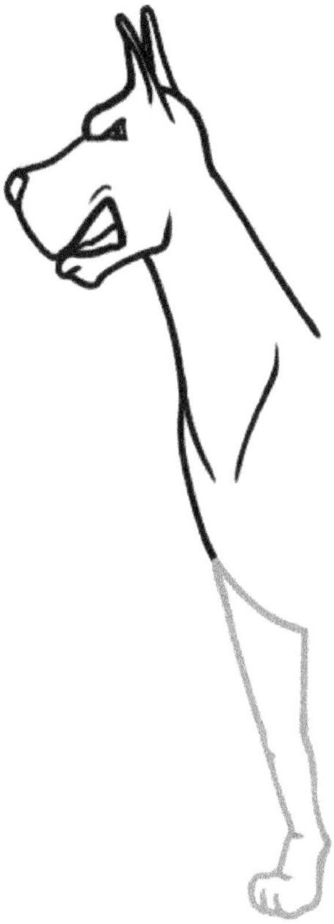

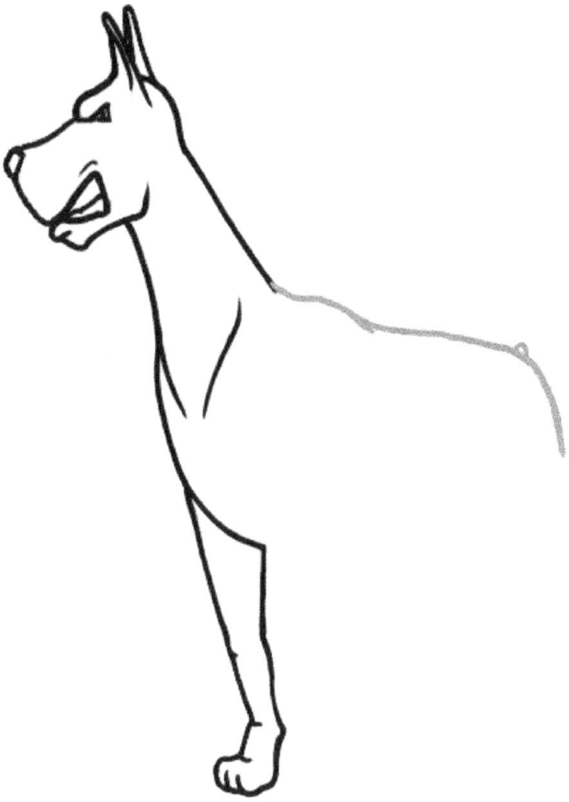

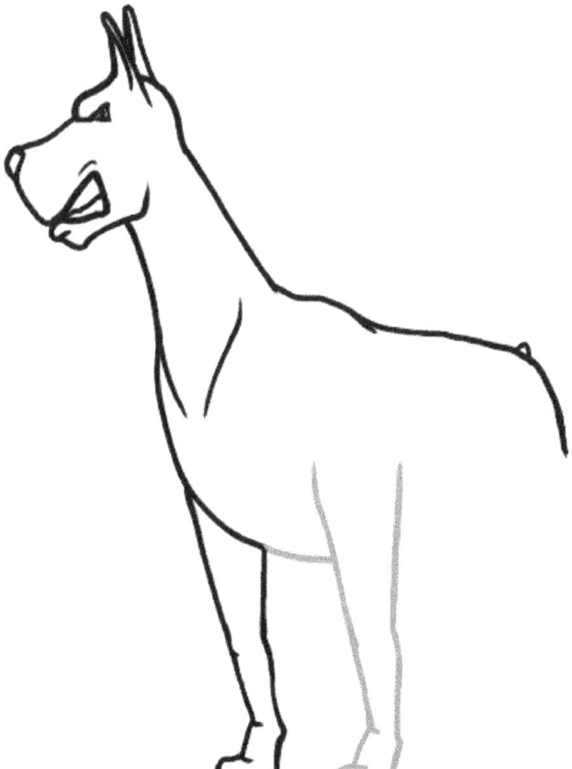

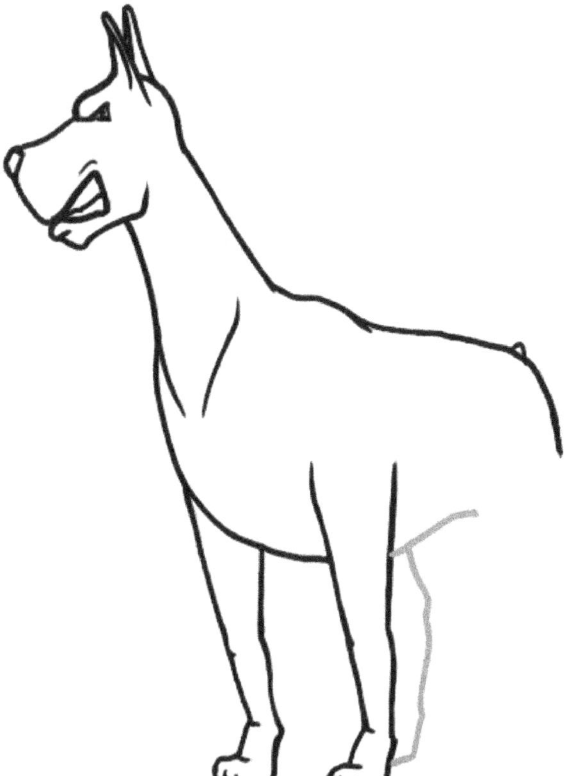

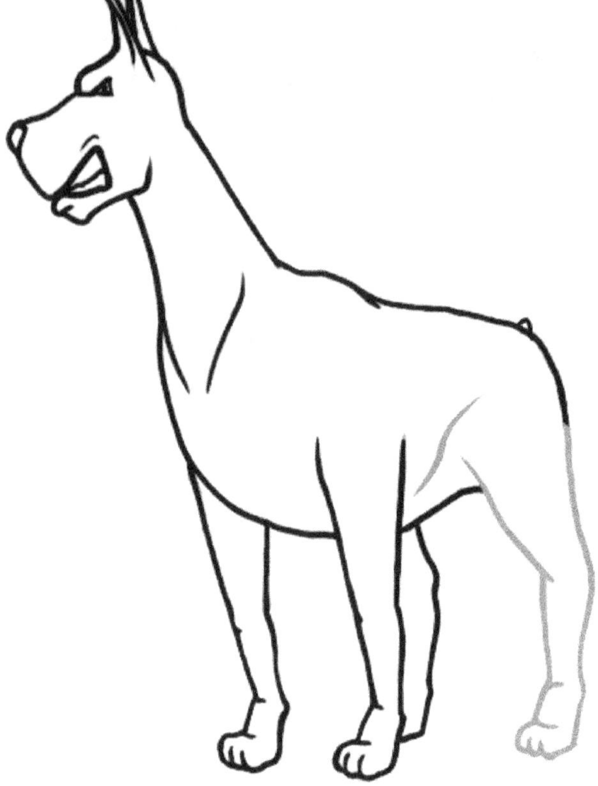
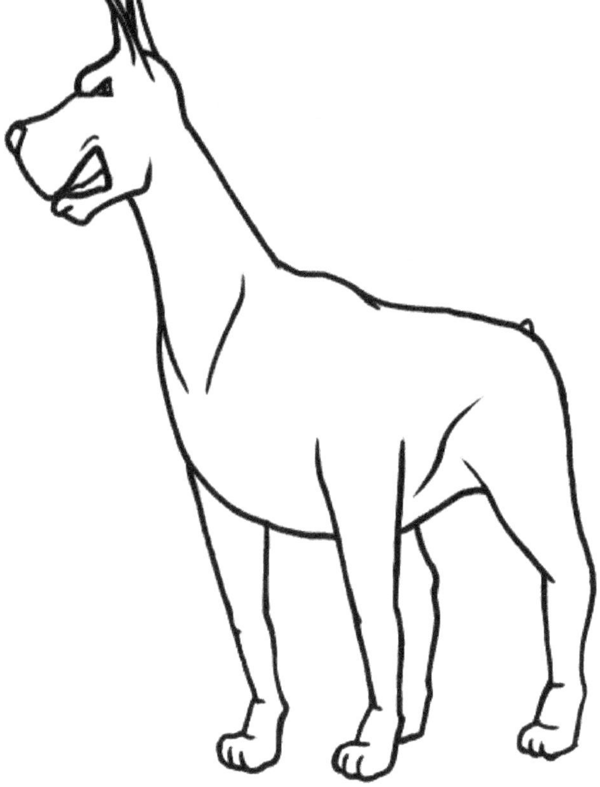
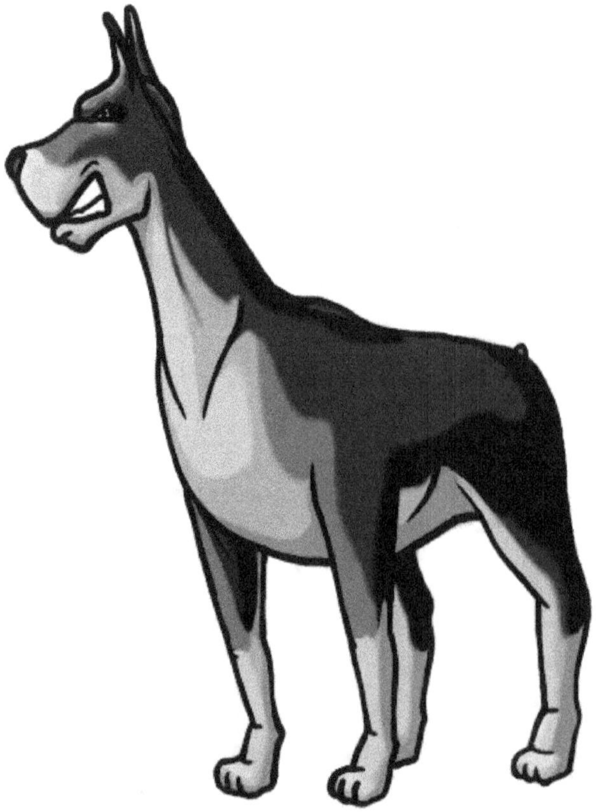

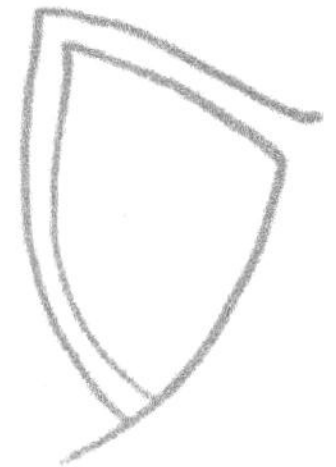
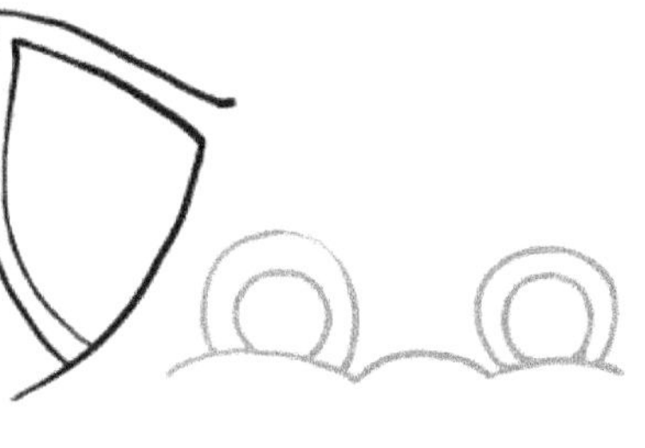
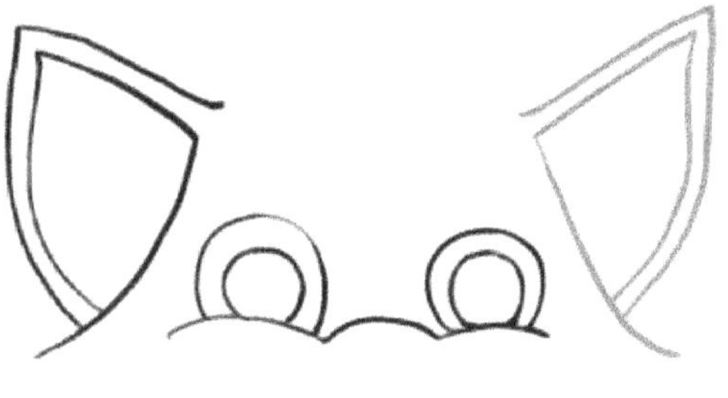

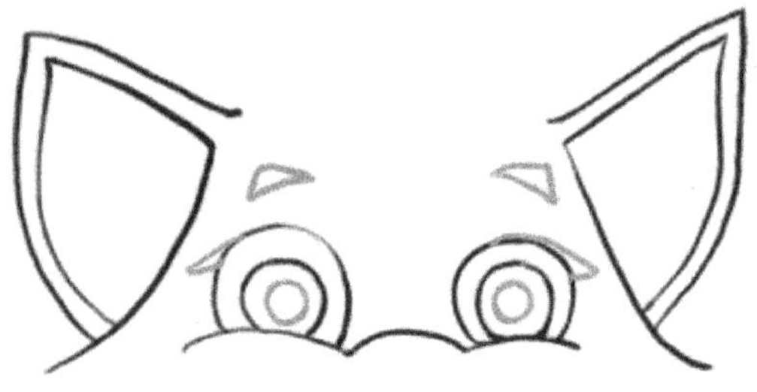

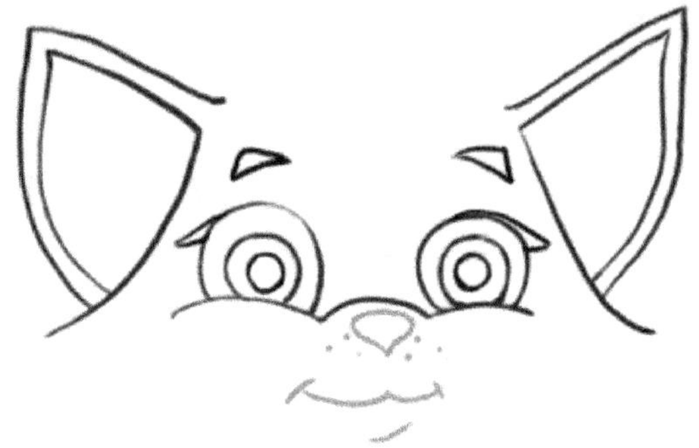

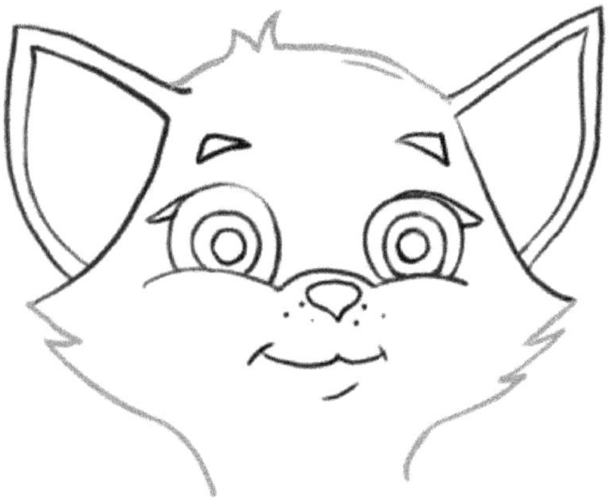

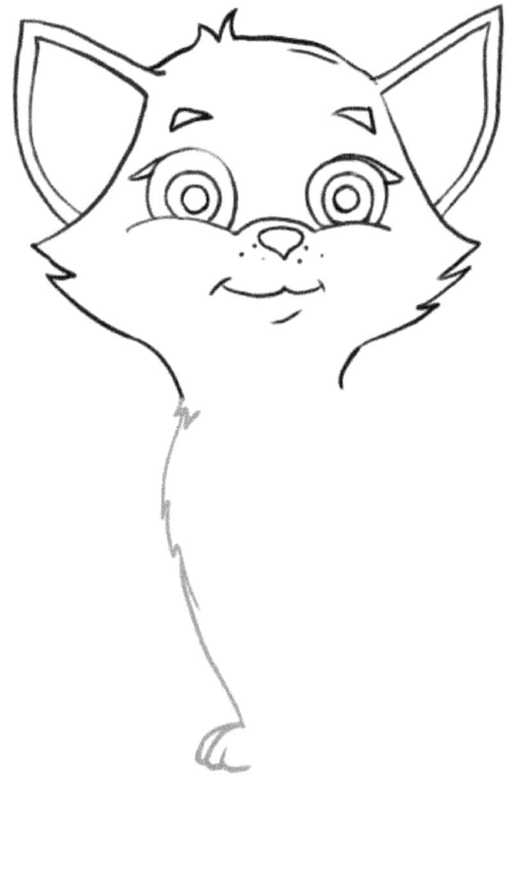

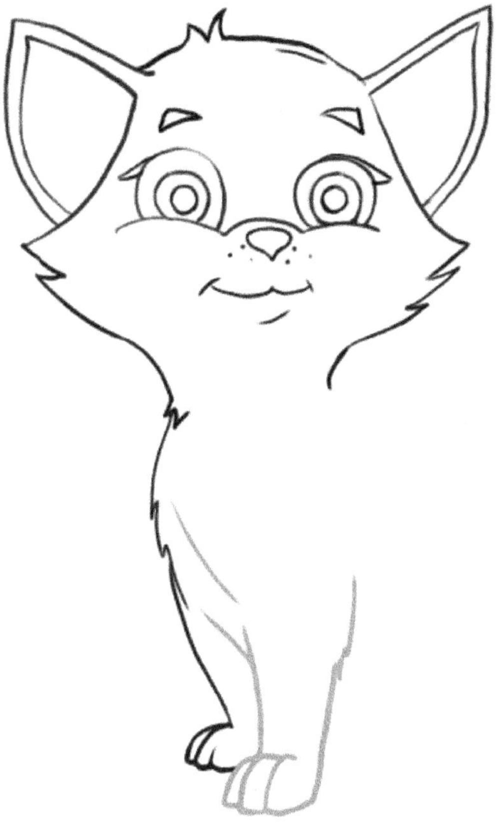
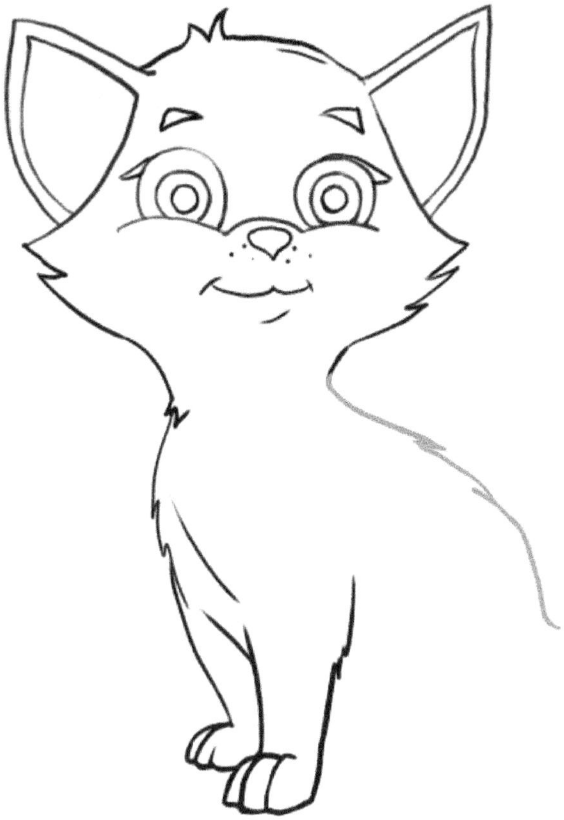
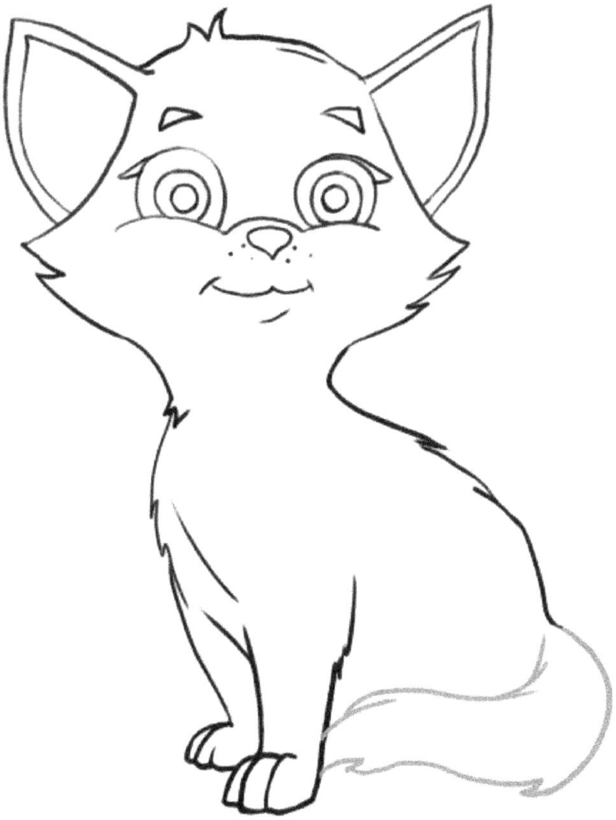
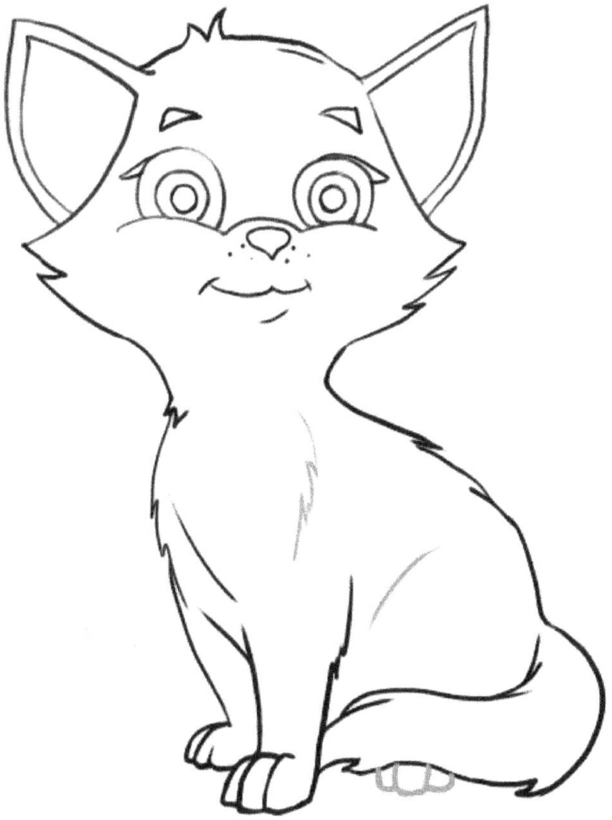

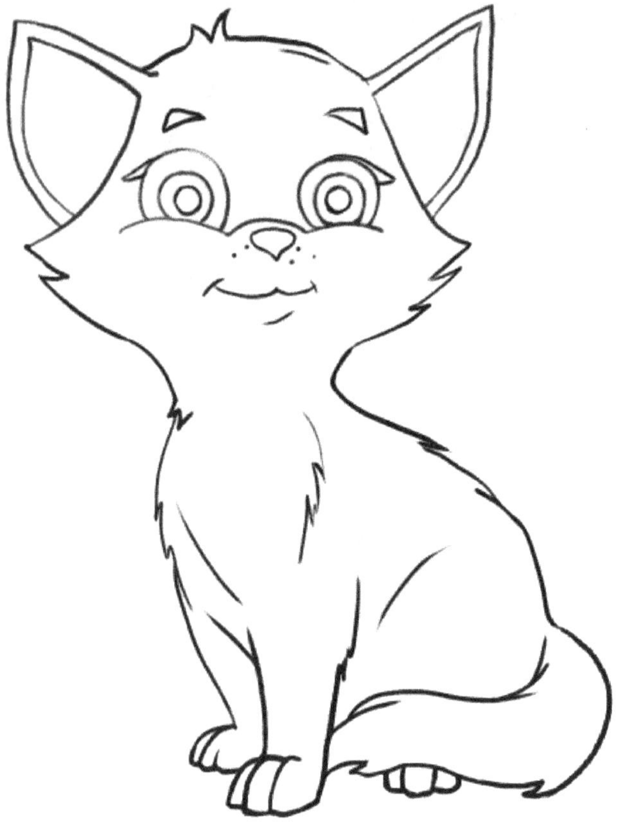
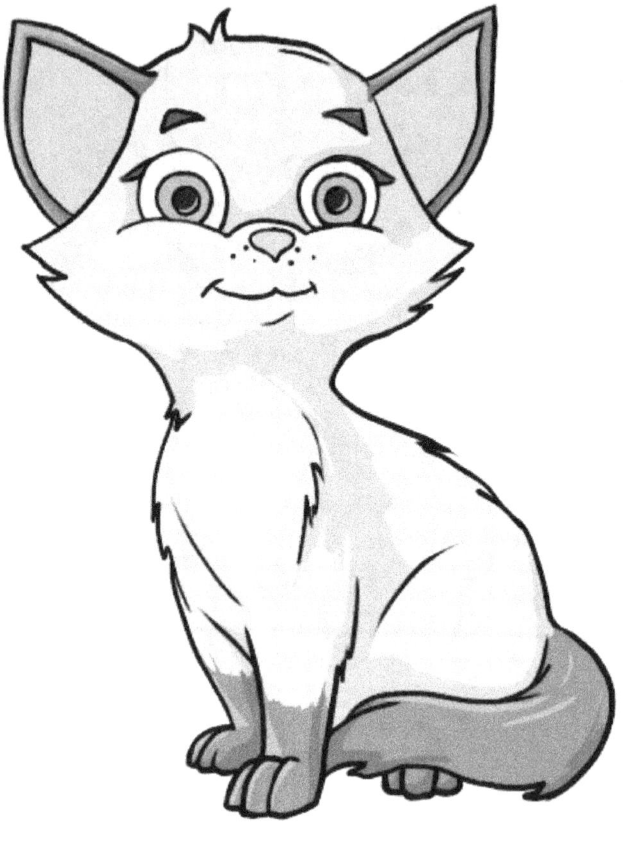
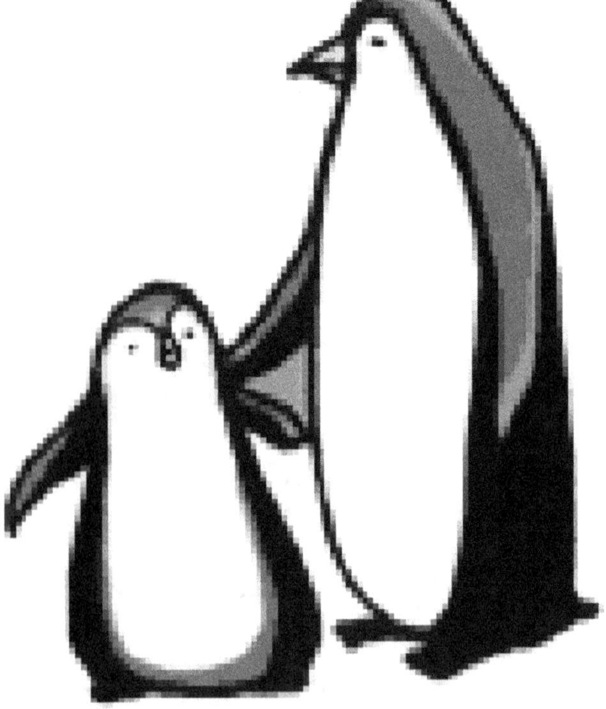
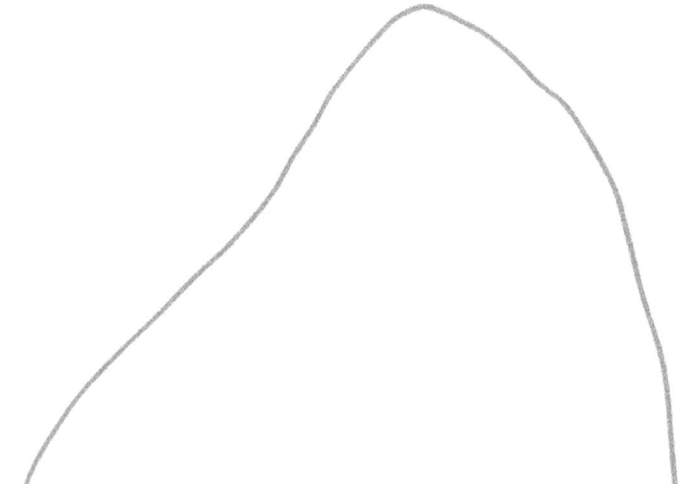

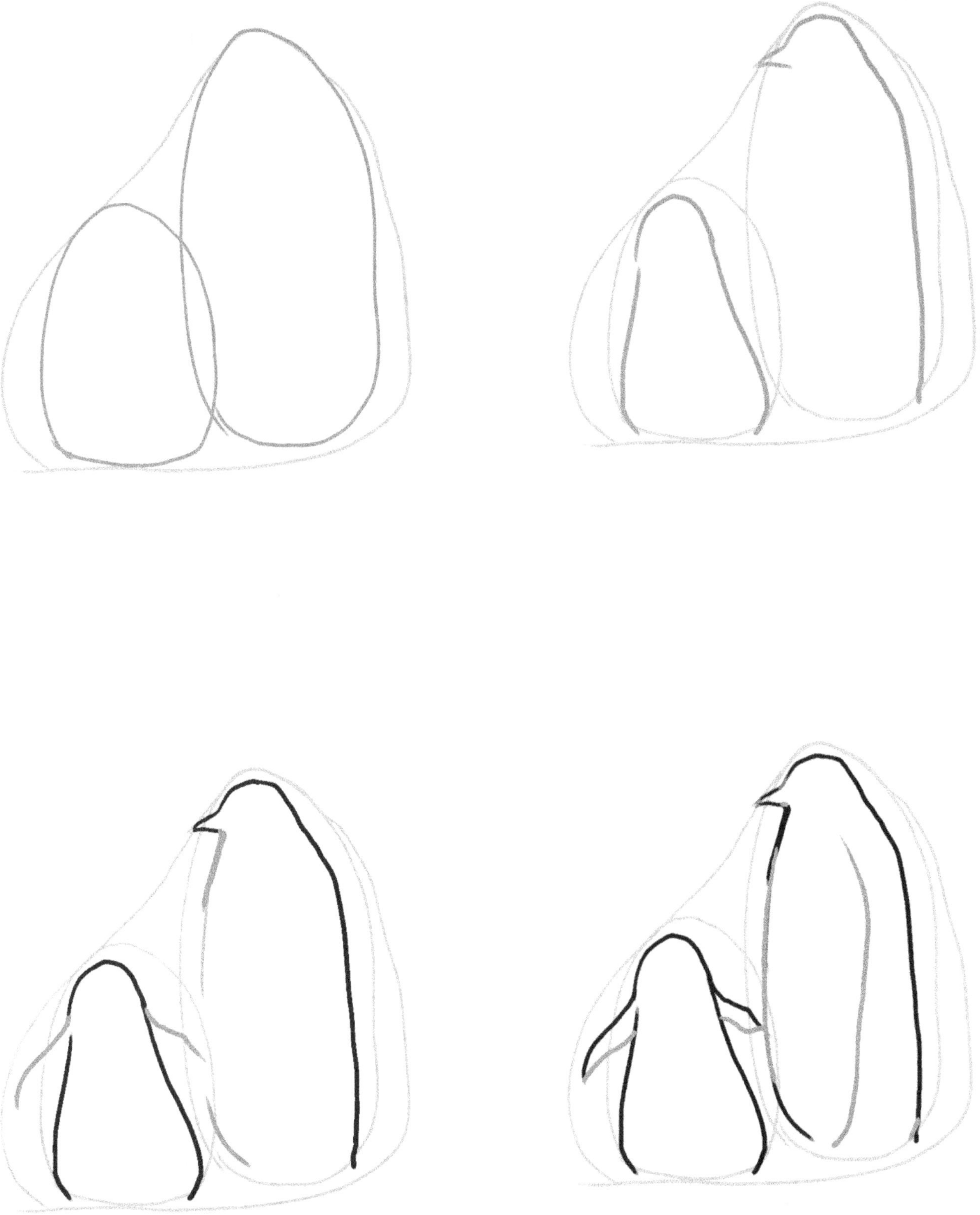

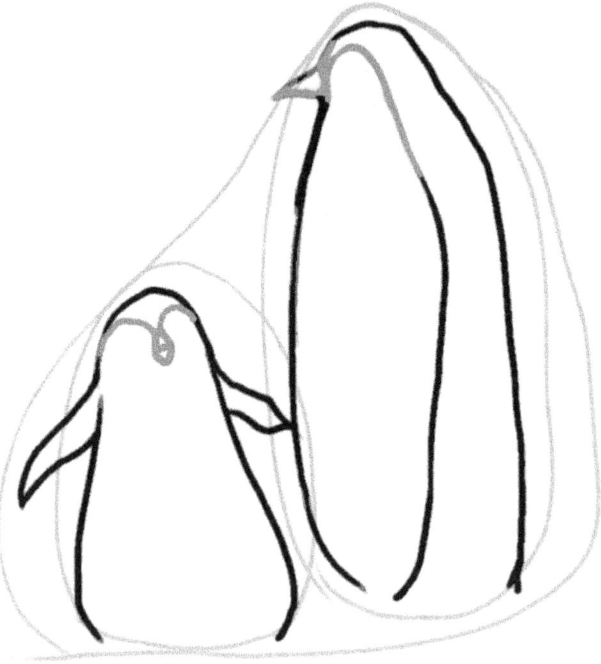

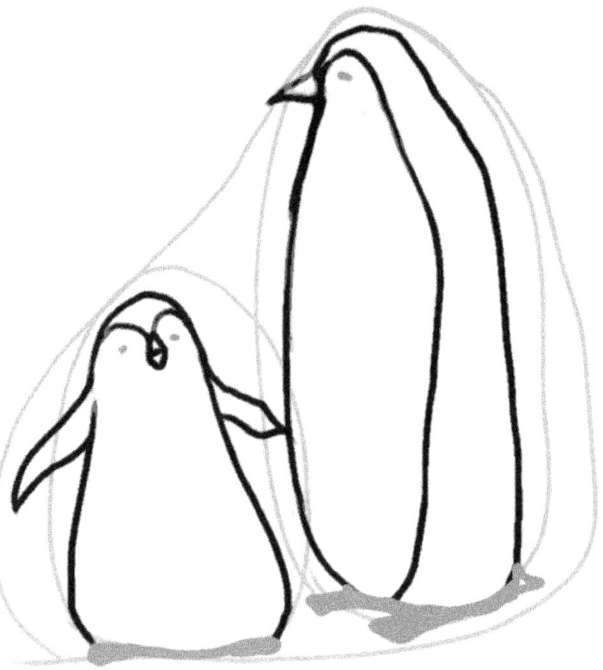

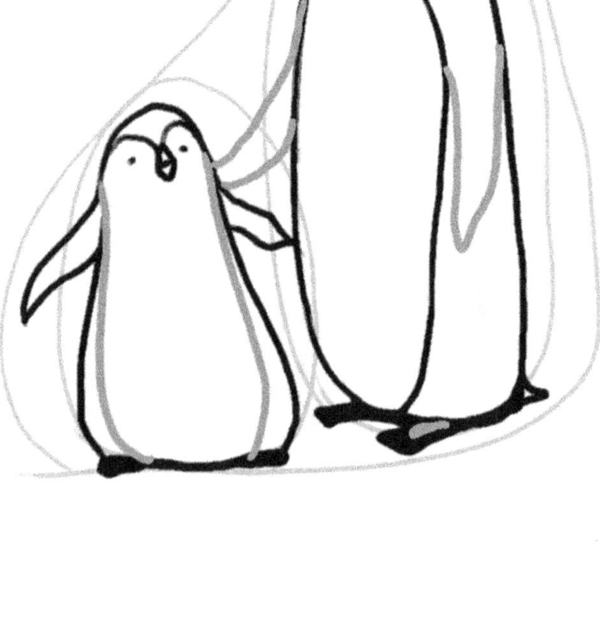

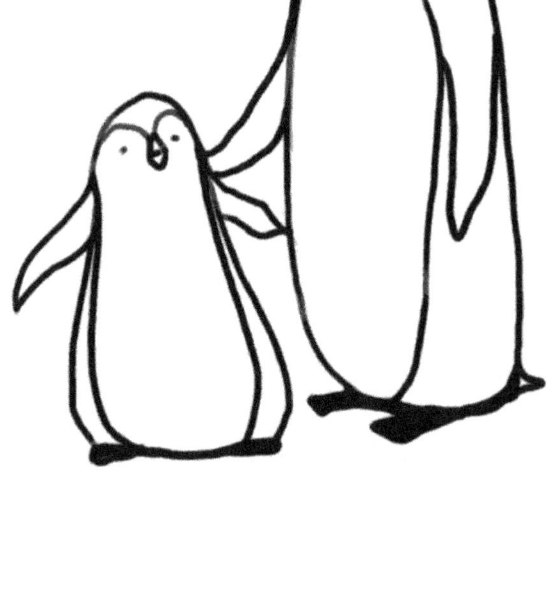

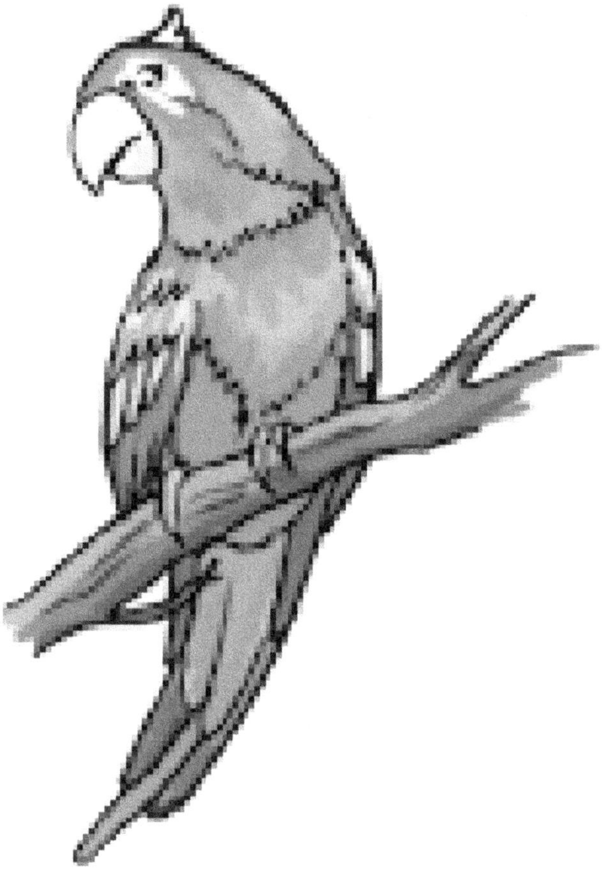

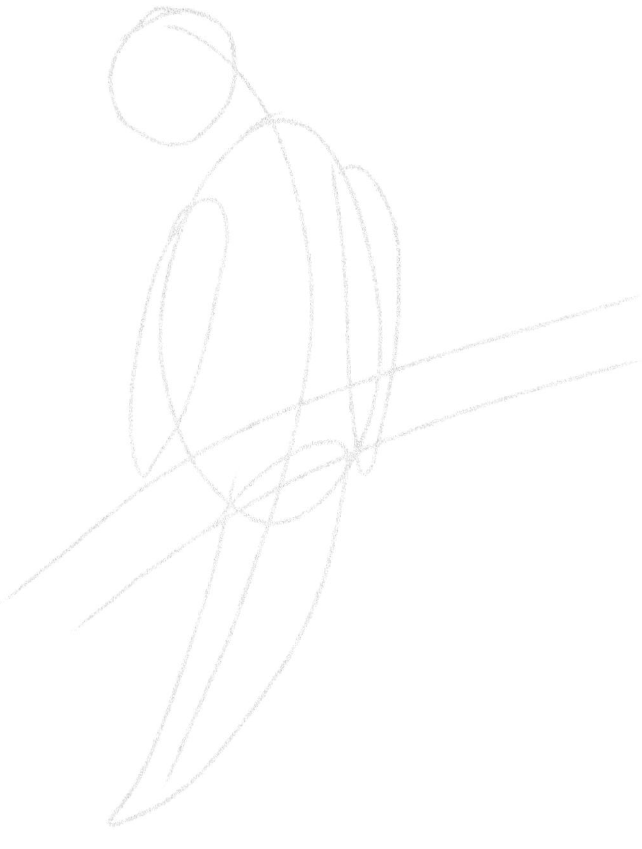

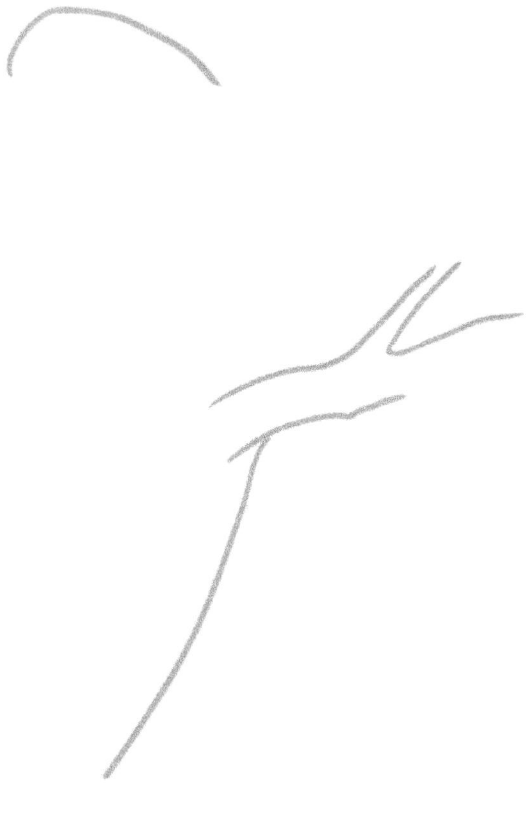

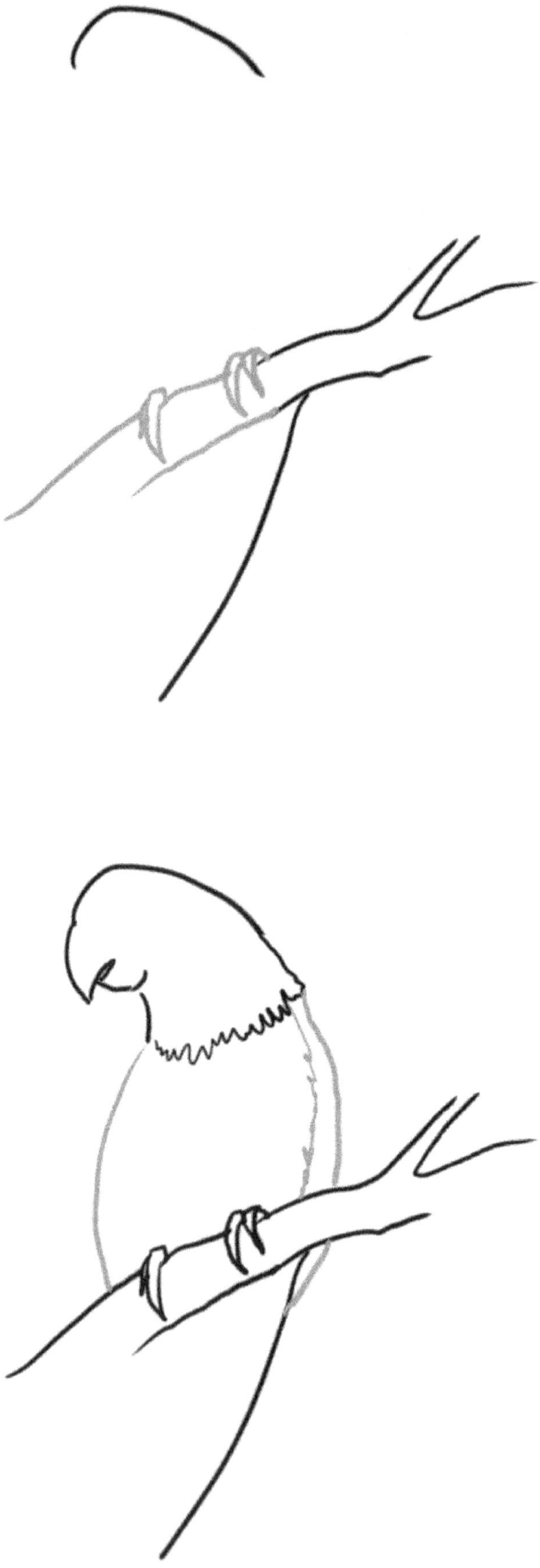

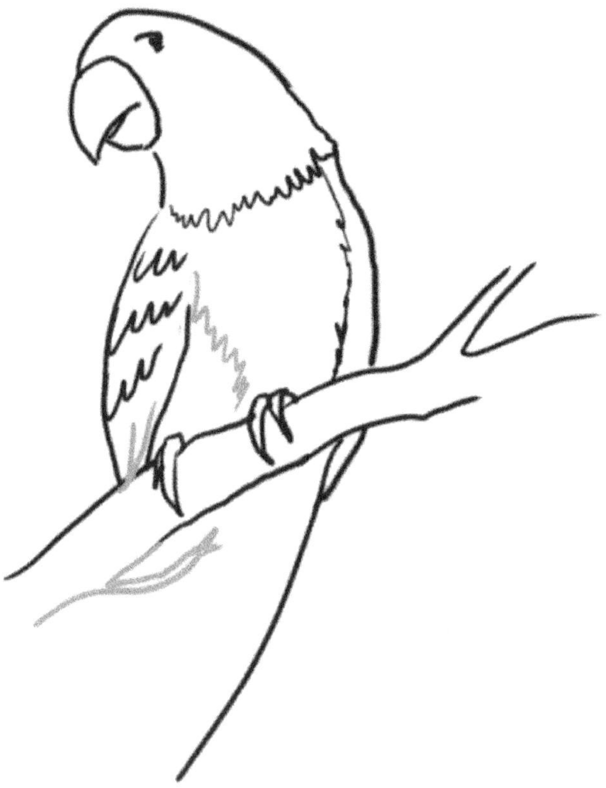
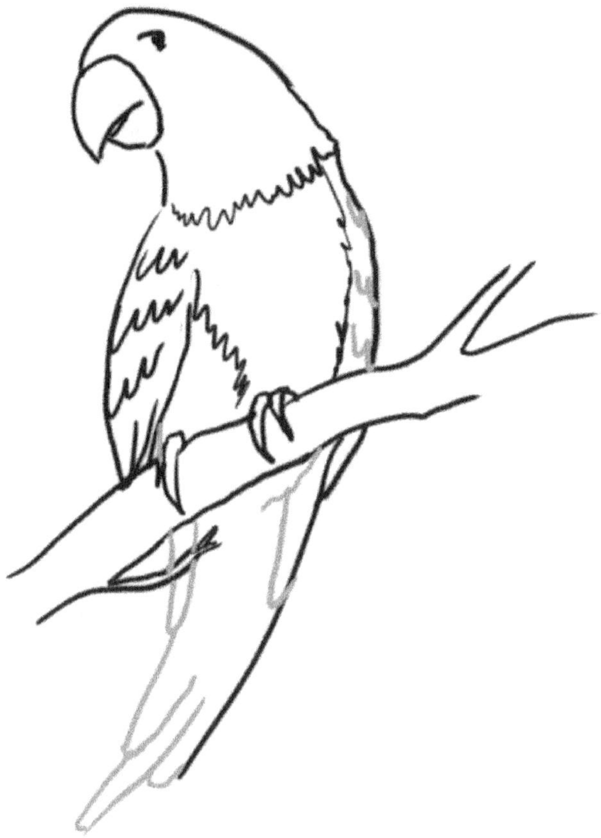
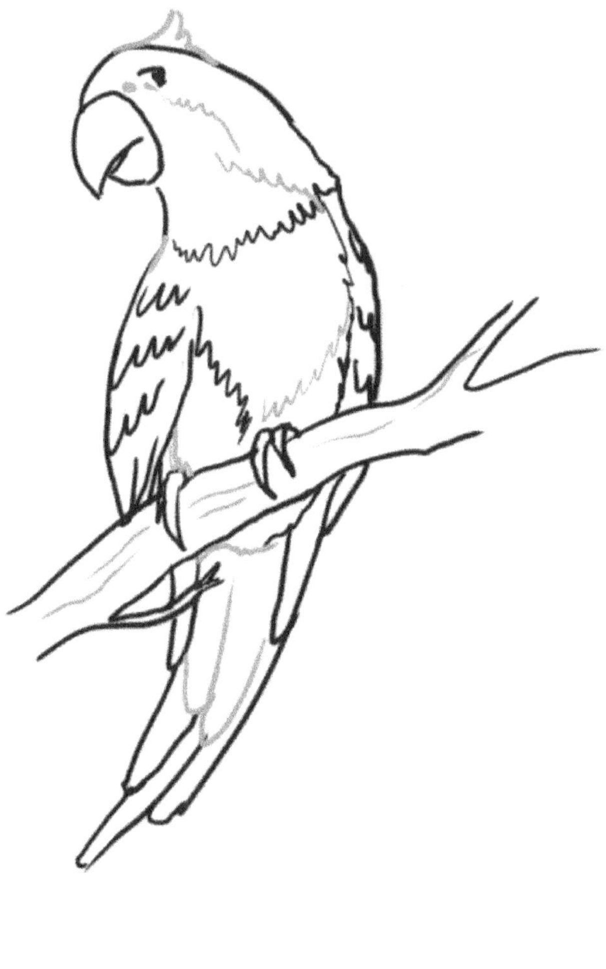
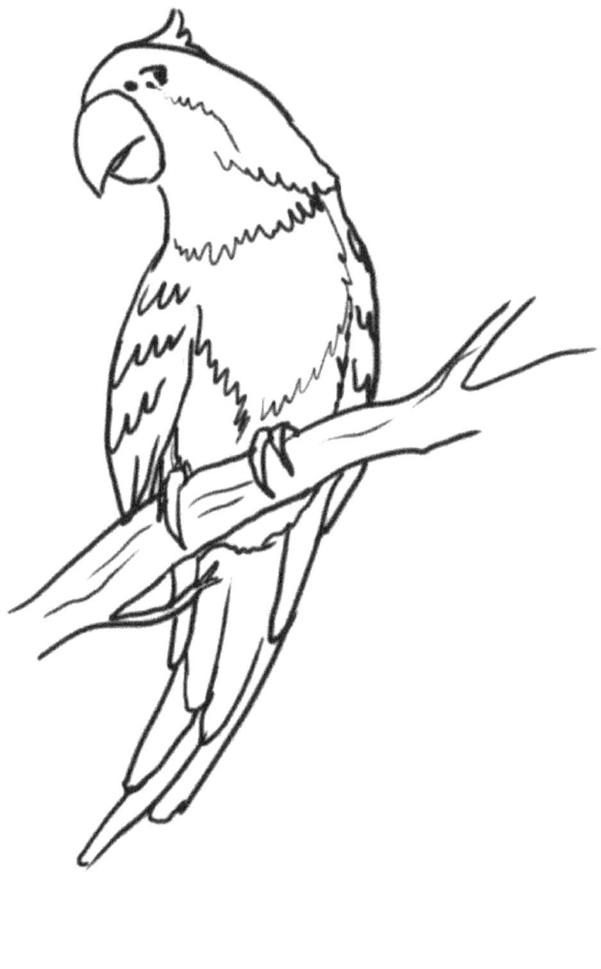

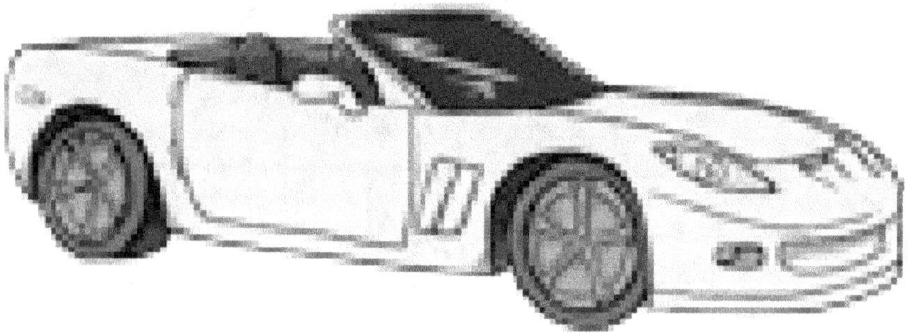

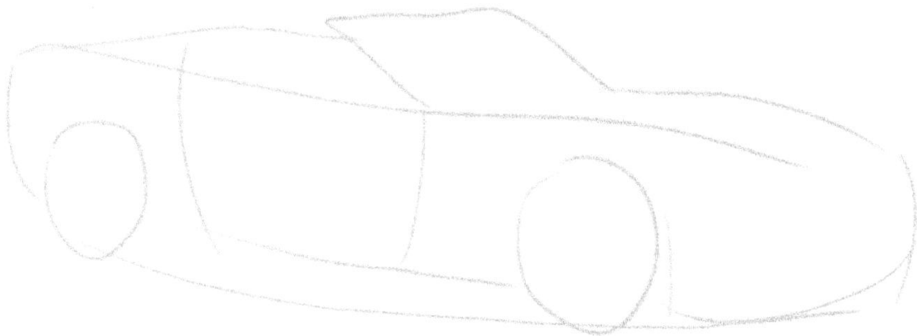

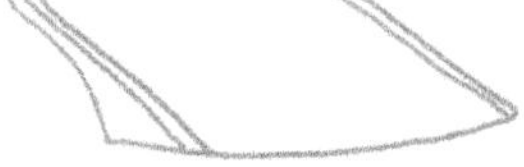

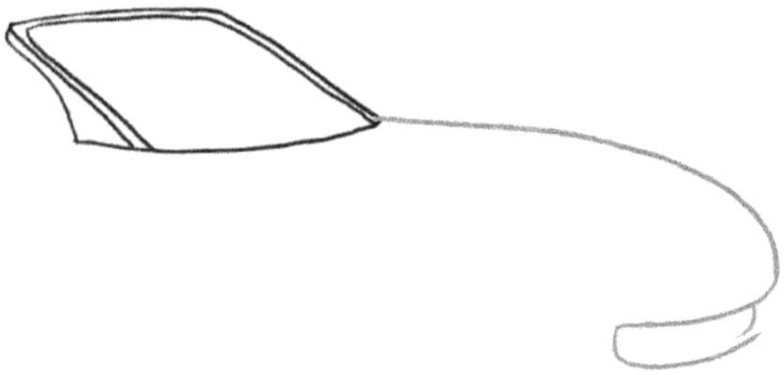

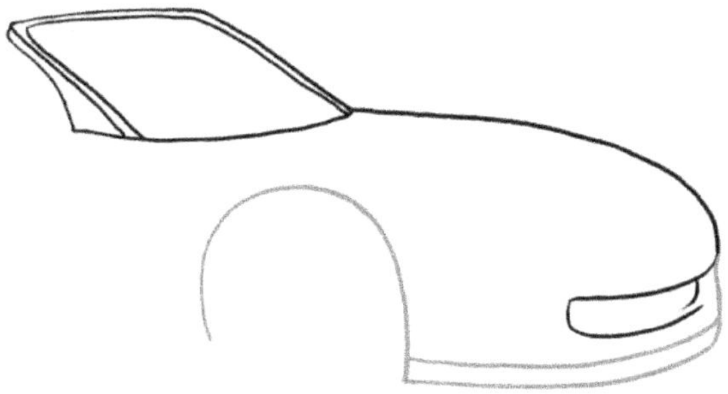

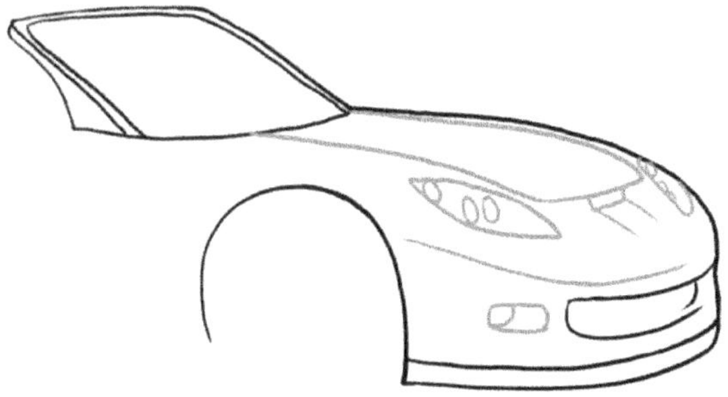

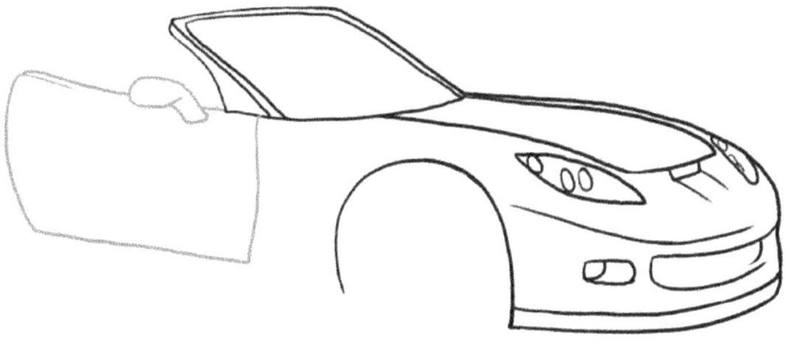

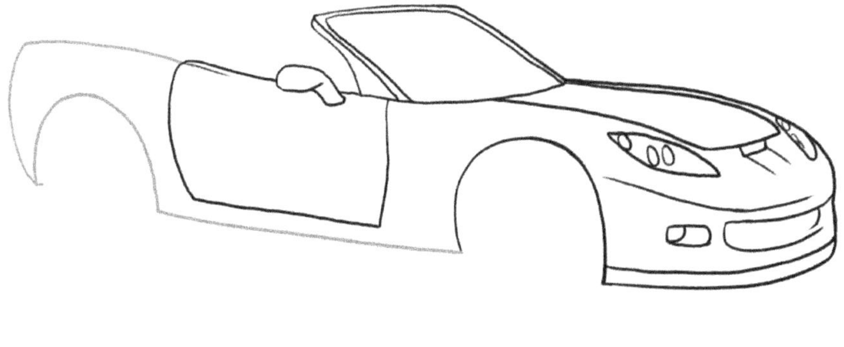

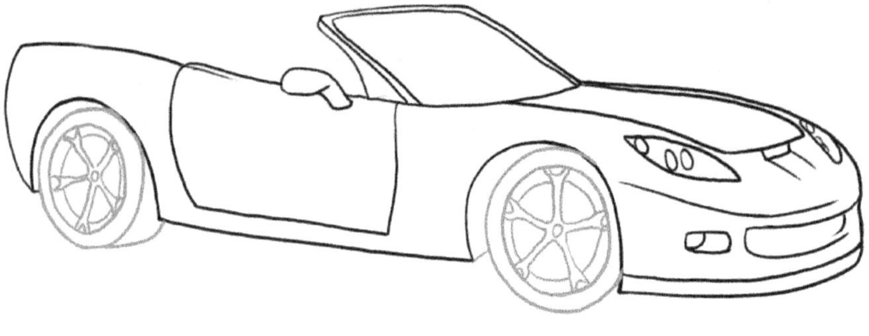

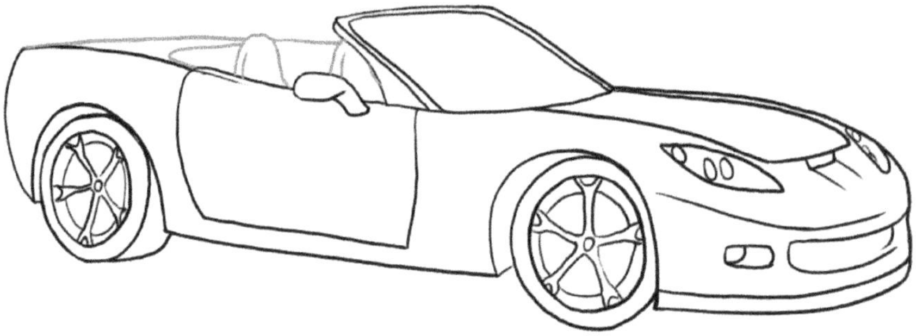

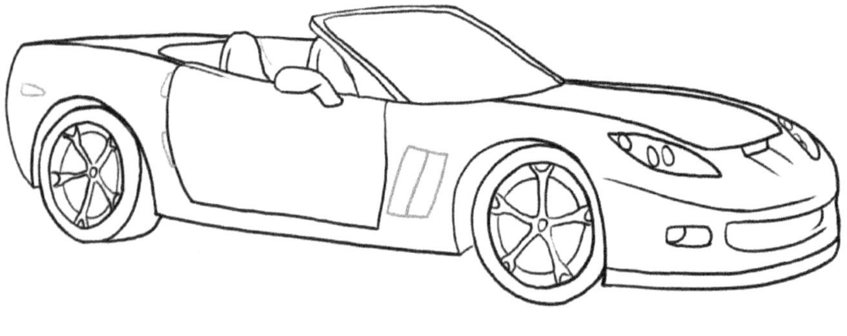

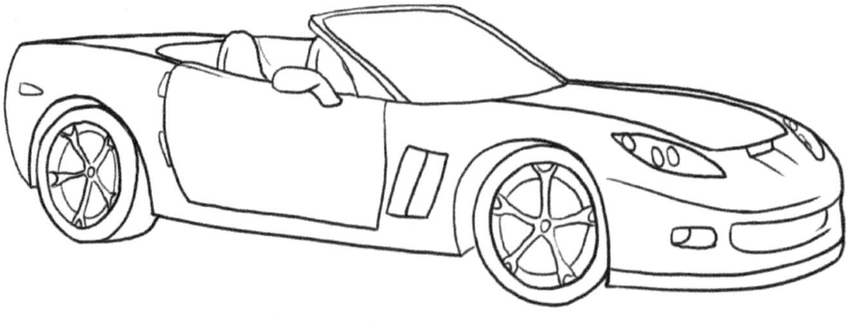

www.ingramcontent.com/pod-product-compliance
Lightning Source LLC
Chambersburg PA
CBHW081107290526
45795CB00006B/2031